朱美姝 —— 著

ORAL HISTORY AND THE

CONSTRUCTION

OF AMERICAN FRONTIER
MEMORY

美国早期
边疆开拓的历史记忆

里奇菲尔德家族口述史

A Study
on the Litchfield Family

社会科学文献出版社
SOCIAL SCIENCES ACADEMIC PRESS (CHINA)

自　序

　　笔者在美国俄勒冈大学东亚研究所访问期间，十分有幸收集到了理查德·查尔斯·里奇菲尔德家族的档案、日记和信件，通过对现今依然居住在俄勒冈大学所在地——尤金的里奇菲尔德家族后人的访谈，笔者发现里奇菲尔德家族史非常典型地记录了从踏上这片新土地到美国独立、从西进运动到世界大战、从战后美国的崛起到 20 世纪 80 年代这三个重要历史阶段，理查德·查尔斯·里奇菲尔德的三支祖先，因为不同的原因踏上这片大陆，后来在美国西部开发中移民俄勒冈。真正的历史是无数个人的生命史，正是在所有人的具体行动中，历史的必然性逐渐产生。家族史的意义就在于它是从个人生命史的角度去观摩巨大的历史盛宴，而里奇菲尔德家族史的独特性就在于这个家族自觉地记录并保留每一个时代主要家族成员的个体经历。通过采访、收集、记录这些个体经历，笔者意图向读者展示从美国开始向西部移民前后直到 20 世纪 80 年代，这个移民家族在美国的生活，包括独立战争期间他们对旧世界的厌恶和对新世界的渴望，而家族的后代，又站在另一个起点，视父辈建造的世界为反抗的对象。这一过程将不断循环往复。

　　笔者经过连续两年对理查德·查尔斯·里奇菲尔德的访谈和连续三年对其家族文献的收集整理，完成了田野调查和文献研究。从这个家族的历史中可以看出，每一个家族成员既是参与者，又是观众。如果童年和青春期的经历植根于每一代人所处的社会历史环境，那么每一代人的青春期既相似又不同，历史运动是每一代人的集体创造。对于失去自己的土地、仪式和传统起源的移民来说，回溯家庭的历史具有文化认同的意义。1840 年以后，陆陆续续有东部和中部移民迁往俄勒冈州，他们起先是骑马和乘坐马车，之后通过铁路、水运。这中间发生了许多故事，其中就包括里奇菲

1

尔德家族先辈的故事，这也是美国疆域一步一步西进的过程。在这一时期，俄勒冈对于美国来说是西部边疆，具有外来文明和土著文明交融的边疆特征，西进过程也是美国人真正形成的过程，在对土地的掠夺中，美国式的民主社会诞生了。

笔者观察美国西部边疆开拓史的主要视角是土地。从于印第安人手中夺得土地的不正义性，到为了独立从英国人手中夺取土地的正义性；大到争夺土地的战争，小到土地的投机与兼并，可以说，美国的历史就是土地开发的历史。土地不仅意味着机会，也意味着矛盾的转移。当最后一块边疆被占据以后，土地开拓之路断了，国内的矛盾不能再依靠新的土地来转移。

美国土地的特别之处在于：它从一开始就是商品，而不是"国有"或"集体所有"的，美国移民开拓土地到哪里，哪里就是美国的边界。来到新大陆的每一个人，都是从土地买卖开始的，他们跳过了旧大陆将土地和民族、土地和文化联系起来的阶段。因此，美国土地的问题深深隐藏在资本主义制度之中。新教思想所蕴含的资本主义精神，形成了美国土地价值观和企业家文化，即认为土地唯一的真正价值，是可以买卖并给人类带来利益。土地成为投机的目标。当然，积累财富的道路之所以畅通无阻，是因为有一块富饶的大陆。但是，随着西部边疆开拓时代的结束，西部再也没有更多的自由土地，对自由土地的无止境追求导致资本和领土扩张，对自由经济的无止境追求导致越来越严重的经济危机。

朱美姝

2024 年 6 月 22 日

目 录

绪　论

第一节　选题缘由、意义与关注的问题

一　选题缘由

当我们进行海外民族学田野调查时，需要克服教条主义。当我们把西方民族学、人类学的著作奉为经典，并用这些经典去进行海外民族学研究时，会发现它们并不适用于其"原产地"，当然也受使用者本身文化结构的影响。但是，笔者始终认为，文化研究，特别是区域文化研究，必须随时随地与那里的历史和民族相联系，必须把他们的文化轨迹与历史轨迹并行而论，才能得出更为真实的文化故事。正是基于这样的思考，笔者才选择海外民族研究，而海外民族研究中"美国西部边疆开发和拓展理论"具有鲜明的时代特征和理论意义，有助于当前中国民族学建设，可以开阔视野，在学科体系上有所借鉴，进而有所创新。

为了实现这个研究目的，在导师的支持下，笔者从研究之初就参阅了大量美国西部边疆研究的著作和文本材料，做了一定的前期准备。在获得国家留学基金管理委员会的资助后，笔者开始准备选题和开题报告，抵达俄勒冈大学东亚研究所半年后，笔者的开题报告获得通过，但由于田野工作困难复杂，笔者的留学延期一年，在俄勒冈大学整整两年，与合作研究导师反复讨论，就研究具体内容和田野调查计划反复进行修改论证，利用民族志、区域史、社会史和情报分析等研究方法，以期获得较科学的研究结果。

本书选题的目的是通过对定居在俄勒冈尤金的移民后代的访谈和利用

文献记录，描绘美国西部开发过程中移民群体的行动轨迹，以此证明美国"西进运动"中土地是核心问题，由此说明当今美国陷入根本性危机的"土地因素"。俄勒冈州尤金市作为美国西部边疆的一个城市，是观察和研究美国西部边疆开拓过程和后续影响的较好观测地点。笔者以俄勒冈威拉米特河谷为田野调查点，进行观察和人物访谈，完成民族学海外民族志的一份完整记录，所有相关文献的收集和问题的提出都基于这一访谈记录。这一选题是对海外民族志研究的探索，以期为民族学海外区域研究提供研究案例。

二 选题意义

一是实践意义。在民族学家选取的海外民族志研究案例中，大部分是工业革命以前就已形成的民族。传统上我们认为民族是人们在历史上形成的有共同语言、共同地域、共同经济生活以及共同心理素质的稳定共同体。其中，共同的经济生活在工业革命以前，是由土地、气候等生态环境决定的。而美国是资本主义制度出现以后形成的国家，它的文化特性与旧大陆的民族有显著的不同。笔者田野调查的突破是发现里奇菲尔德家族这样一个极具典型意义的移民家族，他们为保留自己的家族迁徙历史自觉地留存所有可能的文字和口述材料，以及后来出现的照片资料。为此，笔者的田野工作不得不延长一年，笔者也以极大的勇气和耐心把这些材料的意义反映在著作当中。这为我们了解美国西部移民的具体历史过程及其对当今社会的影响提供了难得的实证材料。

二是理论意义。苏联解体以来，西方世界发生了根本性的变化，在此时刻，我们研究美国当年的边疆开拓理论，就会发现美国兴盛发展的历史时机和历史动力。经过两百多年的发展，美国开疆拓土的动力在消退，实质上是以个人主义和谋求利润为核心的西方民主在逐渐失去生产方式的支撑。

三 关注问题的特点与难点

（一）特点：海外边疆移民研究

2017 年至 2019 年，笔者在位于太平洋沿岸的林肯县尤金市的美国俄勒冈大学访学两年。

俄勒冈州是美国独特的农业州，地形多样，植被丰富，自然环境优美。俄勒冈州气候温和，不过也有极端温度，从山区（如塞纳卡）的零下 54 华氏度（1 华氏度 ≈ -17.2 摄氏度）到沙漠地区的 119 华氏度。降水最丰沛的地区是沿海山脉，降水较少的地区是喀斯喀特山脉，在喀斯喀特山脉的山顶以东降水更少。在海岸山脉以东约 75 英里（1 英里 ≈ 1.6 千米）处，海拔在 2000 ~ 3000 英尺（1 英尺 ≈ 0.3 米）的地方，西风会携带大量潮湿的空气，在 5000 ~ 10000 英尺的高度，1/2 ~ 2/3 的空气失去了水分，把东部的山坡和高原变成了沙漠。俄勒冈州很少有暴雨等极端天气和洪水等灾害。

1840 年以后，陆陆续续有东部和中部移民迁往俄勒冈，他们起先是骑马和乘坐马车，之后便可利用铁路、水运等交通方式。这中间发生了许多故事，其中就包括里奇菲尔德家族先辈的故事。在这一时期，俄勒冈对于美国来说是西部边疆，具有不同于东部的特殊环境，西进的移民在改造环境的过程中，逐渐创造出有边疆特色的西部文化。边疆构成了野蛮与文明的过渡区与分界线，在美国疆域一步步西进的过程中，边疆也成为使美国逐渐摆脱欧洲桎梏的"美国化之线"。"西进运动"最终成就了美国式的社会进化道路，塑造了美国文明在制度、文化与民族性格等多方面的特例性。

（二）难点：当事人访谈、文献收集和求证

民族学研究中最重要的即是第一手资料的收集，而全面的第一手资料必须来自长期且深入的田野调查和参与观察，同时必须具备前瞻性的批判性视野。口述史的研究难点在于找寻合适的受访者，并且深入细致地收集与整合历史文献资料。笔者有幸遇见了理查德·查尔斯·里奇菲尔德，他出生于 1941 年，祖先来自英国肯特郡。他向笔者讲述了从里奇菲尔德家族的第一位祖先登陆美洲到今天的家族史话，并尽可能地提供可利用的文献资料，这些文献资料中有大量 17 ~ 18 世纪新英格兰、康涅狄格的土地契约，而 19 世纪西进运动中的迁徙故事以及定居俄勒冈后支脉发展与壮大的故事，则更多在零散的家族日记中。不过，这些土地记录、日记、信件、回忆录、图片仍然能够完整地呈现一个家族与国家同步发展的历史。

笔者对理查德·查尔斯·里奇菲尔德本人进行了长达一年的访谈，在了解他的过程中，也了解到他的家庭、他的国家、他的信仰。有一次谈到特朗普提出的"美国优先"政策时，他说："美国走到了一个转折点。我们的国家陷入了深深的麻烦，股市成为衡量好坏的标准，事实上不是这样。我们需要遏制特朗普，让他离开白宫，拯救这个国家。"

从某种意义上说，他的家族史就是美国从诞生到走向"转折点"的线路图，他们自己对此也有清醒的意识，然而，民族学的观察角度他们是没有的，而跨国民族学的观察和跨制度的比较研究正是笔者的专长。尽管存在巨大的困难和不确定性，但当与导师讨论时，笔者依然下决心去迎接这个困难和挑战，因为，这样的典型案例即使在美国也是不常见的。

（三）问题：如何看待美国的土地？

笔者从土地视角分析了美国国家的起源与发展，揭示了土地在其中的核心地位。土地贯穿了美国发展的各个阶段：美国早期通过不公正的手段从印第安人手中夺取土地，随后在独立战争中又为了从英国殖民者手中争取土地而展开"正义"之争，从大规模的战争到土地的投机与兼并，这些表明美国的发展史就是土地扩张史。土地在美国不仅象征着机遇，也承担着转移国内矛盾的功能。然而，随着最后一片边疆的开发完成，土地开拓的道路断了，美国内部矛盾无法再通过新土地来缓解。20 世纪的冷战和环太平洋战略因此成为新的出口。

问题的核心在于土地。美国土地的特殊性在于，从殖民初期起，土地即被视为一种商品。土地作为商品进入市场，成为每个来到新大陆的移民生活的起点，使他们直接跳过了旧大陆上土地与文化、情感相连的阶段。因此，美国的土地问题深深嵌入了资本主义制度之中，这一发现让笔者很感兴趣——正是土地构成了美国资本主义兴起、发展、成熟乃至衰落的根本症结。里奇菲尔德家族在西进运动中的具体表现，使这一结论得到某种程度的证明。这种视角揭示了土地在解释美国历史及其精神中的核心作用。

第二节　国内外研究现状和资料

一　国内研究

（一）美国开发模式研究

中国学者对美国开发模式的关注内容主要有：第一，土地开发与经济政策；第二，环境破坏与影响；第三，开发与土著的关系。与此相应的代表作有：何顺果著《美国边疆史——西部开发模式研究》①，作者关注土地的拓殖，包括美国西部"领地"的组建及变迁、"自有土地"与"保留地"制度、土地拓荒的政策及拓荒类型、《宅地法》的颁布以及金融货币体制等问题；张友伦著《美国西进运动探要》②，书中着重讨论了印第安人问题，以及如何处理与社会发展处于较低阶段的民族的关系，作者明确反对将印第安人看成"文明进步的障碍"；荣霞著《从"边疆"到"美国（America）"——有限扩张视野下美国西部"边疆"的融合问题》③，作者认为19世纪美国对西部边疆的拓展与消化是美国成为一个同质大国的关键一环，这种本土有限扩张的节制能力使之能够稳步消化内部发展的差异，为一个强大而统一的"美国"提供了地理空间上的可能性。

（二）对特纳及边疆学派的反思

中国学术界对特纳及边疆学派的反思经历了两个阶段。第一个阶段是"文革"前后，代表作是厉以宁的《美国边疆学派"安全活塞"理论批判》④、丁则民的《美国的"自由土地"与特纳的边疆学说》⑤，二者都批判特纳及边疆学派的言论是为帝国主义扩张辩护，忽视了扩张中存在暴力的现实，这一阶段的意识形态批判色彩浓厚。第二个阶段是21世纪以后，乐嘉辉著《特纳边疆学说中的扩张理论对美国外交政策的影响——以19世纪末20世纪初的美国在太平洋地区的扩张政策为例》⑥、王邵励著《"后边疆"时代的"西部民主"传统——特纳在1893年之后对美国社会发展形势的认识》⑦，更客观地评价了特纳学派的理论对美国国家战略的影响及"西部民主"的局限，认为其理论无法解决国家垄断资本主义阶段的难题；

---

① 何顺果：《美国边疆史——西部开发模式研究》，北京大学出版社，1992。
② 张友伦：《美国西进运动探要》，人民出版社，2005。
③ 荣霞：《从"边疆"到"美国（America）"——有限扩张视野下美国西部"边疆"的融合问题》，《南京政治学院学报》2017年第6期。
④ 厉以宁：《美国边疆学派"安全活塞"理论批判》，《北京大学学报》1964年第3期。
⑤ 丁则民：《美国的"自由土地"与特纳的边疆学说》，《吉林师大学报》1978年第3期。
⑥ 乐嘉辉：《特纳边疆学说中的扩张理论对美国外交政策的影响——以19世纪末20世纪初的美国在太平洋地区的扩张政策为例》，《中央社会主义学院学报》2004年第5期。
⑦ 王邵励：《"后边疆"时代的"西部民主"传统——特纳在1893年之后对美国社会发展形势的认识》，《东北师大学报》2011年第5期。

袁剑著《边疆研究的域外资源与比较可能——基于美国、法国、泰国边疆概念研究的分析与启示》，辨析了美国"边疆"（Frontier）概念的意涵，认为特纳对于"边疆"美国意蕴的描写并不精确，其叙述更多的是一种基于 19 世纪末 20 世纪初美国疆域版图的倒推式叙述，国史叙述本身在其中扮演了重要角色，或者说，特纳的边疆话语替代了美国国史叙述的角色，并构筑了 20 世纪中期之前美国国家建构的主体框架。①

（三） 拓荒小说中的地方叙事

地方叙事是了解美国边疆历史的一面最直观的镜子。薇拉·凯瑟的"草原三部曲"记录了美国南北战争结束后近半个世纪的大平原开发。陈榕在《〈我的安东妮亚〉中内布拉斯加边疆景观的国家维度》一文中，分析乡土景观与从乡土景观中走出去的移民所抵达的新空间之间的对位关系，从地缘共同体的角度反思了人类与土地的依恋关系，认为"美国性"的认证来自人与土地的关系。② 郭巍在《〈拓荒者〉中的纽约地方书写与美国边疆空间生产》一文中，从国家领土空间生产视角解读《拓荒者》，结合小说创作历史背景考察作者独特的边疆城镇空间叙述特点，试图揭示美国建国后密西西比河以东边疆领土的开发动因、土地政策运作方式和结果。③ 黄晓丽著《美国边疆景观与民族文化——以厄德里克小说为例》，作者通过对小说中土地、湖泊、神灵等景观的分析，探讨景观想象如何参与民族文化构建。作者指出，万物有灵思想贯穿了印第安人的生活，天空父亲、大地母亲等神话故事使土地、湖泊不再是简单的空间概念，展现了独特的美国边疆印第安文化，构筑了印第安人的精神家园。④

（四） 美国边疆治理考察

美国对西部边疆的开发与治理是在民族国家内部进行的首次大规模、

---

① 袁剑：《边疆研究的域外资源与比较可能——基于美国、法国、泰国边疆概念研究的分析与启示》，《四川师范大学学报》2019 年第 2 期。

② 陈榕：《〈我的安东妮亚〉中内布拉斯加边疆景观的国家维度》，《外国文学评论》2016年第 3 期。

③ 郭巍：《〈拓荒者〉中的纽约地方书写与美国边疆空间生产》，《外国文学研究》2017 年第 2 期。

④ 黄晓丽：《美国边疆景观与民族文化——以厄德里克小说为例》，《贵州民族研究》2015年第 12 期。

综合性的边疆治理实践。张健著《美国边疆治理的政策体系及其借鉴意义》，分析了美国边疆治理的政策体系及其对我国当代边疆治理的启示；① 沈双一著《试析美国西部边疆社会的特点与类型》，讨论了美国边疆社会出现的西北地区和西南地区两种不同类型的社会组织和地方自治共同体，认为移民在拓荒过程中，运用多数决定原则和契约关系，节约了社会控制成本；② 李朝辉著《陆地边疆架构对美国发展的影响》，认为美国通过构建并发展陆地边疆架构，促进了国家跳跃式发展，如扩展了美国的民主范围，扩大了公民权，取消了选民的财产限制和宗教测验，使成年男子都享有普选权，但也产生了负面影响，如对印第安人的暴行和生态资源的破坏；③ 王储著《"移动的边疆"对 19 世纪美国民主政治的影响》，认为移动的边疆强化了全美社会的民主政治意识，加速了以废奴主义和女性主义为代表的民主主义思想的发展。④ 这些研究集中反映了我国学者对美国西部开发治理的思考。

（五）从边疆史看美国环境史研究

刘士永和刘拯华著《树与水的对话：早期美国环境史的边疆史脉络》，作者从史学史的角度入手，通过对环境史经典作品的解析，厘清了美国边疆史对于环境史早期发展之影响，为中国环境史的本土性思考提供了可能之借鉴。⑤ 付成双著《自然的边疆：北美西部开发中人与环境关系的变迁》，作者关注美国和加拿大西部开发所造成的资源浪费、环境破坏，以及北美人在此后自然观念的转变、环境保护主义的兴起等问题；作者试图向世人表明，以牺牲环境为代价的发展是没有前途的，适当控制人的贪欲，寻求人与自然和谐才是出路。⑥ 付成双和曹新群著《从边疆假说到环境正义：北美西部史的多重面相》，作者在对美国西部边疆史进行总结分

---

① 张健：《美国边疆治理的政策体系及其借鉴意义》，《云南行政学院学报》2011 年第 5 期。
② 沈双一：《试析美国西部边疆社会的特点与类型》，《重庆师范大学学报》2003 年第 4 期。
③ 李朝辉：《陆地边疆架构对美国发展的影响》，《云南行政学院学报》2016 年第 3 期。
④ 王储：《"移动的边疆"对 19 世纪美国民主政治的影响》，《大连大学学报》2016 年第 1 期。
⑤ 刘士永、刘拯华：《树与水的对话：早期美国环境史的边疆史脉络》，《社会科学战线》2020 年第 9 期。
⑥ 付成双：《自然的边疆：北美西部开发中人与环境关系的变迁》，社会科学文献出版社，2012。

析的基础上，考察了在诸如跨国史、种族史、环境史等多视角下所观察到的北美西部史的多重面向，并以西部史研究为突破口，在环境史与现代化研究之间建立沟通的桥梁。① 高国荣著《近二十年来美国环境史研究的文化转向》，作者发现，20 世纪末以来，在以克罗农、怀特、戈特利布和赫尔利为首的一批学者的推动下，文化转向已经成为美国环境史研究最明显的趋势之一；作者认为，文化转向虽然削弱了环境史"以自然为中心"的研究特色，但它在整体上仍然有利于环境史的发展，为环境史研究提供了文化分析的新范式。②

二　国外研究

（一）印第安人研究

纵观整个美国历史，西进运动在给白人创造新世界时，却为印第安人关闭了通向新世界的大门。尽管印第安人获得了一定的经济发展和社会进步，他们遭受更多的却是被迫迁离故土、传染疾病的流行、急速的经济变迁和社会组织的瓦解。

美国学术界对印第安人的研究进展缓慢，20 世纪初，历史学家将印第安人看成危险的野蛮人。直到 20 世纪 60 年代，这种看法才逐渐转变，学者开始认为印第安人是多元化社会中的一个少数民族，并需要获得社会的认可。学者搜集了大量关于印第安人的资料，指责早期学者低估并歪曲了印第安人在社会中的角色，还有人反思联邦政府对待土著部落的残暴行为。但学界的争论并没有给印第安人研究带来突破，原因是早期研究印第安人的历史学家，此前从事 17 世纪的新英格兰研究、19 世纪的美国南部研究或 20 世纪的城市研究，他们各自在平行的领域里，没有将这些不同区域和不同年代的研究集中起来分析。往往一部分人在搜集更多人种史学的数据，另一部分人却从生态学和比较历史学的角度质疑新的发现。

综合方法论和研究视角，美国印第安人研究资料主要有四大类。

第一，历史文学，主要研究白人对印第安人的态度，研究对象是文学

---

① 付成双、曹新群：《从边疆假说到环境正义：北美西部史的多重面相》，《江西师范大学学报》2020 年第 1 期。

② 高国荣：《近二十年来美国环境史研究的文化转向》，《历史研究》2013 年第 2 期。

小说中的形象，并非实际生活中的印第安人。例如，罗伊·哈维·皮尔斯著《美国的野蛮人：印第安人与文明观念的研究》，书中将印第安人视为野蛮人、环境的一部分，可以被任意除掉，这些言论为白人对待印第安人的暴力方式进行辩护。① 相反，莱斯利·A. 费德勒在《消失美国人的回归》中提到，美国人内疚于对待印第安人的错误方式，他们意识到这个国家的历史始于戕害生命。②

第二，接触史，从白人的视角研究印第安人与白人的关系，有三大主题：一是联邦对印第安人的政策；二是贸易、战争以及教育家、传教士等的活动；三是从殖民时代至今的改革家、部落历史学家对改善白人与印第安人的关系所做的贡献等。理查德·斯洛特金著《暴力重生：1600～1860年美国边疆神话》③，理查德·德里农著《面向西方：仇视印第安人和帝国建设的形而上学》④，罗伯特·伯克霍夫著《白人的印第安人：从哥伦布到现在的美洲印第安人形象》⑤。他们站在特纳的肩膀上，客观审视美国边疆形成过程中产生的侵略扩张，并反思了美国对越南的帝国主义战争，美国人认为这种边疆学说比较消极。在印第安人研究方面，他们认为白人离开欧洲来到美洲大陆创建新的家园时，忽略了土著各部落的不同特性，而试图运用自己旧有的刻板认知描述印第安人。比如，他们认为既然美洲是欧洲人的伊甸园，那么印第安人也应当是贵族，事实证明恰恰相反，詹姆斯·J. 罗尔斯在著作《加州印第安人：变化中的形象》中，从西班牙人、墨西哥人、英格兰人看待印第安人的角度，分析他们的刻板印象如何影响侵略者对印第安人的行为和政策，而这种丑化印第安人的看法长期存在于美国电影中。⑥

---

① Roy Harvey Pearce, *The Savages of America: A Study of the Indian and the Idea of Civilization*, Baltimore：Johns Hopkins University Press, 1953.

② Leslie A. Fiedler, *The Return of the Vanishing American*, New York：Stein and Day, 1968.

③ Richard Slotkin, *Regeneration Through Violence: The Mythology of the American Frontier, 1600-1860*, Middletown, Conn.：Wesleyan University Press, 1973.

④ Richard Drinnon, *Facing West: The Metaphysics of Indian-Hating and Empire-Building*, Minneapolis：University of Minnesota Press, 1980.

⑤ Robert Berkhofer, *The White Man's Indian: Images of the American Indian from Columbus to the Present*, New York：Alfred A. Knopf, 1978.

⑥ James J. Rawls, *Indians of California: The Changing Image*, Norman：University of Oklahoma Press, 1984.

　　第三，民族历史学，结合历史学与民族学研究方法和数据。学者试图结合白人和印第安人双方的视角重新解读历史，并进一步挖掘印第安人在历史进程中的主体诉求与行动动因。这为 20 世纪的印第安人研究带来了重大突破。民族历史学研究关注以下四类主题。一是部落内部的权力博弈，例如尼尔·索尔兹伯里在著作《马尼图和普罗维登斯：印第安人、欧洲人和新英格兰的形成，1500～1643 年》① 中和詹姆斯·阿克塞尔在著作《欧洲人和印第安人：北美殖民地民族史随笔》② 中，谈到了印第安人对白人传教活动的适应，白人教育家在部落中的教育失败，白人俘虏被印第安部落同化等。部落自身从文化和宗教中汲取了足够的力量来挑战美国移民的扩张，备受虐待的印第安人面对美国边疆社会的巨大压力，为保存自己的文化而努力抗争。二是部落之间的联姻、经济竞争、外交及战争，如约翰·C. 尤尔斯的《作为北部大平原印第安人与白人战争先兆的部落间战争》一文认为，印第安部落的联姻变化与外来移民无关。③ 由于士兵、传教士和印第安人代理人对土著部落有很大的影响，克莱德·A. 米尔纳在他的《善意：19 世纪 70 年代波尼族、奥托斯族和奥马哈族中的贵格会工作》一书中，调查了贵格会在南北战争后对内布拉斯加州印第安人保留地的管理，论述各保留地之间的组织与分配如何有利于或不利于部落土著对白人压力的回应。④ 三是部落里印第安人与白人的关系，印第安人对自我的认知是新兴的研究主题，涉及泛印第安主义和部落主义。由于联邦政府给予印第安部落更多的政治权力和经济增长机会，原本消失了近半个世纪的部落重新出现了，并且得到了联邦的法律承认，他们还成功地要回了自己的土地。四是与白人接触以前的部落社会、环境等。如关注印第安部落的生态和环境变迁，关注印第安人与自然的关系及其对自然环境的利用，以及殖民者到来以后环境的巨变。民族历史学家相比于之前的学者，更注重印第安人内

---

① Neal Salisbury, *Manitou and Providence: Indians, Europeans, and the Making of New England, 1500-1643*, New York：Oxford University Press, 1982.

② James Axtell, *The European and the Indian: Essays in the Ethnohistory of Colonia North America*, New York：Oxford University Press, 1981.

③ John C. Ewers, "Intertribal Warfare as the Precursor of Indian-White Warfare on the Northern Great Plains," *Western Historical Quarterly* 6, October 1975.

④ Clyde A. Milner, *With Good Intentions: Quaker Work Among the Pawnees, Otos, and Omahas in the 1870s*, Lincoln：University of Nebraska Press, 1982.

部的民族认同，以及殖民者到来以前的土著社会自身的政治结构。

第四，比较历史学，这种方法使用甚少，现在更多的是比较文学。对于研究美国边疆和西进运动的学者而言，比较研究需要对世界上同时期内发生的事保持相当的关注度。比较历史学研究始于弗雷德里克·杰克逊·特纳，但在他之后的很长时间里，研究西部边疆的学者很少有人能挑战他的理论。直到 20 世纪 70 年代，俄克拉何马州立大学历史系举办了几场关于边疆比较研究的座谈会，开始有人提出不再考虑特纳理论的可适用性，而是发展新的理论，这显然不容易。1981 年，伦纳德·汤普森和霍华德·拉马尔在《历史上的边疆：北美和南部非洲》中提到，历史学家应更多考虑土著社会在边疆的经历，而不仅仅是关注白人移民群体。虽然边疆社会的问题各有不同，但各部落仍有许多相似的遭遇。[①]

由于特纳学派在过去长期占主导地位，从事印第安人研究的学者需要跳出特纳的理论框架，把印第安土著的经历置于民族历史的文本叙述中，平等看待部落土著与英格兰人移民在历史中的作用，这样才更有利于理解过去。

（二）西部开发与早期移民

美国是由移民及其后代所组成的社会，但对于早期移民的关注直到 20 世纪七八十年代才开始。学术界流行对弗雷德里克·杰克逊·特纳的理论进行批评和反思，然而，特纳的理论框架仍被学术界广泛认可和接受，虽然他的研究没有关注文化保护，但他对南北战争的看法却为早期移民研究提供了范式。

特纳曾鼓励他的学生对社会历史领域中的最新趋势进行研究，但受过他训练的学生很少关注美国早期的欧洲移民群体。1950 年后，这一状况得到了改变，关于等级、种族、族群和性别的问题成为所有民族问题研究的中心议题。从殖民边疆到现代西部研究，历史学家在努力克服早期学者留下的鸿沟和分歧，早期研究只关注单一族群或一定时间期限的历史，现在需要将所有主要研究对象的经历交织起来，并形成一个综合的模式。

---

① Leonard Thomapson and Howard Lamar, *The Frontier in History: North America and Southern Africa*, New Haven, Conn.: Yale University Press, 1981.

边疆历史学家对美国本土的主体文化研究甚少。当欧洲人踏上美洲大陆时，并没有一个主体文化需要去面对。因为他们大部分人把印第安人视为野蛮人，所以欧洲早期移民决定在美洲建立自己的文明社会。早期的移民群体包括英国人、威尔士人、苏格兰人、荷兰人、瑞典人和德国人，而英国文化成了主要的支配性文化。

1. 新英格兰移民

新英格兰的清教徒移民对边疆的影响最大。在 17 世纪，清教运动受高级知识分子领导，严格遵守加尔文主义的伦理道德，以建立"准乌托邦"为目标，在美国东海岸建立了一个文化独特的英国乡村社会。阿瑟·E. 贝斯特著《边远乌托邦，美国社区社会主义的宗派和欧文主义阶段：1663～1829》① 和罗伯特·V. 海因著《美国边疆的社区：分离但不孤独》②，作者关注早期移民群体中的社群主义，这是移民保持族群认同的重要基础。他们提到，清教徒移民群体从长岛向哈得孙河流域和五大湖扩张，保有很强的社会凝聚力和很高的出生率。加尔文派的公理会有强烈的职业道德，尊重个人财产，重视教育，相信上帝的选民注定得救，此信念激励着数代英国移民。除了宗教方面，加尔文派清教徒还继承了市民大会、成文宪法、直接代理制度、司法制度和自由企业经济体制。美国新英格兰人还将整个教育体系带到美洲大陆，并最终促进了美国的公共教育。清教徒移民远离英格兰本土的政教权威，对美国的政治和思想生活产生了很大的影响：他们为整个美国历史提供了成功移民的范例，殖民时代的清教徒移民典范成为判断其他移民群体是否具备美国性的标准。

2. 德国移民

移民北美的非英格兰人看重新大陆的土地、大量可利用的木材和矿产以及社会的可流动性。在殖民地时期，纽约的荷兰人、宾夕法尼亚的德国新教派成员、宾夕法尼亚和佐治亚的苏格兰—爱尔兰人都在北美大陆写下了移民与发展的历史。目前的研究对象是自一战以后移民美国的德国人，

---

① Arthur E. Bestor, *Backwoods Utopias, The Sectarian and Owenite Phases of Communitarian Socialism in America: 1663-1829*, Philadelphia: University of Pennsylvania Press, 1950.

② Robert V. Hine, *Community on the American Frontier: Separate but Not Alone*, Norman: University of Oklahoma Press, 1980.

伊丽莎白·凯塞尔著《"强大的堡垒是我们的上帝"：1734～1800 年马里兰边境的德国宗教和教育组织》[①] 和《马里兰边境上的德国人：马里兰州弗雷德里克县的社会史，1730～1800》[②]，凯塞尔关注德国移民如何在保持自身文化的同时参与新边疆的建设。德国移民是为了逃离经济灾难和政治迫害而跨越大西洋来到美洲大陆的，他们大多定居东海岸或中西部城市。因此，学者对他们的研究成为西部边疆研究的一部分。

最值得注意的是 1850 年来艾奥瓦州玛拿顶镇的德国共产主义者，一些研究关注德国哈特派信徒尝试缩小共同体规模的实践。维克多·彼得斯著《万物皆有：赫特人的生活方式》[③]，约翰·A. 霍斯特勒著《哈特派社会》[④]，二者追溯哈特派的信仰，讨论他们的经济社会活动，思考为何他们和提倡个人主义的相邻社群之间存在紧张关系。

德国移民在非英格兰移民中是最大的移民群体，获得学界的很多关注。凯瑟琳·尼尔斯·康岑教授对中西部边疆的德国移民经验做了专业的研究。她在著作《密尔沃基移民，1836～1860：马萨诸塞州坎布里奇边境城市的住宿与社区》[⑤] 中，详细论述了 1840 年后，密歇根和威斯康星地区德国移民的文化保护活动。第一批德国移民是 1835 年的移民，1840 年以后逐渐增多，他们大多数是农民和工匠，被称为"灰色人"。1848 年欧洲革命以后，大批德国难民逃到美国密歇根州，密尔沃基的社群规模迅速扩大，1850 年，一个包括商人、熟练技工、专家、记者和音乐家在内的高度组织化的德意志共同体建立起来了。他们出版报刊，修建家园、教堂，成立消防和警察机构，在短时间内建立了"密尔沃基的雅典"。兄弟会、救济会、自由思想集会、体育协会、音乐协会和密尔沃基同学会也相继成立。音乐协会是最大的文化机构，它出资举办小型音乐会，组建合唱团、

---

① Elizabeth A. Kaiser, *"A Mighty Fortress Is Our God": German Religious and Educational Organization on the Maryland Frontier, 1734-1800*, Maryland Historical Society, 1983.

② Elizabeth Kessel, Germans on the Maryland Frontier: A Social History of Frederick County, MaryLand, 1730-1800, Ph. D. diss, Rice University, 1981.

③ Victor Peters, *All Things Common: The Hutterian Way of Life*, Minneapolis: University of Minnesota Press, 1965.

④ John A. Hostetler, *Hutterite Society*, Baltimore: Johns Hopkins University Press, 1947.

⑤ Kathleen Neils Conzen, *Immigrant Milwaukee, 1836-1860: Accommodation and Community in a Frontier City*, Cambridge, Mass.: Harvard University Press, 1976.

交响乐队和表演歌剧。在威斯康星，最有名的是德国人的音乐会、球赛、野餐，这些活动一直延续到 19 世纪末，直到 1889 年《班尼特法案》要求学校每周至少进行 16 小时的英文授课，这些社团活动才逐渐减少。德国移民在美国边疆的社团活动向世人提供了创建"民族之岛"的示例。

康岑教授另一项有重大意义的研究是对明尼苏达州史蒂文斯县的研究，讲述德国移民家庭是如何将他们的土地使用习惯移植到明尼苏达地区的。康岑教授记述了自 1850 年到 20 世纪圣马丁镇的德国农民家庭历史，在圣马丁镇，德国天主教徒有高度的群体认同感，1856 年所建的本笃会修道院强化了史蒂文斯县德国移民的民族性格。1880 年，德国移民在圣马丁镇的定居者占当地总人口的 76%；1905 年，他们占当地总人口的 86%。他们大多数来自普鲁士莱茵河畔的艾费尔高原，那里的家族土地继承制非常传统。康岑详细地解释了这些传统如何在普遍采用美国土地所有制的明尼苏达地区保存下来，由于德意志民族同质性、宗教团结和自给自足的制度，德意志传统价值观在圣马丁镇顺利扎根。

3. 北欧移民

斯堪的纳维亚裔美国学者是北欧移民研究的领头人。瑞典的乌普萨拉大学产出了许多关于北欧移民的研究，其中有对瑞典移民的研究，如哈拉尔德·伦布洛姆和汉斯·诺曼合著的《从瑞典到美国：移民史》[①]；对挪威移民的研究，如英格丽德·塞明森著《挪威到美国：移民的历史》[②]；对丹麦的研究，如克里斯蒂安·赫维特著《飞往美国：30 万丹麦移民的社会背景》[③]；对芬兰的研究，如雷诺·凯罗著《美国内战和第一次世界大战之间从芬兰到北美的移民》[④]。

最具代表性的两项研究成果是历史地理学家罗伯特·C. 奥斯特格雷姆写的两篇文章。在第一篇文章《奇萨戈县瑞典移民的文化同质性和人

① Harald Runblom and Hans Normann, *From Sweden to America: A History of the Migration*, Mineapolis: University of Minnesota Press, 1976.

② Ingrid Semmingsen, *Norway to America: A History of the Migration*, Minneapolis: University of Minnesota Press, 1978.

③ Kristian Hvidt, *Flights to America: The Social Background of 300,000 Danish Emigrants*, New York: Academic Press, 1975.

④ Reino Kero, *Migration from Finland to North America in the Years Between the United States Civil War and the First World War*, Turku, Finland: Turun Yliopisto, 1974.

口稳定性》中，他研究奇萨戈县的瑞典家庭，发现奇萨戈县的瑞典人与故土有牢固的联系。① 地图和人口数据以及奇萨戈县教堂集会记录显示，瑞典移民群体的凝聚性保持得很好。在第二篇文章《草原之界：达科他边境瑞典定居点的移民模式》中，奥斯特格雷姆提到，大部分瑞典移民都停在半路，少部分直接到达北美，主要原因是后一阶段的移民比前一阶段的移民掌握更多的信息，地图上准确地标注了各瑞典移民群体定居的地点。② 他的研究证明，特纳关于欧洲移民的理论存在不完备之处，不能解释直接从瑞典迁到南达科他的移民。

对挪威移民的研究可以证明阶段性迁徙的存在，他们的内在联系依靠信件、报纸和返回的移民。例如，明尼苏达州休斯敦县的斯普林格罗夫市，它成为明尼苏达和达科他地区挪威移民的家园。1852 年，挪威移民在实质上掌管了休斯敦和东部飞摩市，建立了几乎排外的挪威共同体，并成功地将挪威认同感保持到了 20 世纪。他们的后代在上学以前都不说英语，因此挪威语也被保存下来。挪威路德教会在文化留存方面扮演了重要的角色，它直到 1920 年才停止提供教会服务。斯普林格罗夫市没有壮大起来，因为土地被后来的人剥夺且挪威人不断向新的地区移民。1879 年铁路修好以后，市场经济和公共教育促使挪威共同体与外界产生联系。

4. 犹太移民

人们普遍认为犹太移民都经商并定居在东部大城市，实际上有例外。罗伯特·E. 莱文森在其所著《西方的美国犹太人》③ 和《加利福尼亚淘金热中的犹太人》④中，从编史的视角讨论了犹太早期移民在西部的开拓活动，他们中有一小部分人定居在农场和西部小镇，但不是从事农业，而是热衷于占领土地、经商和开办银行。

① Robert C. Ostergrem，"Cultural Homogeneity and Population Stability Among Swedish Immigrants in Chicago County," *Minnesota History* 53，Fall 1973.

② Robert C. Ostergrem，"Prairie Bound：Migration Patterns to a Swedish Settlement on the Dakota Frontier," in Frederick C. Luebke，ed.，*Ethnicity on the Great Plains*，Lincoln：University of Nebraska Press，1980.

③ Robert E. Levinson，"American Jews in the West," *Western Historical Quarterly* 5，July 1974.

④ Robert E. Levinson，*The Jews in the California Gold Rush*，New York：Ktav Publishing House，1978.

5. 黑人移民

1960 年的民权运动使学者更多关注边疆的黑人移民。南北战争后，黑人与白人一样，把边疆视作一个充满机会的地方。最具代表性的研究是诺曼·克罗克特的《黑人城镇》[①] 和莫泽尔·C. 希尔的《俄克拉何马的全黑人社区》[②]，他们都考虑到黑人建立共同体的动机、困难、失败和成功的经验，并认为对那些缺乏资本、信用和技术的黑人而言，边疆不适合他们。

6. 亚洲移民

亚洲移民是非欧洲移民群体中最大的一支，相关研究文献也浩如烟海。罗杰·丹尼尔斯著《美国历史学家和东亚移民》[③] 和《偏见的政治：加利福尼亚州的反日运动与排日斗争》[④]，研究了日本移民经验。几年后，冈瑟·巴斯的《苦涩的力量：美国华人的历史》[⑤] 和亚历山大·麦克劳德的《辫子和金粉：早期加利福尼亚华人生活全景》[⑥] 研究了到加利福尼亚淘金和帮助修建州际铁路的中国移民，他们在 1880 年以前并不受欢迎。

目前对移民群体的研究呈现以下三个趋势。一是走向交叉研究，既单独研究个别移民群体，也将其放置在更大的社会背景下。二是研究二代移民。移民希望延续自身的民族认同，不愿意被熔炉所同化，但经过几代以后，大部分群体的后代都不可避免地接受并适应了新文化。学者认为，特纳的观点对研究移民群体有很大的帮助。三是对移民群体的城市化、移民群体与农业以及南部边疆移民的研究。

移民在边疆的生活对他们而言是一个极大的考验，既有幸运也有痛苦。如果去墓地，就会看见许多夭折孩童的墓碑，他们因缺乏医疗救护和事故高发而逝去；女性在边疆的角色被弱化；很多人到边疆来是为了摆脱

---

① Norman Crockett, *The Black Towns*, Lawrence：Regents Press of Kansas, 1979.

② Mozell C. Hill, "The All-Negro Communities of Oklahoma," *Journal of Negro History* 31, *July* 1946.

③ Roger Daniels, "American Historians and East Asian Immigrants," *Pacific Historical Review* 42, *November* 1947.

④ Roger Daniels, *The Politics of Prejudice: The Anti-Japanese Movement in California and the Struggle for Japanese Exclusion*, Berkeley：University of California Press, 1962.

⑤ Gunther Barth, *Bitter Strength: A History of the Chinese in the United States*, Cambridge, Mass.：Harvard University Press, 1964.

⑥ Alexander McLeod, *Pigtails and Gold Dust: A Panorama of Chinese Life in Early California*, Caldwell, Idaho：Caxton Printers, 1947.

宗教束缚。

（三）美国西部边疆社会与历史研究

　　弗雷德里克·杰克逊·特纳曾预想未来的美国社会思想研究会以"女性先驱者在历史上的地位"为主题，但这种定义显然限制了美国思想研究的发展。特纳的回应者给予美国社会思想研究一个更宽泛的定义——美国学术思想史，与此相应，对美国文学和政治的研究独立了出来。这个定义虽然为许多重要的研究奠定了基础，却仍限制了学者研究美国边疆社会历史的视野。

　　最终，美国历史研究的禁锢解除了，社会历史研究的框架逐渐形成，这一改变吸引了许多研究边疆的学者，他们迅速地觉察到这一趋势是一条学术矿脉。自从1893年特纳发表演讲后，他的批评者一直惊讶于特纳理论的经久不衰，同时也嘲笑他和他的学生研究的是粗糙愚蠢的"牛仔和印第安人"的历史。但这些批评者往往忽视了美国边疆经验在美国形成过程中的重要意义，特纳和沃尔特·普雷斯科特·韦伯关于"美国形成"的开创性见解最终成为所有学者参照的标准，他们的学术著作促使更多的学者参与和拓展边疆研究。

　　被特纳和韦伯的思想所感染的边疆历史学者，把开拓者、开矿者、牛仔、印第安人作为透视美国西部社会的最真实的镜子，从区域层面和国家层面来描述这些角色，便可知边疆的社会模式和推进过程。但今天的边疆学者面临比以往更复杂更难把握的边疆环境，边疆社会呈现出多层面、多族群、地域广的复杂特点，没有一个城镇是由同质群体构成的。过去的边疆可能单纯由高素质的、爱国的、民主的高加索人构成，现在却充斥着各式各样的人，学者的首要任务是将繁杂的人群进行系统化分类，这也是特纳的设想。

　　研究从核心概念开始。首先，关系反映了社会模式的本质，即边疆社会的本质是其建立在人类社会制度与自然的关系基础上，具体指地理区域和族群的互动。其次，这一领域吸引了大批学者，他们把基本的边疆要素放入社会历史研究的核心，要素自身可预见关系的建立与解体，这使方法论上的问题更明确化。最后，用单一的社会分析法研究美国西部注定是失败的，因为它缺乏指导性的学术框架。边疆社会的历史文化更加复杂化、多元化，需要运用多种学术框架进行研究，而对边疆的认知仍停留在过去。

最近 25 年来，历史学家为美国边疆研究树立了社会历史学范例。范例由四个部分组成，随着边疆社会历史学趋于成熟，每个部分也更加完善，因为这个模式将许多最初的想法培育成熟。在众多的边疆元素中建立一种平衡是学术追求，正是如此，才吸引了无数历史学者来进行边疆研究。

1. 运用社会历史学方法的主要研究成果

基本定义需要用清晰、严格的术语。特纳的传记作者雷·艾伦·比林顿中肯地概括出边疆的定义，这成为专业研究的基础。得益于比林顿的努力，其他学者开始将研究视角转向传统的边疆定义。他们发现文学作品中对拓荒者、得克萨斯人、印第安人的指代不明，并质疑过去资料中关于人口分布、族群数据、政治成员和宗教联盟的口语化词汇。学者转而查找公共记录，揭开了边疆社会结构的神秘面纱，对公共记录的系统化运用刷新了学者对美国边疆族群的认识。这些记录包括税收记录、监狱备案、人口调查报告、边境出入境记录和饭店预约记录，这些细节被早期的研究忽略了。起初，学者仅仅满足于将边疆的族群归类存档，尔后，他们更关心从族群混杂的边疆社会模式中提取出深层的意义。

对美国西部黑人的研究是边疆学术发展的代表。菲利普·达勒姆和埃弗雷特·L. 琼斯合著《黑人牛仔》，白描了南北战争前夕西部黑人的生存状况，[1] 这种历史视角显然是小说和电影中没有的。1975 年前后，边疆历史学者搜集了大量第一手资料，开始分析西部边疆黑人的生活质量，关心边疆地域对黑人产生的正反两方面影响。例如，诺曼·克罗克特著《黑人城镇》，从特殊的视角探讨黑人利用白人支持者和边疆环境条件，将自己与白人群体区隔开来；[2] 托马斯·考克斯在《堪萨斯州托皮卡的黑人，1865～1915：社会史》中分析 19 世纪后期边疆的黑人如何避免种族歧视。[3]

边疆黑人研究随即打开了边疆族群研究的新篇章，此后学者对爱尔兰人、德国人、意大利人、犹太人、瑞典人和东方移民群体进行了详尽分

---

[1]　Philip Durham and Everett L. Jones, *The Negro Cowboys*, New York：Dodd, Mead, 1965.

[2]　Norman Crockett, *The Black Towns*, Lawrence：Regents Press of Kansas, 1979.

[3]　Thomas Cox, *Blacks in Topeka, Kansas, 1865-1915: A Social History*, Baton Rouge：Louisiana State University Press, 1982.

析，学者的不懈努力使边疆的定义更加精确。随着边疆城市数量的递增，学术研究的多样化逐渐成形，学者对拓荒生活的理解加深了。例如，罗伯特·E.莱文森著《加利福尼亚淘金热中的犹太人》，记录了容易被人忽视的族群文化整合；[①] 凯瑟琳·尼尔斯·康岑著《密尔沃基移民，1836~1860：马萨诸塞州坎布里奇边境城市的住宿与社区》，观察了德国移民的城市化过程；[②] 迪诺·西内尔著《从意大利到旧金山：移民的经历》，讨论了边疆城市的意大利人；[③] 马里奥·T.加西亚著《沙漠移民：埃尔帕索的墨西哥人，1880~1920》，分析了拉美裔移民的城市生活；[④] 约翰·莫德尔编著《菊池日记：来自美国集中营的编年史；查尔斯·菊池的日记》，作者将研究对象的时间节点从传统的1890年（边疆闭合时间）延伸至20世纪，阐述了二战后日本移民消除负罪感之事。[⑤]

研究发现，边疆居民在维护自身文化认同的同时，也争取政治和经济权利，边疆历史学家越来越重视边疆少数族群既利用环境整合自身又独立于其他族群的机制。更重要的是，重新审视人口数据推动学者思考更高层面的问题，即边疆如何化解了国家的种族歧视。由此，社会历史学框架的这部分定义得到深化，区域定义最终超越了边疆的地理界限，更加精确，同时能够更深刻地解释和批判美国社会问题。

2. 运用文学人类学方法的主要研究成果

随着多维边疆的社会历史学研究框架逐渐形成，描述边疆历史的口吻和措辞也被纳入学者的反思中。很显然，历史上的边疆社会是在书写中被重塑的，现代想象又将其从抽象的概念转化为生动的现实。反过来，历史学家又把语言表达转化为抽象的社会学公式，用以指导现实世界。使用文

---

① Robert E. Levinson, *The Jews in the California Gold Rush*, New York: Ktav Publishing House, 1978.

② Kathleen Neils Conzen, *Immigrant Milwaukee, 1836-1860: Accommodation and Community in a Frontier City*, Cambridge, Mass.: Harvard University Press, 1976.

③ Dino Cinel, *From Italy to San Francisco: The Immigrant Experience History*, Stanford, CA: Stanford University Press, 1982.

④ Mario T. Garcia, *Desert Immigrants: The Mexicans of El Paso, 1880-1920*, New Haven, Conn.: Yale University Press, 1981.

⑤ John Modell, *The Kikuchi Diary: Chronicles from an American Concentration Camp; The Tanforan Journals of Charles Kikuchi*, Chicago: University of Illinois Press, 1973.

学人类学方法，反思文学语言对边疆种族主义观念的刺激作用，并探讨新的表达方式。

第一，文学语言对边疆观念的形塑。文学刺激了地方性语言的普遍使用，几乎成为人们了解边疆的唯一途径，地方性语言充斥在美国小说、电影、歌曲、诗歌和政策纲要里，却很少成为历史学者的研究工具。边疆文学中朗朗上口的俚语，塑造了人们对边疆的刻板印象以及美国的民族心态。更甚的是，为了安抚拓荒者的良心，方言还过滤了民族历史记忆。象征着暴力、死亡、压迫和种族主义的词语，如"尖叫的野蛮人""埋伏和屠杀""治安会的审判""印第安的男人和女人"，与象征荣誉、勇敢、民主的词语，如"荒野西部"混杂在一起，让人把暴力的拓荒想象成浪漫的冒险。亨利·纳什·史密斯在其著作《处女地：作为象征和神话的美国西部》中谈到，美国人不切实际地把拓荒者、开矿者、牛仔美化成聪明果敢的民族英雄，从而塑造了美国人的人生观和价值观。[①]

土著印第安人是历史的失败者，但我们不能不看到他们为了保卫家园而拼死反抗，尽管很多著作中强化了他们的负面形象，更甚者，将他们当成民主进步的障碍。马里奥·巴雷拉在著作《西南地区的种族与阶级：种族不平等理论》中认为，对语言表述的重新评估促使历史学家承认其中的不公正和滥用现象，土著印第安人不仅遭受了战争、入侵和文化扫荡，还被书写者歪曲事实，永远地定格在痛苦和偏见里。[②]

第二，创新写作形式。尽管历史学家怀着内疚和不安重新书写边疆的历史，但是改写的方法略显拙劣，仅仅是把正反的态度对调了一下，如印第安人是高贵的，牛仔是愚蠢的。这不仅达不到公正的效果，反而更强化了之前的不公正评价。此时，一种新的写作形式诞生了。学者开始更仔细地审查传统的数据来源，并质疑关于少数民族记载的真实性。代表作有理查德·怀特著《依赖的根源：乔克托族、波尼族和纳瓦霍族的生存、环境

---

① Henry Nash Smith, *Virgin Land: The American West as Symbol and Myth*, Cambridge, Mass.: Harvard University Press, 1950.

② Mario Barrera, *Race and Class in the Southwest: A Theory of Racial Inequality*, Notre Dame, Ind.: University of Notre Dame Press, 1979.

和社会变迁》①、约瑟夫·G. 乔根森著《西部印第安人：172 个美国西部印第安部落的环境、语言和文化比较》②、蒂达·珀杜著《被铭记的民族：五个文明部落的口述历史，1865～1907》③。这种怀疑精神影响了边疆历史学者，他们质疑自己在书写边疆历史中采用的价值观，这是一种进步。然而，边疆社会历史研究领域仍然缺乏能够书写本土文化的本土学者。

第三，对边疆种族主义的反思。随着边疆社会结构和土地使用的变化，边疆族群内部开始有意识地保持文化认同，这种意识促使学者重新思考曾经出现在边疆的压迫和种族主义，并反思歪曲的语言表述是导致偏见的根源之一。学者努力的方向是分析边疆族群生存和交流背后的政治意涵，如阿诺尔多·德里昂的两本著作：《特哈诺社区，1836～1900》④ 和《他们称他们为涂油工：得克萨斯的盎格鲁人对墨西哥人的态度，1821～1900 年》⑤。在书中作者回顾了种族主义和种族压迫的历史，描述了得克萨斯地区拉美裔在早期面临的种族歧视，揭露了白人在塑造边疆英雄时自欺欺人的本质，以及书写语言对拉美裔族群的压迫，研究结果具有说服力。他怀着巨大的真诚，重新勾勒了边疆历史，为后来的边疆学者找到了正确的表述方向，促使各学科背景的学者相互沟通并各自反思在学术中的语言表述。

3. 运用语言社会学方法的主要研究成果

学科越细化，各种概念越需要平衡，不可偏废。边疆、社会、历史三个关键词就是这样，学者努力将边疆与社会话题更紧密地整合起来。因此，边疆的女性进入了研究者的视野。研究者关注边疆女性在家庭内部所做的贡献，而家庭角色也是女性最具代表性的角色，但这些研究并没有打破传统的男权话语体系，学者不得不从特殊的视角研究女性的社会经济地

---

① Richard White，*The Roots of Dependency: Subsistence, Environment, and Social Change Among the Choctaws, Pawnees, and Navajos*，Lincoln：University of Nebraska Press，1983.

② Joseph G. Jorgensen，*Western Indians: Comparative Environments, Languages, and Cultures of 172 Western American Indian Tribes*，San Francisco：W. H. Freeman，1980.

③ Theda Perdue，*Nations Remembered: An Oral History of the Five Civilized Tribes, 1865 - 1907*，Westport，Conn.：Greenwood Press，1980.

④ Arnoldo DeLeon，*The Tejano Community, 1836 - 1900*，Albuquerque：University of New Mexico Press，1982.

⑤ Arnoldo DeLeon，*They Called Them Greasers: Anglo Attitudes Toward Mexicans in Texas, 1821 - 1900*，Austin：University of Texas Press，1983.

位。他们在女性的信件和游记中获得了第一手资料，并选取了四类研究对象：性工作者、女性拓荒者、摩门女教徒和边疆女教师。

第一，性工作者的确对边疆群体产生了社会影响，这挑战了对边疆女性的传统认知。相关研究有马里恩·戈德曼著《掘金者和银矿工：康斯托克矿脉上的卖淫和社会生活》①和安妮·M. 巴特勒著《欢乐的女儿，痛苦的姐妹：美国西部的妓女，1865～1890》②。相关资料搜集起来十分困难，而更大的挑战是研究印第安女性、墨西哥女性、东方女性、黑人女性在动荡边疆社会中的生存经历。

第二，女性拓荒者揭示了女性与边疆环境的密切联系。如格伦达·莱利的《拓荒者：艾奥瓦经历》③，讲述西部女性从无知青年蜕变为个性十足的拓荒者；桑德拉·迈尔斯的《西部妇女和边疆经验》④，这是一部平衡社会与边疆概念的代表作，指出西部女性与其所生活的环境存在天然的共生关系，特殊的环境造就了特殊的女性。边疆学者需要注意二者之间的联系，不可偏废其一。

第三，从个人的层面研究边疆的摩门教信仰是一种全新的视野，学者从已出版的日记和备案中了解近现代的摩门教徒。取得摩门教徒的信任并不容易，但学者还是克服了重重困难，获得了大量一手资料，我们从中能够获知近代边疆宗教的情况。詹姆斯·B. 艾伦和格伦·M. 伦纳德著《后期圣徒的故事》⑤、戴维斯·比东《摩门教的经历：后期圣徒的历史》⑥、马克·P. 莱昂内著《现代摩门教的根源》⑦，提及摩门女性在19世纪拓荒

---

① Marion Goldman, *Gold Diggers and Silver Miners: Prostitution and Social Life on the Comstock Lode*, Ann Arbor: University of Michigan Press, 1981.

② Anne M. Butler, *Daughters of Joy*, *Sisters of Misery: Prostitutes in the American West, 1865 - 1890*, Urbana: University of Illinois Press, 1985.

③ Glenda Riley, *Frontierswomen: The Iowa Experience*, Ames: Iowa State University Press, 1981.

④ Sandra Myres, *Westering Woman and the Frontier Experience*, Albuquerque: University of New Mexico Press, 1982.

⑤ James B. Allen and Glen M. Leonard, *The Story of the Latter-day Saints*, Leonard J. Arrington, Salt Lake City: Tanner Trust Fund, University of Utha Library, 1969.

⑥ Davis Bitton, *The Mormon Experience: A History of the Latter-Day Saints*, New York: Alfred A. Knopf, 1979.

⑦ Mark P. Leone, *Roots of Modern Mormonism*, Cambridge, Mass.: Harvard University Press, 1979.

和教会改革过程中承担了重要的社会责任，但她们在摩门教会中仍无法获得神职权力，而是通过救济会等组织影响社区发展。吉恩·A. 赛辛斯著《摩门教的雷霆：杰迪戴亚·摩根·格兰特的纪录片历史》①，梅洛·J. 普西著《王国的建造者：乔治·A. 史密斯、约翰·亨利·史密斯、乔治·阿尔伯特·史密斯》②，研究了 19 世纪摩门女性在多妻制社会中的地位，包括顺从、反抗、适应等多种态度。随着 20 世纪现代化进程，摩门女性在教育和社会事务中的地位有所提高，但摩门教仍强调女性的家庭角色，鼓励她们成为"贤妻良母"。

第四，边疆的教育问题也引起了学者的重视。玛格丽特·C. 萨斯著《教育和美国印第安人，1928~1973：自决之路》③，提到 20 世纪中后期的印第安女性教师如何参与教育改革。波莉·威尔茨·考夫曼著《边疆的女教师》④，通过信件、个人叙述和日记，呈现了九名女性教师在内战前从美国东部前往西部边疆地区任教的经历。这本书通过形象地刻画其中一名边疆女教师，使人们可以更清晰地了解边疆的教育现状，作者进而探讨边疆学校的种类和区域、学校与社区的关系、学生的特点等。"概念的平衡"强化了边疆社会的内部结构，以及研究的区域性和独特性，而不是总与东部比较，学者也可以从中考虑自己的区域研究兴趣。

4. 运用区域视角的主要研究成果

区域研究视角对边疆学者是一个更大的挑战，分析人类行为模式是否造就了边疆的独特性，需要很充分的证据。特纳、韦伯都曾从这个角度研究边疆，今天的学者面临边疆出现的新问题，在他们的设想基础上继续探索。

毫无疑问，边疆的形势在不断变化之中，研究边疆的模式也需要跟进。向西部扩张的历史对边疆气质的形成有重大影响，最近的研究再一次

---

① Gene A. Session, *Mormon Thunder: A Documentary History of Jedediah Morgan Grant*, Urbana: University of Illinois Press, 1982.

② Merlo J. Pusey, *Builders of the Kingdom: George A. Smith, John Henry Smith, George Albert Smith, Provo*, Utha: Brigham Yong University Press, 1981.

③ Margaret C. Szasz, *Education and the American Indian, 1928-1973: The Road to Self Determination*, Albuquerque: University of New Mexico Press, 1974.

④ Polly Welts Kaufman, *Women Teachers on the Frontier*, New Haven, Conn.: Yale University Press, 1984.

确定了特纳对边疆的判断是正确的。罗伯特·V. 海因的《美国西部：阐释史》[①] 和理查德·A. 巴特利特的《新国家：美国边疆的社会史，1776~1890》[②] 承认，美国人的迷思歪曲了西部扩张中的丑陋事实。巴特利特进一步批驳了美国人自欺欺人的谎言，他认为西进运动没有导致民族的分裂和解体。马尔科姆·J. 罗博著《跨阿巴拉契亚边境》[③]，将西进运动描述为三个过程：发生的事件、社会的出现、制度的发展。他认为边疆的价值观是在这三个过程中形成的。约翰·D. 安鲁著《穿越平原：1840~1860年陆路移民和横跨密西西比河的西部》[④]，作者把边疆放在多元化的视角下，指出边疆群体的更新也转变了扩张的方式，提升了合作的复杂度。

所幸的是，在历史社会学框架下，用文学人类学方法和平衡理论以及区域视角研究的成果颇丰。特纳曾经只希望发展关于女性拓荒者的研究，而如果他今天在世，一定倍感欣慰。

（四）边疆的经济发展

1945 年后，关于 19 世纪美国西部的经济和商业的学术成果非常丰富，但缺乏普遍的假设和阐释理论来指导研究。特纳、韦伯和比林顿阐释了经济扩张的根本原因及其对美国历史产生的影响，但他们的假说不完全正确。特纳论述了毛皮商人、农民和城市居民相继在土地上施加他们的影响，而且由于区域的不同，影响的过程也不同，不同的经济体系产生区域性的政策。韦伯把边疆看作待开垦的土地，认为丰富的自然资源刺激了经济繁荣，并影响了欧洲和边疆。他意识到，变化的环境和经济活动推动了技术革新和制度变迁。比林顿总结了现存的研究资料，并指出边疆刺激美国人进行技术革新，同时也造成了资源的严重浪费。

特纳、韦伯、比林顿的理论偏历史人文主义，而现代经济历史学家更多受经济学理论的熏陶，他们把西部边疆当作检验经济理论的试验场，希

① Robert V. Hine, *The American West: An Interpretive History*, Boston：Little，Brown，1984.

② Richard A. Bartlett, *The New Country: A Social History of the American Frontier, 1776–1890*, New York：Oxford University Press，1974.

③ Malcolm J. Rohrbough, *The Trans-Appalachian Frontier*, New York：Oxford University Press，1978.

④ John D. Unruh, *The Plains Across: The Overland Emigrants and the Trans-Mississippi West, 1840–1860*, Urbana：University of Illinois Press，1979.

望通过衡量土地、劳动力、资本、技术和企业的作用，来理解经济进步的过程。二战后，欧洲和第三世界国家需要复苏经济，美国西部边疆成为经济学家考察经济迅速发展的成功历史案例。边疆经验是否适用于现代世界呢？

经济学家从理论和实践两方面来讨论边疆经济的发展。理论方面主要有以下几种。

第一，企业家理论。19世纪50年代，企业家被看作扩大经济的改革者。哈佛大学商学院对创业经济研究起到了巨大作用，分析了北美毛皮贸易、在阿斯托里亚建立中国市场的联络前哨以及毛皮市场衰落时向土地投资转型等问题。到60年代，学者关注个人和机构在西部经济发展中的角色，如哈利·沙伊贝著《俄亥俄运河时代：政府与经济的案例研究，1820~1861》①，讨论了商人与政治家在公共领域和私人领域的互动，指出他们共同推进和投资了俄亥俄州的运河系统；同时介绍了一些成功的商人，指出他们运作了伊利湖的商业银行、俄亥俄的人寿保险和信托公司。吉恩·格雷斯利著《银行家与牧场主》②，对牛贸易商业决策和金融机构的分析具有创见性；亚瑟·约翰逊和巴里·苏普莱著《波士顿资本家和西部铁路》③，强调了东方商人在组织和改善西部交通上的重要影响。这些研究都反映了企业家理论，是研究公司档案和政府文件的产物，学者从历史学视角抓住了人、事、地点和时间的独特性。

第二，现代化理论。现代化理论最初诞生于经济政治学，目的是解释工业化和民主化的经济、社会和政治动因。现代化理论可用于解释18世纪欧洲和20世纪伊朗的经济转型，还可用于解释1600~1865年的美国历史。如理查德·詹森著《伊利诺伊：200周年历史》④，他在随后的一篇文章《论弗雷德里克·杰克逊·特纳的现代化：地域主义的史学》⑤中谈到，西部边疆区域的变化经历了农业、牧业、矿业的经济转型，现代化理论有助

---

① Harry Scheiber, *Ohio Canal Era: A Case Study of Government and the Economy, 1820-1861*, Athens: Ohio University Press, 1969.

② Gene Gressley, *Bankers and Cattlemen*, New York: Alfred A. Knopf, 1966.

③ Arthur Johnson and Barry Supple, *Boston Capitalists and Western Railroads*, Cambridge, Mass.: Harvard University Press, 1967.

④ Richard Jensen, *Illinois: A Bicentennial History*, New York: W. W. Norton, 1978.

⑤ Richard J. Jensen, *On Modernizing Frederick Jackson Turner: The Historiography of Regionalism*, University of Nebraska Press, 1994.

于理解这种转型。社会心理学家和历史学家相继分析了现代商人的性格，用以论述人格的现代化。如丹尼尔·布尔斯汀著《美国人：国家经历》①，讨论了18世纪末的曼彻斯特农民是否具有资本主义行为，是否追求利润和更大的市场，以及边疆农民的心态是不是区域经济成熟化的反映。从社会心理学角度，边疆学者可以更好地理解芝加哥和旧金山的投资企业家。

第三，出口或需求理论。需求理论主要是为了解释宏观经济，但由于大数据的使用受到诸多质疑，需求理论最终被抛弃了。取而代之的是供给理论，如戴安娜·林德斯特伦著《费城地区的经济发展，1810～1850》②，认为研究美国的宏观经济并合计美国的经济总量，需要计算技术、资本、土地和企业家的投入，边疆学者需要从经济学家那里借鉴更敏锐的视角，如土地政策和交通运输。

实践方面主要有以下几种视角。

第一，毛皮贸易。毛皮贸易自华盛顿·欧文起受学界关注。欧文在《阿斯托里亚或落基山脉之外的企业轶事》③ 一书中讲述了毛皮商人的拓荒故事。特纳在《威斯康星印第安人贸易的特点与影响》④ 一书中，强调了商人对后来的定居活动有刺激性影响，他认为毛皮贸易是商人拓荒的平台，毛皮商为定居者开路，并选择了建造城镇的位置。韦恩·埃德森·史蒂文斯在《西北毛皮贸易，1763～1800》⑤ 一书中，谈到从1763年《巴黎和约》签订至19世纪早期美国取得控制权期间美英在五大湖的毛皮贸易，指出蒙特利尔商人面对土地扩张问题，通过改变商业策略来增强美国竞争力并瓦解欧洲的市场。他还描述了毛皮商的领头人们如何通过建立合作关系来控制价格和减少竞争。大卫·威舍特著《美国西部毛皮贸易，1807～1840：地

① Daniel Boorstin, *The Americans: The National Experience*, New York: Random House, 1965.

② Diane Lindstrom, *Economic Development in the Philadelphia Region, 1810-1850*, New York: Columbia University Press, 1978.

③ Washington Irving, *Astoria, or Anecdotes of an Enterprise Beyond the Rocky Mountains*, Edgeley W. Todd, ed., Norman: University of Oklahoma Press, 1964.

④ Frederick Jackson Tuner, *The Character and Influence of the Indian Trade in Wisconsin*, Edgeley W. Todd, ed., Norman: University of Oklahoma Press, 1977.

⑤ Wayne Edson Stevens, *The Northwest Fur Trade, 1763-1800*, Urbana: University of Illinois Press, 1928.

理综合》①，从地理学角度分析了环境、市场和供给在横穿密西西比区域的贸易中的影响。卡尔文·马丁著《游戏的守护者：印第安人与动物的关系和毛皮贸易》②，比较了加拿大西部边疆的和平与美国西部边疆的动乱，认为印第安人在加拿大的毛皮贸易中占主导地位，而美国白人取代了印第安人中间商的位置。

第二，农业与土地。关于农业的争论总是与联邦土地政策是否公正有效相联系，正反方围绕投机买卖展开争论。保罗·盖茨著《土地投机商在西部开发中的作用》③，认为投机阻碍了人们在美国西部定居，因为投机商通过操控拍卖和贿赂官员垄断成片的土地，农民只能前往不肥沃的土地，进而陷入困境，迁居的路线被中断。投机商掌握土地后，以高价卖给农民或者放高利贷，农民只好租赁土地，最终杰斐逊总统提出的自耕农政策被瓦解了。另一些学者从土地政策角度看问题，如马尔科姆·罗尔博著《土地办公室的生意》④，托马斯·勒杜克发表了《1825~1875 年美国农业的公共政策、私人投资和土地利用》⑤ 一文，阐述了联邦土地政策的设计漏洞，认为政策概念模糊，政府缺乏管理。他们认为，完全开放的处置系统客观上鼓励了农民和城市居民去投机倒把，如果政府控制分配并提供长期信贷，西部农业的发展会更公正有效。而反方的修正主义观点认为，投机商通过税收和内部投资为当地社区做了贡献。艾伦·鲍格的《利润和边境土地投机者》⑥ 和罗伯特·斯威伦加的《以美分换英亩：艾奥瓦州边境的拖欠税款拍卖》⑦ 用社会统计学方法得出，投机商没有长期把控土地，而是

---

① David Wishart, *The Fur Trade of the American West, 1807-1840: A Geographical Synthesis*, Lincoln：University of Nebraska Press，1979.

② Calvin Martin, *Keepers of the Game: Indian-Animal Relationships and the Fur Trade*, Berkeley：University of California Press，1978.

③ Paul Gates, "The Role of the Land Speculator in Western Development," *Pennsylvania Magazine of History and Biography* 66，July 1942.

④ Malcolm Rohrbough, *The Land Office Business*, New York：Oxford University Press，1968.

⑤ Thomas LeDuc, "Public Policy, Private Investment, and Land Use in American Agriculture, 1825-1875," *Agricultural History* 37，January 1963.

⑥ Allan Bogue, "Profits and the Frontier Land Speculator," *Journal of Economic History* 17，March 1957.

⑦ Robert Swierenga, *Acres for Cents: Delinquent Tax Auctions in Frontier Iowa*, Westport, Conn.：Greenwood Press，1976.

很快将其售出，他们虽然追求利润，但考虑到风险，要价不高。根据修正主义观点，资本家可以购买税收承包权，并在一定期限内（如三年到四年）允许农民分期支付税款。税收契据不仅仅是剥削机制，它还是一种资本市场工具，通过税收预付款的方式，政府和资本家之间形成了一种合作关系。唐纳德·温特斯在《没有农场的农民：19世纪艾奥瓦州的农业租赁》① 一书中，谈到租赁使个人在拥有自己的土地前，能积累足够的资本和经验。哈利·沙伊贝在《企业家精神与西部开发》② 一书中提出，投机商并不只有一面，而是一个多元角色，他们投资土地、彩票、运输业和银行，考虑投机商对人和制度的影响，才能最终评估投机对经济发展的影响。不可忽视快速发展导致的环境破坏、资本过剩和重新安置过程中的人员损失。

第三，边疆城市化。城市化由多种因素导致，包括商业圈、地理因素、投机和企业家的创业精神。最深入的研究是关于城市开发者作用的研究，如卡尔·阿博特著《支持者和商人：内战前中西部的流行经济思想和城市增长》③，描述了区域发展推动者的影响，包括他们写宣传册宣扬某区域适合贸易和制造产品，虽然有夸张因素，但有助于明确目标和吸引资本。卡尔·阿博特展示了19世纪的五个边疆城市中，区域发展推动者和商人的互动关系。罗伯特·戴克斯特拉著《牛镇》④，分析了五个城镇的商人领袖如何调动资本和推动经济增长。学者发现，城市竞争是促进增长的关键因素，各城市争夺区域市场、首府所在地、国有资本和运输枢纽地位，芝加哥、堪萨斯、圣路易、辛辛那提、旧金山的商业精英相互争夺经济霸权。边疆学者借用地理学的方法比较不同区域的城市化经验。艾伦·普瑞德在《城市增长与信息流通：1790～1840年美国城市体系》⑤ 中，为19世纪的城市化建立了一个模型，包含了贸易、运输、小商贩、制造业等因素。

---

① Donald Winters, *Farmers Without Farms: Agricultural Tenancy in Nineteenth Century Iowa*, Westport, Conn.: Greenwood Press, 1975.

② Harry Scheiber, *Entrepreneurship and Western Development*, Albany: State University of New York Press, 1981.

③ Carl Abbott, *Boosters and Businesmen: Popular Economic Thought and Urban Growth in the Antebellum Middle West*, Westport, Conn.: Greenwood Press, 1981.

④ Robert Dykstra, *The Cattle Towns*, New York: Atheneum, 1970.

⑤ Allan Pred, *Urban Growth and the Circulation of Information: The United States System of Cities, 1790-1840*, Cambridge, Mass.: Harvard University Press, 1973.

他认为，没有比运输更重要的因素，它控制了信息、人员和产品的流动。

　　第四，资本流通。资本流通是 19 世纪美国西部发展迅速的重要原因，从 19 世纪 20 年代的纽约到 30 年代的老西北，从 19 世纪 50 年代的内布拉斯加到 80 年代的科罗拉多，东部资本家通过个人和机构网向农业租赁、城市彩票、农业土地、牛业和矿业公司投资，西部的核心商人向零售商和运输业流通资本。当西部经济发展成熟时，东部资本和国外资本就不那么重要了。如雷金纳德·麦格雷恩著《外国银行持有人与美国国债》① 谈到，在繁荣的 19 世纪 30 年代，东海岸的美国土地公司通过股票调动成百上千的小投资商购买西部的土地；约翰·N. 狄金森著《修建运河：苏圣玛丽，1853～1854 及以后》② 谈到，边疆运河和铁路的修建依靠股票和债券，研究分别讨论了俄亥俄运河、伊利湖运河和铁路的金融模式。

　　第五，州政府的调控。1902 年，美国学者断言，19 世纪的美国不存在自由主义经济，因为联邦政府的缺位，州政府推动和资助了公有制和私有制公司。"美国模式"是指州政府与私人企业合作推动经济发展，因此，选举州长对私人企业家来说就是关键。玛丽·汉德林著《联邦：政府在美国经济中的角色研究，马萨诸塞州，1774～1861》③ 一书认为"美国模式"广泛存在于边疆各州中，运河与"美国模式"密切相关。罗纳德·西沃伊著《美国商业公司的起源，1784～1855》④，探讨联邦和州政府资助修建铁路，间接刺激经济发展。军队在老西北、西南和边疆的开发与定居中做出了贡献。罗伯特·W. 福格尔在《铁路与美国经济增长：计量经济学史论文集》⑤一书中，认为铁路、运河、汽船等交通工具都在西部边疆的经济发展中发挥了重要作用。

---

① Reginald McGrane, *Foreign Bankholders and American State Debts*, New York：Macmillan, 1935.

② John N. Dickinson, *To Build a Canal: Sault Ste. Marie, 1853-1854 and After*, Columbus：Ohio State University Press, 1981.

③ Mary Handlin, *Commonwealth: A Study of the Role of Government in the American Economy, Massachusetts, 1774-1861*, Cambridge Mass.：Harvard University Press, 1969.

④ Ronald Seavoy, *The Origins of the American Business Corporation, 1784 - 1855*, Westport, Conn.：Greenwood Press, 1982.

⑤ Obert W. Fogel, *Railroads and American Economic Growth: Essays in Econometric History*, Baltimore：Johns Hopkins University Press, 1964.

第六，经济法规。法规在很多方面影响了边疆经济，如税法在边疆各州都关乎实际利害关系。霍华德·杰伊·格雷厄姆在《英亩换美分：1800~1890 年边境税头衔的经济和宪法意义》①一文中，指出各州对非本地的资本家收税过重，税法还迫使东部人出卖土地。罗伯特·斯瓦伦加在《纽约西部的边疆态度和债务催收》②一文中，认为艾奥瓦州的税法没有歧视外地资本家，地区政府清楚公平的税法和法律行为对吸引外地资本有好处。同样，各州都有规范借贷双方的法律，在经济萧条期间，西部各州的立法者都出台了保护居民的法律，法院和立法者都考虑到了平衡社区之间、个人之间、现在与未来的利益。如果法律只偏向信贷双方，就会影响未来的投资和经济增长。托尼·弗雷耶在《联邦法院、地方主义和国民经济，1865~1900》③中，探讨了法律对东部与西部之间商品交换的管控，指出投资西部地产的银行和保险公司更倾向于寻求联邦政府的法律补偿，而不是地方法院，因为地方法院对外地公司抱有敌意，弗雷耶认为法律偏见会影响东部资本的进入。

对边疆经济发展研究的不足是缺乏比较的视角，未来更多地采用比较研究有利于打破时间和各州边界的壁垒，使法律、土地政策、资本流通、企业家等多种经济发展因素的作用可以在不同环境中得到验证。

（五）边疆的环境变化

从特纳的边疆史学角度来看，环境史学主要关注两个方向：一是将地理各要素（地形、气候、土壤、植被）整合进生态系统中，着重关注人类对自然的持续影响；二是强调西进运动中必要的经济、技术和材料因素。过去，将"无用的荒地"变为高产的田地或步入工业社会被认为是进步的，但从现代环境科学的角度，这是一种不可逆转的资源浪费。

早先，法国质疑美国自然资源开发的潜力。这块新土地值得法国支持

---

① Howard Jay Graham, "Acres for Cents: The Economic and Constitutional Significance of Frontier Tax Titles, 1800-1890," in Howard Jay Graham, ed., *Everyman's Constitution*, Madison: State Historical Society of Wisconsin, 1968.

② Robert Swierenga, "Frontier Attitudes and Debt Collection in Western New York," in David Ellis, ed., *The Frontier in American Development*, Ithaca, N. Y.: Cornell University Press, 1969.

③ Tony Freyer, "The Federal Courts, Localism, and the National Economy, 1865-1900," *Business History Review* 53, Autumn 1979.

开发吗？杰弗逊总统为此做了详细、科学的环境调查，证明美利坚的土地具有巨大的发展潜力。政府对西部地理环境的研究投入了长期的心血，并支持了一批学者。如瑞士自然学家路易斯·阿格西于1848年夏带领一个科学家团队到苏必利尔湖，对地质、地形、化石、植物群、动物群做了详细的编目，并著《苏必利尔湖：与其他和类似地区比较的自然特征、植被和动物》① 一书，他的结论虽然略显武断，却奠定了生态学调查的基础。政府和科学家把美国西部看作一个自然实验室——充满了异域物种和令人好奇的一切。

1. 当代环境论的浪漫主义起源

19世纪后期，集商人、律师、政治家、意大利和土耳其使臣身份于一身的乔治·帕金斯·马什站在了新旧环境论的交汇点上。由于身份的便利，他观察到古罗马帝国因开发过度而衰落，并担忧美国社会滥用资源以后的未来。在其1864年的著作《人与自然：人类活动所改变了的自然地理》② 中，他的观点远远超出自己的时代，认为地球的资源是供人类使用的，人类不能无限制地消耗和浪费。当时的主流观点仍然把美国西部扩张看成一种进步。

浪漫主义及其重视自然的观念对美国人思想的影响很小，民族主义和扩张主义主导了时人的思想。但是，浪漫主义还是最早为美国边疆可持续发展观的形成提供了思想来源，包括环境多样性、人与自然的有机联系、人类对自然的物质和精神双重依赖、边疆环境对美国人性格的支配性影响等。黄石公园也是在浪漫主义思想的影响下建立的。当代历史学界对浪漫主义的阐释也在美国边疆产生了影响，如罗德里克·纳什在1967年著《荒野与美国思想》③，他高度评价了倡导环境保护论的几位历史人物，并熟练地将清教主义、先验主义、进步主义和环境主义无缝衔接在一起。随后，约翰·康伦补充了他的观点，他在1973年出版的《美国风景：散文

---

① Louis Agassiz, *Lake Superior: Its Physical Character, Vegetation, and Animals, Compared with Those of Other and Similar Regions*, Boston：Could, Kendall and Lincoln, 1850.

② George Perkins Marsh, *Man and Nature: or Physical Geography as Modified by Human Action*, New York：Scribner, 1864.

③ Roderick Nash, *Wilderness and the American Mind*, New Haven, Conn. ：Yalu University Press, 1967.

与诗歌评论选集》① 一书中，对探险家、定居者、科学家、诗人、旅行家、小说家和艺术家的自然派作品一一做了别致的介绍，对环境保护论有着重要的推动作用。利奥·马克斯在 1964 年出版的《花园里的机器：美国的技术与田园理想》② 一书中指出，在获得边疆经验的同时，会有比想象的多得多的斗争，美国人在无意识中摧毁了自己赖以生存的家园。一些自然派的画家、摄影家也为推动环境保护论做出了贡献。

2. 历史地理的视角

历史地理学研究者站在特纳边疆论的对立面，反对特纳提出的从原始到文明的几个边疆阶段。他们坚持彻底的历史多元主义，认为边疆的发展是由群体的特点决定的，群体根据自我认同和他们在东部社会所拥有的资源，发展出了多样性的边疆社会。他们认为，人类与自然的关系是平衡与共生，美国边疆的扩张可以看成欧洲人对新世界环境的破坏：动植物灭绝、滥采滥伐引发的区域退化、过度放牧、大范围的水土流失，这些导致生态不可持续发展，这是不必要的、巨大的、不可逆转的损失和浪费。唐纳德·迈宁在文章《美国的持续塑造：地理学家和历史学家的简介》③ 中，以摩门文化社群为例，强调了人与自然是一个整合的文化区域。大卫·洛温塔尔和马丁·J. 鲍登合编《心灵的地理学：纪念约翰·柯克兰·赖特的历史地理论文集》④，段义孚著《恋地情结：环境感知、态度和价值观研究》⑤，呼吁学者用文化人类学的方法，从定居者的记忆、观察和行为考察边疆居民的环境价值观念。

3. 多学科交叉研究

技术和制度在环境问题上发挥了重要作用，但不是决定作用。自然资

① John Conron, *The American Landscape: A Critical Anthology of Prose and Poetry*, New York：Oxford University Press, 1973.

② Leo Marx, *The Machine in the Garden: Technology and the Pastoral Ideal in America*, New York：Oxford University Press, 1964.

③ Donald Meining, "The Continuous Shaping of America：A Prospectus for Geographers and Historians," *American Historical Review* 83, December 1978.

④ David Lowenthal and Martyn J. Bowden, eds., *Geographies of the Mind: Essays in Historical Geosophy in Honor of John Kirkland Wright*, New York：Oxford University Press, 1976.

⑤ Yi-Fu Tuan, *Topophilia, A Study of Environmental Perception, Attitudes, and Values*, Englewood Cliffs, N. J.：Pretice-Hall, 1974.

源的规模和可利用率才是根本性、决定性的。多学科交叉研究的对象是气候、土地和水源，由此可以评估大平原和大西南的农业潜力，并做出正确的政策决定。詹姆斯·C. 马林著《北美草原：历史导论》①，综合研究了美国中部草原上的人口与农业适应的关系，提出边疆的定居研究需要综合生态学、气候学、地质学和地理学等多种学科。他认为地球上任何地方的可居住性，不是由区域自身性质决定的，而是由人类利用资源的能力决定的。

物质文化史通过人—手工艺品—自然的联结来研究边疆的形成，其特点有二。一是关注人造的环境，如边疆的位置、规划、结构、土地利用，它们反映了美国的特征。约翰·R. 斯蒂尔戈著《美国的共同景观，1580~1845 年》②，令人信服地阐述了在西部扩张中边疆土地发生的巨大变化，指出美国人的性格和美国文化特征就在改变自然的过程中形成。二是关注"活历史"。托马斯·J. 施莱雷思著《文物与美国的过去》③，使用历史考古学方法研究了农场、博物馆、传统社会、档案搜集。

环境保护理论也被运用于交叉学科中。罗德里克·纳什著《荒野与美国思想》④，强调环境保护意识贯穿于整个美国历史，他研究了环境保护运动和遗迹保存运动所兴起的年代。唐纳德·沃斯特著《自然经济：生态学的根源》⑤，详细比较和论述了 18 世纪的环境史、美国浪漫主义的自然倾向、后达尔文主义的生态科学、内布拉斯加州的平原研究和经济发展与环境保护的矛盾。威廉·克罗农著《土地的变迁：新英格兰的印第安人、殖民者和生态》⑥，他把自然环境看成连续的流动状态，指出印第安人不开发环境却也能够在这片土地上自如地生活，而拓荒者把土地当成一种商品。

---

① James C. Marlin, *Grasslands of North America: Prolegomena to Its History*, Lawrence, Kans. : author, 1947, 1961.

② John R. Stilgoe, *Common Landscape of America, 1580 to 1845*, Yalu University Press, 1983.

③ Thomas J. Schlereth, *Artifacts and the American Past*, Nashville, Tenn. : American Association for State and Local History, 1980.

④ Roderick Nash, *Wilderness and the American Mind*, Yalu University Press, 2014. 1.

⑤ Donald Worster, *Nature's Economy: The Roots of Ecology*, San Francisco: Sierra Club, 1977.

⑥ William Cronon, *Changes in the Land: Indians, Colonists and the Ecology of New England*, New York: Hill and Wang, 1983.

（六） 从土地到资本的转变

马克思在《资本论》第 1 卷第 24 章中讨论了英国资产阶级对农村居民土地的剥夺，即所谓原始积累的过程。这一序幕是在 15 世纪最后 30 多年和 16 世纪最初几十年拉开的，封建家臣被解散，大量不受法律保护的无产者被抛向劳动市场，农民被从自己的土地上赶走，造成了人数更多的无产阶级。马克思认为，"对这一时代说来，货币是一切权力的权力"，资本主义制度"要求人民群众处于奴隶地位，使他们本身转化为雇工，使他们的劳动资料转化为资本"。① "'光荣革命'把地主、资本家这些谋利者同奥伦治的威廉三世一起推上了统治地位。他们开辟了一个新时代，使以前只是有节制地进行的对国有土地的盗窃达到了巨大的规模……市民资本家鼓励这种做法，为的是把土地转化为纯粹的商品，扩大农业大规模生产的范围，增加来自农村的不受法律保护的无产者的供给等等。并且，新土地贵族又是新银行巨头这一刚刚孵化出来的金融显贵和当时靠保护关税支持的大手工工场主的自然盟友。""大约在 1750 年，自耕农消灭了，而在十八世纪最后几十年，农民公有地的最后痕迹也消灭了。"② 通过掠夺教会地产、欺骗性地出让国有土地、盗窃公有地等方法，资本主义农业夺得了地盘，这使土地与资本合并，为城市工业制造了不受法律保护的无产阶级，这些人必须为别人劳动才能维持生活，而且不得不到市场上去购买自己所需要的一切。随着城市和手工工场的扩大，无产阶级的规模也扩大了。

卡尔·波兰尼在《大转型》中指出，市场经济所追求的唯一目标是获得最大化的利润，不仅商品，再分配方式、土地和人力的价值也完全由价格决定，因此，土地和劳动力都变成了商品。人类和土地同是自然的产物，但当土地和劳动力在市场经济中运转时，服从的是价格规律，而非自然规律。③ 这一悖论使美国等西方资本主义国家向资本倒戈，体现出反自然反人类的本质，具体表现在美国早期移民从建国伊始就将土地作为商品，由土地买卖积累起来的垄断资本转变为垄断金融资本，使金融帝国主义快进到了高利贷帝国主义。

----

① 〔德〕马克思：《资本论》第 1 卷，人民出版社，2018，第 825~827 页。
② 〔德〕马克思：《资本论》第 1 卷，人民出版社，2018，第 830~832 页。
③ Karl Polanyi, *The Great Transformation*, Boston：Beacon Press, 2001.

第三节　海外田野工作方法、研究方法与逻辑框架

一　口述史的方法

20 世纪 30 年代，口述史在美国发展起来。1938 年，传记作家、历史学家、记者艾伦·内文斯提出了两项革新：一是历史的大众化，二是口述历史，即将大众碎片经验整合进历史记录中。与其他国家的历史相比，美国的世代记忆相对较短。"世代记忆"这个术语被广泛地用于描述家族历史的记忆。美国学者追溯家谱和寻找世代记忆，鼓励个人探索早期家族成员的活动及其历史背景。他们不再关注血统本身，而是详细了解这些亲属及相关历史事件和社会背景。

传统的观点认为，家族史等同于家谱，即可以通过书面记录重塑一个人的宗系。但是，家族成员讲述的"故事"能提供过去人们生活的动机、态度和感情基调等信息，这是家谱所不能比拟的。因此，家族史的概念超出了系谱学的范围。自 20 世纪 60 年代以来，越来越多的美国历史学家试图理解普通人的日常生活经历，他们特别关注家族的历史，因为这塑造了无数人的日常生活，是社会制度的基础。因此，口述史作为一种历史研究的方法出现，弥补了传统史学的不足。口述史方法有以下三个要点，笔者据此开展访谈和研究。

（一）做充足的背景研究

在做访谈以前，访谈者需要收集每个家族成员的基本资料，并把每个个体定位在广阔的历史背景中。这些背景信息有利于访谈者明确且深刻地提出问题，并在访谈过程中找到问题的切入点。背景资料包括家族文件资料和历史资料。

第一，家族文件资料如毕业证书、旧信件、税单、家庭照片和一些留存的实物，以及出生、婚姻和死亡记录，遗嘱、人口普查和移民乘客名单等官方档案。通过这些私人和公开的文件，可以梳理个体生命中的基本信息——出生的时间和地点、教育和婚姻、居住和工作历史、孩子等。值得注意的是，充分收集受访者逝去亲属的背景资料很重要，这不仅使家族史

更完整，还能成为访谈的线索。

第二，当家族成员的背景信息收集完毕后，还要分析当时的社会历史环境如何影响了个人。对历史背景的理解能使访谈深化，促使研究者更深刻地理解家族史，而不仅仅是简单撰写个人传记。因此，笔者在俄勒冈大学的图书馆中查阅了美国历史概论、特殊历史事件的研究文献，试图分析移民进程和大萧条如何影响了里奇菲尔德家族的成员。另外，笔者还找到了大量以口述资料为基础的普通美国人的传记。

（二）选择一个焦点

在收集家族成员的生平信息和了解历史大背景后，需要确定访谈的方向。根据背景资料，有四种可能的研究方向：一是主要历史事件和趋势的影响，如种族隔离、技术发展或二战后的房产市场对家庭的影响；二是社会生活各个方面的关系，如工作、宗教、社区生活、阶级地位和家族内部成员的流动性；三是家族的结构和发展动力，如家族成员之间的关系和家族价值观；四是民俗方向，如家族故事、传统、习俗和信仰。由于可选择的主题数量庞大，因此，笔者将聚焦与家族经历相关的主题，并将家族经历与美国重大历史事件联系起来。另外，笔者保持一种开放的态度，因为受访者自己可能会有一个理解家族历史的新思路，从而打开一个新的研究领域。

（三）注意口述史访谈技巧

完成背景研究和确定访谈方向和主题后，笔者开始进行访谈。笔者首先采访了家族中年龄最大的成员，在访谈中，以下几个访谈技巧有助于受访者进行广而深的回忆。

第一，互动。笔者先向受访者解释访谈的目的，鼓励受访者思考他们自己和家族的历史。接着，笔者与受访者一起回顾老照片和文件，因为这些回忆都很宝贵。另外，与他们一起回访他们的老家、学校、教堂和工作地点，可以激发更多的回忆。

第二，准备话题大纲。首先，家族史访谈是自传体和主题叙事的结合，笔者列出的提纲有助于受访者回忆，而不是抑制他们的回忆；其次，访谈者要对寻找的信息有一个清晰的思路，否则很容易被一堆不相干的事实和回忆所淹没。

第三，问开放性的问题，由受访者进行拓展。根据受访者的回答，笔者可以挖掘更多的细节。对每个话题笔者都尽可能完全深入，然后再换下一个话题。如果受访者偏离了主题，笔者就及时引导受访者回归主题。

第四，做"积极的倾听者"。笔者通过眼神交流、点头和微笑、专注的表情、放松的身体姿势等非语言方式来保持良好的氛围。当受访者开始回答问题，就不要轻易打断，让他们以自己的逻辑展开叙述。笔者事先准备好要提的问题，并根据受访者的叙述随时做记录，等受访者回答完一个问题，再问下一个，因为最好的访谈者是说得最少的。

第五，访谈的环境最好是轻松舒适的，如家里的客厅、卧室、厨房或后院，这样有助于回忆。一次最好采访一人，但也可以由几个家族成员一起回忆过去，一来可以提供大量信息，二来可以互相激发回忆。

第六，访谈完毕，需要整理好文字材料和录音。笔者建立了一个档案系统，把每个受访者的相关信息和录音分别存放，并做好标记。

二　历史文献方法

文献法是一种古老而又富有生命力的科学研究方法，即通过阅读、分析、整理有关文献资料，全面、系统地研究某一问题。具体步骤为：第一，确定综述的选题；第二，收集相关的文献资料；第三，整理文献；第四，根据大纲将所摘录的材料分项分条加以组织；第五，分析研究材料，撰写综述。笔者在俄勒冈大学图书馆查阅了大量关于美国早期移民的文献资料，相关主题有"印第安人研究"、"西部开发与早期移民种族"、"美国西部边疆社会与历史"、"边疆经济发展"和"边疆环境变化"等。笔者发现，以家族史为线索进行叙事分析，并具备从第一代移民至今的完整记录的研究很少，笔者希望填补这一空白。

三　田野调查法

科学的人类学田野调查法，是由英国功能学派的代表人物马林诺夫斯基奠定的，我国在这方面卓有成绩的是著名社会学家费孝通先生。田野调查最重要的研究手段之一就是参与观察。它要求调查者与被调查对象共同生活一段时间，从中观察、了解和认识他们的社会与文化。田野调查工作的理想状态是调查者在被调查地居住两年以上，并精通被调查者的语言，这样才有利于对被调查者文化的深入研究和阐释。笔者 2017 ~ 2019 年在美国俄勒冈大学访学，生活在太平洋沿岸的尤金市，与美国人同吃同住同学习，对理查德·查尔斯·里奇菲尔德进行了长达一年多的访谈。希望从民族学和跨国比较研究的角度，呈现一个家族与国家同步发展的历史。

四　逻辑框架

本书以一个美国家族的历史为线索，呈现其国家的发展历史。美国倡导基督教文明，每一个核心家庭都是社会关系网络的一个结点。美国人自出生之日起就面对自己与上帝、土地、法律的关系，家庭处于三者的交集中。其中任意两环都相互关联：土地是财产的象征，宗教是追求个人财富的伦理基础；获取自由土地和实现人权自由是建立独立自由国家的根本动力；法律是对个人财产权和宗教信仰自由等的保障（见图 0-1）。每个新生命或新公民首先需要在这三重关系中找到自己的位置，离世的人或离开美国的人也不会动摇原有的社会关系。

在土地兼并与边疆拓殖的同时，美国的资本主义社会也不断扩张，并对全世界的历史产生了深远影响。美国与旧大陆最大的不同，是其社会从一开始就确立了资本主义制度。土地仅仅成为被征服的对象，而脱离了它的自然属性，变成了消费品或者抽象的商品。资本主义不把自然环境看作一种值得珍惜和享受的东西，而是一种积累更多财富的手段。当资本积累体系扩展到全球，破坏了地球系统本身的生物化学过程，最突出的表现就是气候变暖。然而，气候变化现实所要求的经济变革，威胁到了既得利益集团的资本积累前景及其权力地位，甚至威胁到了资本主义制度本身。[①] 因此，特朗普上一任期内的主要内阁提名者都无一例外地否认气候变暖。这一资本主义积累体系采取了最恶劣的行径，否认自然法则，强化种族主义、性别歧视、反环境主义，使政治、司法和经济发展与自然规律背道而驰。

---

① John Bellamy Foster, *Trump in the White House: Tragedy and Farce*, New York：Monthly Review Press, 2017, p. 96.

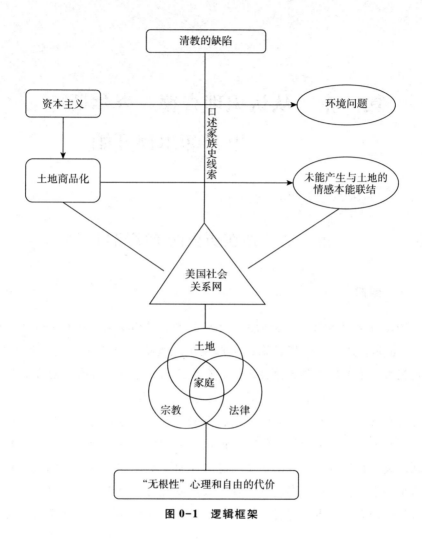

图 0-1　逻辑框架

第一章 从认识理查德·查尔斯·里奇菲尔德开始

第一节 站在历史的十字路口

一 缘起

2018 年 8 月 5 日，笔者走进了美国长老会［Presbyterian Church（U. S. A）］，也是在这一天，笔者第一次遇见了理查德·查尔斯·里奇菲尔德，这是笔者一生中最重要的惊喜之一。在此之前，笔者已经拜访过尤金的路德教会（Grace Lutheran Church）和联合教会（Unity of the Valley），认识了许多友善的美国朋友。因此，笔者驾轻就熟地走进长老会，随意选择一个位置坐下。旁侧坐的是一位有金色短发的阿姨，身穿蓝色的 T 恤，戴着一副眼镜，在唱诗时，她亲切地教笔者翻页。礼拜结束后，她问笔者是不是这里的学生，并很欢喜地领笔者去大厅吃点心。笔者告诉她自己是一个做人类学研究的学生，想要了解美国的文化，她说那一定要向笔者介绍一位先生，于是她将笔者领到了理查德·里奇菲尔德的座位旁，笔者在他的右边坐下。理查德是一位精神矍铄的老先生，他穿着一件夏威夷衫，手里端着一杯咖啡，蓝色的眼睛，高挺的鼻梁，高大的身材，可以想象他年轻时的潇洒和帅气。理查德的谈吐十分优雅，充满善意和好奇心，笔者不断向他提问，他不断地回答，不知不觉身边的人都走光了，只剩下笔者和老先生在大厅里继续交谈。

在这时，笔者抛出了一个政治立场问题："你怎样看待特朗普？"理查德回答说他对特朗普持反感态度，笔者顿时产生了好奇心，邀请他共用午餐。我们从教会走到学校附近的街上，找了一家越南餐馆，一人点了一碗米线。据理查德后来回忆说，这时他才开始真正了解笔者，并愿意给笔者讲述更多。笔者不再问政治或宗教问题，只是以闲谈的方式了解他的家庭。

而这才是一个真正的金矿！笔者的一个简单问题，竟然带出了一个无比精彩的历史故事。他是这样说的：

> **理查德**：我的祖父、父亲的名字里都有"乔治"，如果你是英国人，在名字里有"乔治"是很令人骄傲的，乔治是当时的英国国王。我祖父的父亲是洛伦佐·乔治，我的祖父也叫这个名字，我祖父的祖父也是？我不记得了，要回到 1842 年。
>
> **笔者**：你知道你的曾祖父是什么时候成为美国人的吗？
>
> **理查德**：我的曾祖父出生在康涅狄格州，1842 年。
>
> **笔者**：所以这说明他的父亲已经是美国人了。
>
> **理查德**：是的，我们（家族）是 1633 年到达马萨诸塞的，船从英国来到北美。从 1633 年到 1842 年（的情况），我不知道，我需要从图书馆历史资料里获得信息。
>
> **笔者**：所以你猜测你的祖辈是从英国来的。
>
> **理查德**：是的，我们（家族）从英国来，我们的名字里有英国名字，我们是在北美出生。1620 年五月花号来到北美，到了马萨诸塞（以土著语命名），昆西，这座城市是以美国第六任总统命名的。然后 1633 年，我们那一群就来到北美。
>
> **笔者**：你怎么知道是你们那一支呢？
>
> **理查德**：因为我的兄弟有一个宣言可以证明，现在宣言在图书馆里。宣言里列出了不同的家庭和孩子，还有一些下层的仆人，他们的名字不知道在不在上面。说实话，那是 1633 年的一份文件。我不知道他们何时或在哪里死去的，无论如何，登陆后的 100 年，我们的家族从马萨诸塞搬到康涅狄格。然后从康涅狄格来到俄勒冈，我们里奇菲尔德家族后来分散到亚利桑那和其他地方。
>
> **笔者**：然后他们来到了西部？
>
> **理查德**：对，他们是这么来的。1862 年坐船来的，可能横跨了巴拿马运河，到了旧金山，换了马，沿着威拉米特谷到尤金，在波特兰

西边遇到了兄弟，帮助他兄弟经营商店。

笔者：所以你的曾祖父是坐船从东部到西部的。

理查德：是的，1862 年或 1863 年，我不记得哪一年，但是可能是 5 月，在热的季节。坐船一定很贵，不断换乘和换驿站马车。

笔者：你的曾祖母也是这样来的吗？

理查德：哦，她出生在南达科他州，她和我的曾祖父结婚后，卖了农场。1913 年从南达科他州坐火车到波特兰。

笔者：在到南达科他州以前，他们在哪里呢？

理查德：我曾祖母从威斯康星来，在威斯康星他们已生活了几代，他们属于苏格兰麦吉尔家族。

笔者：你有关于他们旅行中的故事吗？

理查德：我不知道，我母亲 1908 年出生，1913 年来到俄勒冈，我有我母亲给我父亲写的信，在 1929 年，我父亲在门罗居住，离尤金有 20 英里。我父母相处得很好，她跟随我父亲去了威拉米特大学，1930 年结婚。

笔者敏锐地感受到了这是一个值得探索和撰写的故事，这段谈话已经让笔者着迷。

2018 年 9 月，在又一次与理查德·里奇菲尔德的交谈中，他说：

> 我想你来这里，来得正是时候，美国正处于一个转折点上。我们的国家应该是一个充满爱、关心他人、思想进步的国度，而不是只关心股市和关税。我们的国家陷入了深深的麻烦，股市成为衡量好坏的标准，事实上不是这样。

理查德向笔者表达了内心深处的忧虑，这一忧虑让笔者想要更加深入地了解美国和里奇菲尔德家庭。其实，忧虑背后是一个金融帝国面临政治分裂的现实。值得注意的是，宗教是导致美国政坛党派两极化的重要因素之一。

2018 年秋，笔者在俄勒冈州尤金做关于新教教派的田野调查，目的是寻找美国政治分裂的宗教原因。美国是一个非常虔信的国家，比欧洲人更虔诚。数据显示，"2012年，60%的美国人宣称自己信教，然而，在加拿大、法国和瑞典，声称自己信教的人分别只有46%、37%和29%。而在其他西方民主国家，无神论者的比例为美国的2~6倍"。[①] 美国为什么发展出了比欧洲更加严格的清教主义呢？原因有二：一是在美国短短的历史进程中，迅速的发展和快速的变化危及了文化本身的平衡，如本土居民的持续迁移、外来移民的迁入、工业化、城市化、阶级分层以及女性解放运动，带来了多元的思想，使清教主义不得不做出防御，从而变得更加严格；二是盎格鲁-撒克逊的女性集体无意识地将清教主义变成美国文化熔炉中最普遍的倾向，旧的盎格鲁-撒克逊的传统遵奉者变得更加严格。[②] 从美国历史上看，在大规模移民潮、战争恐惧和经济不确定等特殊情况下，往往会爆发福音运动。

第一次大觉醒运动发生在18世纪30年代，当时一部分知识分子接受了哥白尼和牛顿提出的关于宇宙的新科学观点，拒斥了卡尔文严厉而专横的神性；而另一部分极端的狂热分子传播感性的宗教，在未受教育的人群中取得了群众基础，如卫理公会牧师乔治·怀特菲尔德游历了各殖民地，宣讲了一种积极的个人赎罪体验，复兴主义者乔纳森·爱德华兹反对宗教中的知性主义，宣讲了一个复仇心切的上帝，认为个人只有通过悔改才能平息上帝的愤怒。这些群众无法理解科学和智力的重要性，只能理解感性和个性化的词汇。统治阶级也将道德戒律和宗教恐怖作为维持秩序的必要手段，即使他们自己并不相信。第二次大觉醒运动发生在19世纪初，微小的宗教差异使教派增加，浸信会和卫理公会派教徒的数量急剧上升，并从中派生了摩门教、基督复临派、时代论等。第三次大觉醒运动发生在20世纪20年代，传统白人农民的创世论价值观与进化论价值观产生了激烈碰撞。

20世纪50年代，美国南部逐渐成为福音保守派的大本营。直到民权

---

① 〔美〕史蒂芬·平克：《当下的启蒙：为理性、科学、人文主义和进步辩护》，侯新智等译，浙江人民出版社，2018，第73页。

② 〔美〕爱利克·埃里克森：《童年与社会》，高丹妮等译，世界图书出版公司，2018，第270页。

运动以前，民主党和共和党都没有吸引人数可观的教徒选民。这一时期，参与政治的主要宗教力量是"宗教左翼"，他们重视自由、进步、包容的多元价值；宗教保守派则在政治领域默默无闻。然而，民权运动所提倡的自由激进吓坏了保守教徒，挑战了男性权威和父权制度，在他们看来，民权运动是对美国基督教遗产的严重践踏。作为反击，"宗教右翼"自20世纪70年代崛起，以杰瑞·法维尔牧师为首的部分宗教原教旨主义者，以修复美国基督教遗产的名义联合起来发起了"道德多数派"运动，号召志同道合的基督徒从世俗人文主义者手中"夺回"国家的控制权，呼吁白人工人阶级的文化民族主义和道德正义感（白人工人阶级长期生活在经济不安全的条件下，感到被排除在许多福利之外）。在所有社会议题中，反堕胎成为自由派和保守派教徒冲突最激烈的议题。

简而言之，"自由派拥抱'开放、多元主义、多样性和彼此尊重差异的价值'。他们认为道德在神学之上，他们的道德'强调爱、人际关系、和平、公正、包容、对少数群体的宽容、对多样生活方式和性取向的接受'。他们是18世纪自由派基督徒的继承者，认为宗教信仰和启蒙运动推行的世俗化并行不悖"。而保守派将传统追溯到大觉醒运动中的敬虔主义者，他们严格遵循《圣经》启示，坚信道德绝对主义。他们支持传统基督教和犹太教关于"家庭、性取向、纪律和道德法令重要性的教义"。"另外，他们非常爱国，支持……对内严格执法，打击社会离经叛道者和罪犯。"① 保守派痛斥"自由主义者"使用过多的国家权力来供养特殊群体，包括黑人、妇女、环保主义者等，因此，共和党的支持者不仅可以通过表面上的宗教和文化民族主义动员起来，还可以通过暗示性的种族主义、恐同症和反女权主义动员起来。保守派对"自由精英"的抨击极大地歪曲了"自由"一词的含义，其结果是将人们的注意力从资本主义和公司权力上移开，导致商业主义和个人主义更加"自由"和肆无忌惮。②

理查德说："我的父母一直是共和党人，但我在小布什任总统时更换了自己的党派，成了民主党人。在我看来，民主党和共和党只是两个词，

---

① https://www.huxiu.com/article/301637.html，最后访问时间：2020年9月19日。

② David Harvey, *A Brief History of Neoliberalism*, New York: Oxford University Press, 2005, p. 50.

我只愿意把票投给我更认同的总统。"

事实上，一方面，大企业和保守派基督徒之间的联盟组成"道德多数"核心（不超过人口的20%），逐步铲除了共和党中所有的自由派分子。1980年罗纳德·里根的当选，标志着宗教右翼与共和党的胜利。1981年，秘密的基督教保守派组织成立了国家政策委员会，制定了将国家转向右翼的战略，即反堕胎、允许在公立学校祈祷并教授创世论、宣布烧毁国旗违宪、减少联邦税并将更多权力还给各州、让政府远离公益性事务。1990年以后，宗教保守派和原教旨主义者演变成了如今的右翼选举力量。

另一方面，民主党从根本上分裂了，安抚企业和满足金融利益的需要与改善民众的物质生活条件之间产生了严重分歧。克林顿选择了前者。"面对巨额赤字和刺激经济的需求，他唯一的方案是通过削减赤字来实现低利率，这意味着要么提高税收，要么削减预算。如果提高税收，无异于自毁政治前程；如果削减预算，他将失去传统选区的支持。实际上，社会政策由华尔街的债券持有人说了算，后果可想而知。"[1]

因此，"宗教右翼"在政治领域的影响力超过了左翼，共和党可以动员大量的金融资源和群众基础，他们更懂得充分利用现代媒体手段把信息传达给大众。然而，自由派除了都讨厌"宗教右翼"之外很难找到共同点，民主党也对与宗教人士联手心存疑虑。更重要的是，民主党不能满足其选民的基础物质需求，如建立一个全国性的医疗保健系统，因为他们害怕有损于资本家的阶级利益。在不对称的力量对比下，共和党的政治霸权更加稳固。

特朗普上台以后，宗教右翼的力量更加彰显。有美国学者认为，特朗普的目标仍是打压自由民主和发展垄断资本，同时夹杂着种族主义、民族主义、反环境保护主义、厌女症、恐同症、警察暴力和极端军事主义。特朗普完成了司法一体化、大学一体化、媒体一体化和共和党内部一体化。[2]也许正因为如此，理查德·里奇菲尔德才会显出如此忧虑，在他看来：

---

[1]　David Harvey, *A Brief History of Neoliberalism*, New York：Oxford University Press, 2005, p. 51.

[2]　John Bellamy Foster, *Trump in the White House: Tragedy and Farce*, New York：Monthly Review Press, 2017, p. 32.

特朗普正在摧毁美国的民主制度。自美国独立以来，自由、民主、进步一直是美国人追求的目标，美国移民祖先勇敢地挣脱了旧制度的束缚，带着新教伦理和资本主义精神在这片新大陆开辟新天地，这是美国人最引以为豪的事情。

美国的确开创了民主国家的先例，但是，笔者认为，美国的历史转折并非在一朝一夕之间，其根源早已深藏在历史进程之中。

在长老会教堂的休息室里，初次见面的理查德·里奇菲尔德与笔者促膝长谈了两个小时，理查德·里奇菲尔德也感到些许疑惑：为什么他祖先所开创的自由民主国家如今会受到如此严峻的挑战？带着这个问题，理查德与笔者一起回顾探讨了他的家族历史，这是一段逾四个世纪的移民迁徙历史，始于 1633 年他的第一位祖先踏上北美大陆。从他提供的家族史料中，笔者明显看到了美国将自由土地资本化的过程。但在探讨这个问题之前，笔者将从新教文明的危机入手，试图分析新教思想对美国土地利用所产生的根源性影响。

二 美国新教文明的危机

继亚拉巴马州出台史上最严苛的堕胎法案后，美国路易斯安那州参议院于 2019 年 5 月 21 日通过了一项州宪法修正案，称该州女性在宪法上无权堕胎，同亚拉巴马州的堕胎禁令一样，该修正案也没有剔除强奸和乱伦的特殊情况。

特朗普上台后，"捍卫生命"反堕胎阵营声势大振。2019 年内，美国有 15 个州通过"心跳法案"，该法案规定，只要女性怀孕时间超过 6 周，医学判定胎儿有心跳的情况下，就禁止母亲堕胎。如果认定女性故意打掉胎儿，可以以二级谋杀起诉，最高可判 30 年徒刑。从医学上来讲，胚胎出现心跳大概是在怀孕 6 周后，然而在法律规定的期限内，女性很有可能因无法确认自己是否怀孕而错过合法堕胎期。在亚拉巴马州之前，已有佐治亚、俄亥俄、阿肯色、肯塔基、密西西比和北达科他 6 个州通过了这一严厉的反堕胎法。

笔者在访谈中也注意到，盎格鲁-撒克逊的母亲给孩子的性教育相当严格。理查德说：

> 当我们买第二辆汽车的时候，我时而开车去约会。一个午夜，我回家时看见妈妈坐在餐桌旁等我。我当时心里咯噔一下，感觉做错事了。妈妈警告我说："不要玩火，小心被烧着。"我立刻明白了妈妈的意思，如果我让一个女孩子未婚先孕，我的麻烦就大了。这个女孩不得不到她的祖母家去把孩子生下来，然后交给其他家庭收养。生完孩子后，她也没脸继续待在这里，只能去另外一个城市。我会备受指责，我的球队会把我踢出去，我也不能正常完成学业，也许一辈子在工厂打工。我父亲的律师事务所接到过好几起这样的案件，他朋友的女儿未婚先孕了，很痛苦地来找他帮忙。我父亲帮助他的女儿处理好了孩子的出生证明，帮他们找到了收养家庭。这个女孩中断了学业，离开了家乡。这是一种耻辱，所以我们必须约束自己，当时没有避孕套，堕胎也是非法的，发生婚前性行为的后果很严重。①

理查德描述的内容发生在 20 世纪 50~60 年代。1969 年，21 岁的得克萨斯州女子诺玛·麦科威意外怀孕，但她发现本州法律规定只有当母亲的生命受到威胁时才允许堕胎，于是她以简·罗的化名起诉达拉斯地方检察官亨利·韦德，并一路上诉至美国最高法院。1973 年，美国最高法院就"罗诉韦德案"做出女性有权决定是否堕胎的判决，自此堕胎在大多数州属合法行为。然而，堕胎的争议长期存在，保守主义者不断呼吁推翻"罗诉韦德案"的裁决，全面禁止堕胎。

事实上，多数美国人是支持堕胎的。2018 年 10 月，皮尤研究中心发布的民意调查显示：58%的美国人认为堕胎应该合法化；美国男性和女性支持堕胎的比例相近（分别为 57%和 60%），因此堕胎与否并非性别之争；59%的共和党人认为堕胎在全部或大多数情况下非法，76%的民主党人则持相反态度；在新教徒中，白人新教福音派是最坚定反堕胎的群体（61%），主流白人新教徒中的 67%认为堕胎在全部或大多数情况下合法，

---

① 2019 年 3 月 18 日访谈于俄勒冈州尤金市。

而74%的非宗教人士认为堕胎合法。可见，宗教和党派才是决定人们立场的最重要因素。①

　　针对堕胎和同性恋的态度倾向性，笔者对俄勒冈州尤金市的教会做了一个派系统计调查。笔者按照进步、中立、保守划分了3个大类别。贵格会（Quakers）中的朋友宗教协会（Religious Society of Friends），代表最自由的教派。它避免谈论流产等有争议的问题，在同性恋的问题上，它持进步包容的立场。其次是基督联合教会（United Church of Christ），基督联合教会的官方立场是强烈支持自由行使堕胎权。在同性恋的问题上，75%的基督联合教会教徒接受同性恋，对同性恋总体上持开放包容的态度。再次是圣公会（Episcopal Church）和长老会（Presbyterian Church），认为仅在强奸、乱伦，或母亲的身体、精神健康处于危险之中，或涉及胎儿异常的情况下才允许堕胎；对同性恋不歧视，允许同性婚礼，神职人员也可以是同性恋。理查德·里奇菲尔德的家庭即皈依于美国长老会教堂。

　　中立派中相对进步的包括美国福音派路德教会（ELCA）和联合卫理公会（UMC），二者立场相似，认为在母亲的生命受到威胁，或因强奸或乱伦导致怀孕，或者胚胎畸形的情况下，法律不禁止堕胎。但是，他们对同性恋的态度很保守，指出同性恋与基督教教义不符。中立派中相对保守的包括美国路德教会（CLBA）和门诺派（Mennonite），另外还有一些非宗派的教会。他们谴责造成大量堕胎的不负责任性行为和暴力行为，但并不完全谴责堕胎，支持反对堕胎的立法。在同性恋的议题上，他们总体持反对态度。

　　保守派教会的主要代表是浸信会（Baptist）和福音派（Evangelical），其中美国南方浸信会（Southern Baptist Convention）最为保守，旗帜鲜明地反对堕胎，同时也是立法禁止堕胎的推动者，而且坚决反对同性恋。

　　令笔者感到意外的是，在民主氛围浓厚的俄勒冈州尤金市，保守派教堂占到了总数的59%，而自由派教堂只占15%。人类改变生产方式和服装风格，永远比改变思想观念容易。美国虽然在物质生活上已经领先于世界，但其道德观念依然十分保守。移民内心的孤立和不安全感，使美国的

──────────

①　https://www.huxiu.com/article/301637.html，最后访问时间：2020年9月19日。

保守主义得到了强化，他们更加依附于宗教教条。匹兹堡大学的历史学教授利兰·D.鲍德温说："我们的基本政治竞争从来不是在保守派和自由派之间，而是在保守派和极端保守派之间。"[①] 自由一词对美国而言是非政治意义的，它更接近一种无限信念，以及在这种信念上赌一把的意愿。到美国后的这些新发现，让笔者更加坚定地去探索：像里奇菲尔德这样的西部拓荒移民，他们的传统文化和美国精神之间到底是什么关系？想找到这个问题的答案，宗教可能是突破口。

三　三位一体与四位一体的关系

荣格认为，基督教的主要象征表现了特别的道德和精神态度，三位一体象征着绝对的男性气质。而古希腊哲学偏爱四元思维，例如毕达哥拉斯学派的誓言说，四面体"包含着永恒性的根源"。四位一体是一个非常古老的、可以假定为史前时代的象征，这是纯自然主义、直觉性的想法，源于自然界的思想。《亚他那修信经》[②] 第一次明确说明了三位一体。16世纪，它被西方基督教会广泛接受，包括罗马天主教会和一些英国国教教会、路德教会，以及一般的古代礼拜教会。"古代的自然哲学家们把三位一体想象为三种'活力'，即水、空气和火……第四种构成要素则是大地或人体。古代的自然哲学家们用圣母来象征后者。以这种方式，他们把女性的要素增加到三位一体之中，这样便产生出了四位一体或四等份〔分〕的圆……但既然在三位一体的教义中，女性和邪恶被排除在了上帝之外，那么在4个位格的宗教象征中，恶的要素就会形成其中的一部分。不需要特别的想象力就可以猜测到这样一种发展的深远的精神结果。"[③] 亦即如果将邪恶排除在三位一体之外，那么魔鬼将会自成体系，并且站到与基督平等对立的位格上去。正如没有黑暗，就无法见到光明，黑暗是光明的阴影面，

---

① Leland D. Baldwin, *The Stream of American History*, Pittsburg: University of Pittsburg Press, 1952, p. 4.

② 《亚他那修信经》：西方基督教会四大正统信仰告白之一，并且为路德宗及改革宗所肯定。据说此信经是在4世纪，由亚他那修根据以前的信经及奥古斯丁的《论三位一体》写成，最早在5世纪的拉丁教会中出现，而完整的形式则出现于9世纪。此信经是第一个阐述三位一体教义的信经，也是最好的一个。

③ 《荣格文集》，冯川译，改革出版社，1997，第368～369页。

恶魔也是上帝的阴影面。

较晚期的基督教新教文明将大地之母的女性人物表征完全排除，只接受圣母玛利亚象征中上层且光明的面向。西方的猎巫史就是从新教开始的。随着时间的推移，体制化的上帝意象、体制化的宗教原型系统阻碍了人格精神的进一步发展，也就意味着压抑或忽视了阴影面。然而，荣格认为，阴影面是强而有力的本能力量，如果我们能有意识地面对它，它就不会像潜伏的敌人一样控制我们的行为，并且能帮助我们避免非黑即白的判断。如果有意识地秉持基督教的理想生活原则，就等于必须以殉道者的姿态死去。然而，正如荣格在《基督教时代》一书中所写的："在基督教时代之前，邪恶并不真的是邪恶。基督教时代的崛起，将精神上的邪恶加诸邪恶原则上，这是之前所没有的。将道德反应变得更尖锐、更具区别性，成为一种过度黑白分明的状态，是不益于生命的。"[1]

第二节　理查德·查尔斯·里奇菲尔德的成长经历

一　他的童年

在珍珠港事件以前，美国社会依然风平浪静。理查德·查尔斯·里奇菲尔德说：

> 那时我母亲决定生第四个孩子，但当时很难找到一个来帮忙或陪伴的人。孕妇在医院要住 10 天，得有人帮忙照顾家庭。我于 1941 年 2 月 7 日出生。

理查德在笔者面前摊开了一本他的母亲留下的回忆信笺，泛黄的信纸上有几行娟秀的斜体字：

> 1941 年 11 月 5 日，我带着理查德去逛农贸市场，我看见鸡鸭被

---

[1] 〔瑞士〕玛丽-路薏丝·冯·法兰兹：《阴影与恶：如何在危难中发起反攻》，徐碧贞译，台海出版社，2019，第 69 页。

洗得干干净净，市场上有泡菜、果酱、洗净的胡萝卜、鼓鼓的卷心菜、用坛子和瓦罐装的肉馅、南瓜、倭瓜、面包和馅饼，还有各种美味的水果。摊位上农民们欢快的笑脸和黝黑的皮肤，使我想起了我们祖辈的农耕生活。

1941年12月7日，我从教堂回家，在收音机里听到了日本偷袭珍珠港的消息，许多美国士兵牺牲和受伤，损失惨重。我知道对于美国人来说，战争已经不可避免地开始了。

我们住在西海岸，房子面朝大海，有被袭击的风险。因此，我们在落地窗上装了遮光窗帘，在车的前灯上也装上遮光罩。在一个大雾天的晚上，我不得不开着没有前灯的车去参加会议。海上偶尔会传来关于"日本"的令人惊吓的信息，但我们的生活还是照常进行。

图1-1　1941年刚满月的理查德·查尔斯·里奇菲尔德与母亲、
哥哥和姐姐（家族资料）

1942年，肯尼斯·里奇菲尔德和弗朗西丝·里奇菲尔德夫妇以2700美元的价格，在纽波特的橄榄街232号购置了一处房产。房子有2层，主卧在一楼，3 间卧室在二楼。理查德·里奇菲尔德与家人在这栋房子里度过了美好的童年。在访谈中，他向笔者讲述了印象深刻的儿时记忆：

  理查德：我们有一个胜利花园（victory garden，象征战争胜利），在房子的后院。我们太小，我父亲年龄大了些，都没有上战场。所以，守在家乡的我们需要为国家减少饥饿人口，为士兵和他们的家人提供食物。胜利花园帮助我们稳住后方，从而更快赢得胜利，这表达了整个国家团结奋斗的努力。爸爸平时在附近的律师事务所工作，休假时他就在后院种植甜豆、豌豆、土豆和各种蔬菜，养殖兔子、鸡。这样我们就可以自给自足，甚至与邻居分享食物。俄勒冈州的气候很适宜种植苹果、梨子、葡萄、蓝莓、黑莓。有一辆卡车把俄勒冈中西部的蔬果运到海边，人们会蜂拥购买，有钱的话用钱交易，或者用当时的代金券，可以打八五折，没有钱的话以物易物。但俄勒冈州的气候不适宜种香蕉，小时候我不知道有香蕉这种亚热带水果。橘子来自加州和佛罗里达，需要长途运输，小时候橘子是用来款待客人的。我们会把橘子作为圣诞礼物，你会在壁炉旁的圣诞袜里发现一个橘子。

  笔者：在你小时候街上有很多商店吗？

  理查德：没有。我只记得街对面有一家咖喱食品店，我高中的暑假曾在那里打工。食品店的老板后来在另一个街区开了一家超市，我们称之为"独立食品协会"。在收获的季节，他们宰了公牛，用卡车把血淋淋的牛肉载运 20 英里到超市，所有人都蜂拥购买新鲜牛肉。现在我不吃红肉了，因为大家对红肉有争议，或许是为了保护环境，我不太清楚，我常吃鱼肉和鸡肉。但我小时候，我父母会烹饪牛肉，是从街对面的食品店里买的，后来我们有冰箱了，可以买很多肉存放。

  笔者：家庭生活中给你留下深刻印象的是什么？

  理查德：我妈妈很擅长做烤牛肉，那时，烤箱没有计时器，我妈妈需要计算我们去教堂来回的时间，我们家离教堂只有 1 英里，做礼拜来回大概两个半小时，这时候就把肉放在烤箱里烤。礼拜结束后，她有时会邀请一两个朋友来家里一起吃饭，时常有新的移民定居在我们的城市，我妈妈会问他们愿不愿意来我们家用餐，她会盛上烤肉和沙拉。我们围在餐桌边一起祷告，这是当时的盛大传统，我们手牵着手，一起祷告、吃饭。现在一切都乱套了，周日礼拜后，孩子们有的吃汉堡包，有的出去踢球，做这样那样的事，没有交流。但我们那时候，礼拜日的午餐是很重要的。我记得，从教堂回来后，我穿过车库，从后院的门进家。后院的门从来不锁。我一到家，就闻到了烤肉的香味，味道从烤箱里散发出来，肉已经烤好半个小时了。这是我童年时的记忆，周日礼拜我通常穿着白 T 恤和运动衫，胸前挂着教会每年颁发的全勤别针，头发整理得很完美，我感觉自己就像一个将军。用餐前，我们换好休闲的衣服，准备接待从教堂过来的朋友。其中有一对夫妇是家庭医生，他们有两个孩子。他们在寻找一个定居的地方，并成立一家诊所。医生最终决定在纽波特定居下来，成为我们的邻居，我们后来又一次成为他们的邻居，因为他们在另一个地方购置新房产，我们也在附近购置了新房产。我们两家结下了终生的友谊，在纽波特这个保守的社区教堂，他们终于不再寻寻觅觅，因为他们喜欢我们，希望与我们家成为邻居，他们的孩子与我们一般大，我们直到现在还常常联系。周日的盛餐是我们家的传统，我直到结婚以后还保持周日与父母共餐的习惯。①

图 1-2　1943 年的某个礼拜日家庭聚餐（家族资料）

---

① 2019 年 7 月 24 日访谈于俄勒冈州尤金市。

图1-3　战争年代的生日留影（家族资料）

二　他的家庭

理查德的父亲肯尼斯·里奇菲尔德是纽波特的一名城市律师，他的主要工作是处理遗嘱、离婚协议、所得税、遗产遗嘱认证。房地产工作是他的另一项专业领域，他处理了无数场房地产交易。二战后，肯尼斯帮助老兵回到祖国定居。战争改变了很多人的生活，有的父母去世，有的离婚，很多人需要寻找新的住处。理查德说："父亲年收入大约在2万美元，相当于现在的20万，这是相当高的收入，足以满足全家的需要。"1949年春天，《住房法》通过，旨在清理贫民窟、兴建公共住房以及扩大通过联邦住房管理局（FHA）的贷款保险的规模，该法案承认国家应当为每一个美国家庭提供"一个得体的家和舒适的居住环境"，并且要建立一套有效的城市土地使用转换的机制。虽然这项法案没有达到自由主义者的设想，而且拆迁和重建造成了巨大的贫富差距和种族对立，但是，它反映了战后美国土地资源分配不均的深刻矛盾。

1929年美国股市崩盘之后，经济衰退持续到1933年，1933年至1937年经济短暂复苏，继而1937年至1938年进一步衰退，直到在二战的大规模刺激下，1939年经济才全面复苏。战争让美国人回到了工作状态，1944年的劳动力失业率仅为1.2%，而大萧条中最消沉的时期失业率是25%甚至更高。值得注意的是，资本主义下的积累始终依赖外部刺激的存在。战后的经济变化对积累极为有利，美国从战争中崛起，拥有了历史上最大的流动性购买力储备，为美国第二次汽车化浪潮和政府在高速公路上的巨额支出提供了基础。

美国的第二次汽车化浪潮不仅对工业产生了直接影响，造成了整个美国的郊区化现象，还推动了房地产金融的发展。新建住房的数量从1945年的32.6万处攀升到1946年的100多万处，1950年更增加到了200万处。郊区人口的增长比中心城市的人口增长快10倍。美国的大众文化歌颂一种理想化的郊区家庭的生活图景："独门独院、邻里和睦，丈夫打拼、妻子持家，每个人都对家庭生活满意，崇尚消费主义。……每个家庭都买得起汽车、收音机、家居装饰和新流行的电视机了。……有了一种强烈的社区意识……以教会为主心骨，依靠战后婴儿潮中堂区学校的苦壮发展，以及一些本地经济的存在，社区对于许多……居民来说是一个稳定而自给自足的世界。"①

2018年9月的尤金橄榄球赛季，理查德的哥哥拉尔夫·里奇菲尔德从本德前来尤金拜访理查德，并带来了一些他保存的家族资料，这是一次难得的机会。拉尔夫的记忆力非常好，对自己的家族历史十分熟悉，在理查德的客厅里，他滔滔不绝地向笔者讲述父母的事迹：

> 我的父亲肯尼斯的律师事务所就在橄榄街232号附近。20世纪50年代，我的母亲弗朗西丝是第一位在纽波特长老会担任执政长老的女性（这在当时的基督教会中很少见，最近70年才慢慢有更多的女性担任牧师）；她在长老会妇女协会中也非常活跃，并经常参加区域会议；她还担任礼拜日学校的校长，并在教会合唱团唱歌长达50年。
>
> 我父母做了许多慈善工作，向威拉米特大学、长老会、纽波特基督教青年会（YMCA）、林肯县历史学会和俄勒冈州海岸水族馆捐献了大量的赠款，尤其支持教会的建设和发展。他们接收了很多外国学生

① 〔美〕霍华德·丘达柯夫、〔美〕朱迪丝·史密斯、〔美〕彼得·鲍德温：《美国城市社会的演变》，熊茜超等译，上海社会科学院出版社，2016，第235～240页。

到家里寄宿，希望帮助他们的孩子了解不同种族的人。每年，他们都会举办一次家庭露营旅行，希望参加的孩子和学生越多越好，这对我们的成长大有裨益。

拉尔夫从一个绿色的大口袋里拿出了一沓家庭照片，这些照片记录着他和理查德的童年时代。充满欢乐的照片能激发怀旧记忆，有助于受访者保持主动叙述的身份感，对照片中人物的命名和辨认加深了几代人创造历史的认同感，这个回忆过程是治愈的。[①] 理查德特别辨认了两幅家庭合照，图 1-4 是 1945 年在亚查茨的绿色小屋，图 1-5 是在亚奎那湾的国家公园的海滩上。他回忆道：

> 每年夏天，我的祖父查尔斯和祖母玛米都会租同一个小木屋，带着我们一家和堂表亲从纽波特驱车前往亚查茨，一起去野餐，大家一起享受食物和交谈的美好时光。照片里，哥哥拉尔夫坐在姐姐卡罗尔和妹妹露丝的左边，我把鼻子靠在妈妈的右肩上；祖母玛米的哥哥乔治·麦克卢斯基，戴着当时时髦的帽子坐在他的妻子后面；祖母玛米的左边是她的女儿夏洛特，夏洛特有两个孩子，分别坐在她和玛米的腿上；肯尼斯和夏洛特的丈夫洛恩·迪克森是摄影者，在两幅相似的照片中，他们坐在夏洛特的后面；祖父查尔斯·洛伦佐·里奇菲尔德坐在照片的最右边，他会说当地的奇努克语，我能听懂一些。1946 年 5 月 30 日，我的舅舅约翰·罗伊·麦吉尔弗拉和他的新娘阿瓦达，以及米尔德里德·麦吉尔弗拉阿姨和 15 岁的姐姐卡罗尔，带着 5 岁的我和 1 岁的妹妹露丝在沙滩上玩耍，约翰舅舅和我玩，想把我塞进沙坑里，阿瓦达和卡罗尔兴趣盎然地给约翰舅舅当帮手。[②]

[①] Alexander Freund and Alistair Thomason, eds., *Oral History and Photography*, New York: Palgrave Macmillan, 2001, p.15.

[②] 2019 年 5 月 10 日访谈于俄勒冈大学图书馆外。

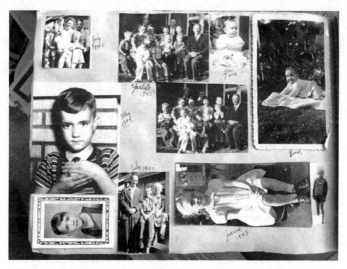

图 1-4　1945 年的家庭聚会留影（家族资料）

图 1-5　1946 年的海边度假留影（家族资料）

拉尔夫辨认了一张印在 1955 年报纸上的合照（见图 1-6）：

　　我父母的 25 周年结婚纪念典礼在纽波特的长老会教堂举行，1930
年 8 月 30 日，他们在波特兰结婚。（照片上）最左边的是大姐卡罗尔，
她在 1952 年林肯县的选美大赛中被选为林肯小姐。那年她 21 岁，我 17
岁，理查德 14 岁，我们的小妹露丝 10 岁。那时，我的父母逐渐成为纽
波特的领袖人物，在教育领域、公民活动和长老会中做出了突出贡献。

Above: Kenneth Litchfield family portrait, 1955.
Below: The Litchfield law office in City Center was located in the "Thurtell Building" just beyond today's Uptown Pub which occupies the site of the old skating rink.

图 1-6　肯尼斯和弗朗西丝结婚 25 周年纪念（家族资料）

　　家庭团聚（见图 1-7）一直是里奇菲尔德家的传统，通常在每年 6 月的最后几天，举行大型的家庭露营活动，参加者有 30 多人，全家最喜欢的活动是在加州沙斯塔湖滑雪。通过对照片的讲述，理查德·里奇菲尔德表达了他的家族自豪感和代际传承感。

图 1-7　20 世纪 90 年代和 2019 年的家庭团聚留影（家族资料）

第三节　从里奇菲尔德的家庭看美国边疆移民的
家庭教养模式

一　严厉的母亲

　　美国白人在掠夺印第安人土地的时候有一种观点，认为土地在印第安人手里是浪费，他们不能让上帝赐予人类的土地上生长财富，只有信仰上帝的基督徒才能够让土地物尽其用。因此，对移民来说，自然本身就是最大的"专制"，它命令移民"走出去干实事"，长年处在迁徙与开拓过程中，移民们共同建立和发展出了美国男人自主和主动的个性。这是一种自创的自我，被工业化和阶级分层加固和改良。全新的人造机械世界取代大自然，被那些与之认同的人所用。在这个新开发的大陆，最具决定性的事实是边疆：

> 边疆在促使美国个性扎根于极端的两极性方面发挥了决定性的作用。最初的两极是对定居和迁居的极性的培养。对于同样的家庭，母亲会令男孩和女孩为扎根于社会生活，扎根于新的村庄和城镇而做好准备，还会令他们准备好迎接在边疆建设家园时身体可能遭受的磨难。城镇也出现了独特的定居生活方式，使定居者的精神生活适应工作台与写字桌、壁炉和圣坛……母亲们不得不培养出一批忽视边疆召唤的儿女们，然而一旦他们被迫或选择离开居住地，他们也将带着相应的决定启程……对于新的美国人来说，逐渐增多的后来者是为了逃离某些事而来，而不是被他们所信仰的普遍价值观吸引而来。为了支持和反对这些后来的美国人，美国母亲不得不建立新的道德准则和对社会优势的严格考验。①

爱利克·埃里克森认为，美国的青少年深信真正的自由精神，这同样是基于美国独特的历史进程：

> 后革命时代的美国男性被摆脱专制统治的自由理念所吸引，被思念故乡和向国王投降、变为政治奴隶的恐惧所折磨。美国父亲放弃了在家庭中的统治地位，美国母亲在教育领域和文化生活中便承担起支配家庭的角色。创造新的定居生活的重任落到了她们身上，而那些占据主导地位的男性因某些理由，不希望被'限定在篱笆之中'。现在，

---

① 〔美〕爱利克·埃里克森：《童年与社会》，高丹妮等译，世界图书出版公司，2018，第271页。

抱着对再次默许外部或内部的专制统治的恐惧，这些男性坚持暂时保有自身的新文化特性，而在这一点上女性不得不在她们需要下命令时变得专制起来。后革命时代的创始人的后裔迫使他们的女人成为母亲和父亲，而他们继续扮演生而自由的儿子角色。[1]

这条原则在里奇菲尔德家同样适用，在理查德心中，妈妈是细心而严厉的，爸爸是友好而温和的。理查德称：

> 爸爸更多地忙于事业，妈妈负责在家做饭和照看孩子，还帮忙照看邻居和教会朋友的孩子。爸爸总是友好地和我沟通，而妈妈则扮演了黑脸。妈妈总是用她的肢体语言告诉我她对我的失望，而这时我的眼泪就会掉下来。在我们的时代，父母已经不打孩子了。但有一次我和妹妹露丝惹恼了妈妈，妈妈拿着 1 米长的码尺拍在了露丝身上，结果码尺折断了 1/3，接着她用剩下 2/3 的码尺拍我，码尺又折断了大半，她手中只剩下 1/4 码尺，这时她笑了，我和妹妹也笑了。另一次挨打是练钢琴的时候，妈妈热爱音乐，她希望我能弹好钢琴，但钢琴老师说她是在我身上浪费钱，妈妈当时气极了，打了我一耳光。我一直为此感到抱歉，后来我加入了教会的合唱团，还参加了其他 15 个不同的合唱团。我的嗓音很好，也能很快记住旋律。当一次合唱团舞台表演时，我刻意留了好看的络腮胡，我令自己表现得很好，我觉得那天妈妈真的感到满意和高兴。[2]

二 友好的父亲

相比而言，父亲和儿子发展出了兄弟般的友爱模式：

> 当涉及儿子的主动性时，习俗也会勒令父亲控制自己想要挑战儿

---

[1] 〔美〕爱利克·埃里克森：《童年与社会》，高丹妮等译，世界图书出版公司，2018，第273页。

[2] 2018 年 8 月 16 日访谈于俄勒冈州尤金市。

子的任何倾向。如果儿子需要为进一步的美国化而努力，那么父亲的
义务便是给孩子们自由……父亲被说服无须担心借出他们的汽车，或
者是"大家的车子"。①

肯尼斯买的第二辆汽车主要由理查德和哥哥拉尔夫驾驶，1957 年，16
岁的理查德取得了驾照，由于车速太快，他被开了两次罚单。肯尼斯在纽
波特是有名望的人，被称为"纽波特先生"，所有人都知道里奇菲尔德这
个姓氏。理查德说：

> 警察叫我停下来，看见我缩在驾驶位上，我感到很难为情，他
> 说："里奇菲尔德，你以为你在干什么，开飞机吗？"他给我开了 5 美
> 元的罚单，我被传到法院，法官认识爸爸和我，爸爸什么也没说，只
> 是让我去把罚款交了。我向法官认罪忏悔，也向父母忏悔。

但是，男孩们的父亲并不企图掩饰自身的弱点。比如，如果父亲希望
与儿子分享对于理想形象的赞赏，他会以一种不会制造挫败感的方式表
达，如同孩子一起玩棒球。父亲并不刻意让儿子觉得自己与理想形象接
近，而是和儿子共同对理想形象形成认同，儿子往往比父亲更接近理想形
象。其实，美国男孩的理想形象很少与自己的父亲相关，他们的理想形象
不是外祖父，便是一位叔叔或者父母的朋友。父亲的男性气概更多在户外
展现，如在工作场所、露营地和俱乐部中。"当儿子意识到这一点时，他
们便会对父亲产生一种全新的、近乎惊讶的尊敬之情。父亲和儿子之间是
一种真正的友谊。"② 肯尼斯·里奇菲尔德非常擅长网球、棒球、垒球、田
径和篮球，他曾经是中学的篮球教练，理查德说父亲的投篮非常精准。理
查德·里奇菲尔德擅长橄榄球，是高中橄榄球队的主力，他的父母非常支
持他的运动，1963 年，威拉米特大学的橄榄球队奔赴夏威夷参加比赛，肯

---

① 〔美〕爱利克·埃里克森：《童年与社会》，高丹妮等译，世界图书出版公司，2018，第
290~294 页。

② 〔美〕爱利克·埃里克森：《童年与社会》，高丹妮等译，世界图书出版公司，2018，第
295 页。

尼斯和弗朗西丝也随同前往，为儿子呐喊助威（见图1-8、图1-9）。理查德的两个儿子马特和德鲁也是优秀的橄榄球运动员，都参加了"尤金儿童冠军赛"，而理查德协助他们训练。马特在高中时是尤金和波特兰地区出色的足球裁判，德鲁在加州大学戴维斯分校迷上了长曲棍球运动，现在德鲁时常教自己的两个儿子打长曲棍球（见图1-10）。

露营是美国家庭最重要的活动之一，露营和旅行的区别是不住酒店，而是睡在帐篷或房车里。理查德夫妇开着大众厢式货车，带着儿子们在北美洲各地露营，从西到东，从南至北，在一个地方露营7~10天，然后换下一个地方。这几乎成为美国人的文化习惯，没有一个国家的人像美国人一样在自己的国家频繁迁徙。"当在过度定义、过度标准化、过度受限制的邻里间定居成为一种主流需求时，许多人却在十字路口边、在酒吧里、在机动车内、在帐篷和小屋里享受惬意的时刻，沉浸在无拘无束、自由来去的幻想中。当他们老到无法选择，他们会支持最狭隘的、最标准化的依附性，老龄和死亡在这个国家被赋予了不好的意义，最近有老夫老妻们找到了解决办法，国家的拖车系统允许他们定居在永远的旅行中，并死于汽车轮子上。"[1]

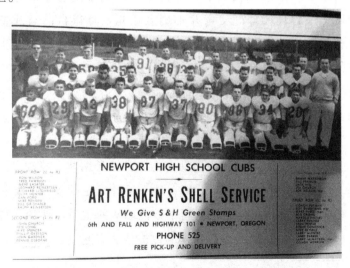

图1-8 理查德高中参加的橄榄球队（家族资料）

---

[1] 〔美〕爱利克·埃里克森：《童年与社会》，高丹妮等译，世界图书出版公司，2018，第271页。

图 1-9　理查德大学参加的橄榄球队奔赴夏威夷参加彩虹队比赛（家族资料）

图 1-10　德鲁·里奇菲尔德和儿子们的曲棍球训练

资料来源：笔者摄于 2020 年。

　　因此，美国人的困境是无法稳定下来，无法接受某种一成不变的生活方式，以及年轻人被自己假定的角色所困扰，而这一困境与美国复杂的种族认同密切相关。俄勒冈州的法律曾经禁止黑人定居，因此俄勒冈州的种族矛盾相对较少，白人所占比例很高。前两代定居者保持了一种稳定的社会关系和生活方式，这是在上几代人长途迁徙后的短暂休息。如肯尼斯·里奇菲尔德和弗朗西丝·里奇菲尔德夫妇就读于威拉米特大学，他们的孩子也都就读于威拉米特大学，形成了固定的社交圈，他们感到非常舒适。但是，理查德·里奇菲尔德的孩子们不愿意再进入父母的圈子，他们感到父母的圈子无聊，因而都选择了到别的大学读书和别的地方生活。

　　严厉母亲形象的背后实质上是严格的清教主义，友好父亲形象的背后实质上是无法稳定的困境。母亲要在巨大的文化熔炉中建立新的道德准则和对社会优势的严格考验，努力培养孩子扎根社会的精神；而父亲却要鼓励孩子继续为追求自由而努力。不难看出，美国人的家庭教养模式与不断迁徙的移民历史密切相关，开拓自由土地的经历和边疆的生存环境对美国家庭关系产生了决定性的意义。因此，为了理解美国人和美国社会的矛盾，我们必须对其移民历史进行一番梳理，正好理查德的哥哥拉尔夫·里奇菲尔德为我们带来了他祖先的故事。

第二章　追寻新的土地：第一代
里奇菲尔德家族移民

第一节　格里芬号的到来

一　第一代里奇菲尔德家族成员踏上美洲大陆的背景

2018 年 11 月，笔者正式开始对理查德·里奇菲尔德和拉尔夫·里奇菲尔德的访谈，访谈建立在前三代移民的遗嘱和地契文献基础上。事实上，历史文献的收集整理属于民族志田野工作的必须程序，因为它们不是公开出版物或者印刷资料，而是原始的第一手资料，引用这些资料本身就是阐述我们对田野对象的观察和理解。

笔者提出的第一个问题是：里奇菲尔德家族的第一代移民是谁，他为什么来北美洲？遗憾的是，除了名字以外，理查德和拉尔夫对这位第一代移民祖先所知甚少。唯有地契文献的扉页上写了这样一句话："约翰·温斯罗普牧师在他 1634 年 9 月 18 日的日记中写道：'格里芬号和其他船只带着 200 名乘客和 100 头牛靠岸，莱斯洛普先生和西姆斯先生，这两位虔敬的牧师也在船上。'这是来自英国肯特郡的大队人马，他们大部分人都定居在马萨诸塞的斯基尤特。劳伦斯·里奇菲尔德也在这条船上，他是这个姓氏在新英格兰家族中的始祖，他和牧师乔治·莱斯洛普坐同一条船。"① 由于家族文献中缺乏关于劳伦斯·里奇菲尔德的相关信息，牧师乔治·莱斯洛普的命运就成为我们挖掘劳伦斯·里奇菲尔德移民经历的重要线索。

---

① Wilford J. Litchfield, *The Litchfield Family in America: 1630 - 1900*, No. 22 Oaks Avenue, Southbridge, Mass., U.S.A., 1902, p. 1.

乔治·莱斯洛普先生生前留下了许多有趣的笔记。莱斯洛普先生在英国牛津大学接受了教育，他曾在英国肯特郡的埃格顿当牧师，吸收了清教徒的原则。《马萨诸塞州斯基尤特的历史：从第一次定居到 1831 年》中记载：

> 1616 年，亨利·雅各布先生在伦敦建立了英国第一个公理会教堂，这是罗宾逊在莱顿的计划，莱斯洛普先生曾就这个问题咨询罗宾逊先生。1623 年，他离开了英国国教（Church of England）教堂，迁往伦敦，在那里他发现清教徒的观点越来越流行。雅各布先生在 1624 年搬到弗吉尼亚后，莱斯洛普先生成为他在伦敦的继任者。他们曾秘密地在教堂举行集会，有一段时间没有引起迫害他们的人注意。但在 1632 年 4 月 29 日，他们被汤姆林森发现了。参加集会的人中有 42 人被捕，只有 18 人逃脱。莱斯洛普先生和其他人一起被关进监狱，在牢里待了整整两年，直到 1634 年 4 月才被释放，但条件是离开英国。莫顿在《新英格兰纪念碑》中写道，在莱斯洛普先生被监禁期间，他的妻子得了病，并死于这种病。他向主教争取到在她死前探望她的自由，并在祈祷中把她交给上帝，不久她就死了。[1]

莱斯洛普牧师是北美早期移民的一个典型例子，即由于宗教迫害而被迫离开祖国。这样的情况之所以普遍，原因在于 17~18 世纪欧洲特别是英国社会发生的巨变。

第一，科学革命促进了现代精神的产生。一方面，城市的发展促进了学习工具的进步，如准确的钟表解决了海上经度测定的问题[2]，城市的自治也获得了高级匠人的支持，人们希望建立"自由社会"，同时"社会进

---

① Samuel Deane, *History of Scituate, Massachusetts: From Its First Settlement to 1831*, Boston, James Loring, 132 Washington Street, 1831, p. 168.

② 正确地测定经纬度，关键需要有"标准钟"。制造准确的钟表以在海上计时，显然比依靠天体计时要方便、实用得多。18 世纪机械工艺的进步，为解决这个长期以来的难题创造了条件。英国约克郡有位钟表匠哈里森，他用 42 年的时间，连续制造了 5 台计时器，一台比一台精确、完美，精密度也越来越高。第五只有怀表那么大，测定经度时引起的误差只有 1/3 英里。差不多同时，法国制钟匠皮埃尔·勒鲁瓦设计制造的一种海上计时器也投入了使用。至此，海上经度测定的问题得到了初步解决。

步"的想法被当时的思想家们普遍接受，它构成了古代和现代之间的核心心理差异。另一方面，现代科学和实用哲学在欧洲逐步确立了世俗化的世界观。弗朗西斯·培根宣布，我们是通过工具的帮助完成了工作。他让人们去实验和观察，认为科学真正的合法目标是赋予人类生命新的发现。这是功利主义思想的一种表达，这种思想构成了现代生活方式的基础。

第二，民族主义的兴起和统一的困境。中世纪后期兴起了许多民族国家，而规模、人口和资源在强权政治中具有决定性的作用，因此，各国如火如荼地开展民族主义运动。当伟大的航海家们把大洋彼岸的富裕世界指给欧洲看时，西欧列强之间发生了一场争夺商业和殖民霸权的激烈冲突。这是帝国主义的第一阶段，民族主义此时发展为一种狂热；同时，自罗马帝国灭亡以后，欧洲一直有再次统一的愿望，但力量不平衡的欧洲各国都尝试把自身变成一个中心，让其他国家围绕其运转。虽然这些尝试总是涉及复杂的经济竞争，但它们对未来的意义在于专制主义和民主之间的斗争，而两者的命运又系于海陆之间的竞争。

第三，英国的殖民竞争优势构成了以武力反对欧洲统一的核心力量。英国有三个武器：首先是舰队，它们几乎毫无争议地控制着海上贸易通道；其次是力量平衡——一种用同样强大的力量来制衡任何强大国家的方法，这种平衡使任何一方都无利可图；最后是英国喜欢小国家，并受到小国的信任。当时的英国是在其法律和制度中表达了渴望自由的大国，民主在英国发展，却在欧洲大陆受到阻碍。这就是英国为防止欧洲大陆统一而斗争的意义所在。所幸的是，英国的商业利益与正在崛起的普通人的商业利益一致，因此，虽然英国持彻底的自我中心主义观点，但在近代早期英国能够唤起其他民族对超越国界的自由征服的渴望。

第四，资本主义生产关系的确立。在现代世界，科学事业与经济上的成功密切相关，因此，英国自然成为工业革命的奠基者，并领导此后的经济发展。英国孕育了资本主义，即以利润为导向的生产方式。资本主义促进储蓄的积累，这些储蓄可以被转换成机器；资本主义培养了一批除劳动力外一无所有的人，把他们聚集到一个装备有机器的工厂里，在那里劳动并获得报酬。早期资本主义市场受到国家的保护，国家以重商主义为治国之本，整合资源，一致对外。资本主义强烈地依赖一个不断扩大的市场，无论是海外市场，还是由它付给劳动者工资而在国内创造的市场。

第五，西方基督教国家分裂成两个阵营。资本主义的一个伴生物是基督教内部的分裂，它分为新教和罗马天主教。其根本差异不是对神学的理解，而是新教被新兴的资本主义国家接受，如在英格兰、荷兰和德国北部。在一些天主教国家（如法国），新教徒，尤其是胡格诺派，在制造业和商业领域也曾占据重要地位，尽管他们往往受到打压或被迫流亡。约翰·加尔文对新教的诠释是个人责任、节俭、储蓄、努力工作、清醒——所有这些都是欧洲国家向资本主义迈进的必要条件，新教的发展伴随着科学的兴起和物质的征服，大规模的生产和对剩余价值的剥削。

《马萨诸塞州斯基尤特的历史：从第一次定居到 1831 年》中收录了一份乔治·莱斯洛普牧师的亲笔手记，他这样描述道：

> 1634 年 9 月 18 日，我和大约 30 个教会朋友乘坐格里芬号船到了波士顿。同月 27 日我和朋友们去了斯基尤特，那里已经定居了大量来自肯特的人，他们把我当作故交。第二年 1 月 18 日，教堂举行了集会，我被"选为牧师"。就职仪式为长者按手祷告，这些长老很可能是以前由教会选举并在同一天任命的。
>
> 我在斯基尤特的时候，住在一个农场里，这个农场是由法院批准并由他们的委员会规划的，位于科尔曼山的东南侧。这个地方是由运输契约准确标记出来的，即在第一条鲱鱼溪附近，那里离沙丘最近。西起约西亚·切克特的土地，北至约翰·休斯的土地，南至公路，东至汉弗莱·特纳的土地。1640 年，这个地方连同那些建筑物一起被卖给了哈瑟利先生（他总是准备着用他的钱包来处理种植园的事务）；1641 年，哈瑟利先生把农场卖给了克里斯托弗·巴克伍德；1642 年，巴克伍德又把它卖给了查尔斯·昌西先生。我在他的房子和北河之间的新港口沼泽地里有股份。我在这里事奉神的工作既没有获得巨大的成功，也没有得到很大的平静。因为我遇到了种种困难，觉得很不好意思，打算另找一个住处，并带上一些愿意陪我去的朋友。①

---

① Samuel Deane, *History of Scituate*, *Massachusetts: From Its First Settlement to 1831*, Boston, James Loring, 132 Washington Street, 1831, p. 168.

牧师向总督提出了申请。在他的后代撰写的回忆录中，有两封写给总督普恩斯的信被保存了下来，信的日期是 1638 年，在斯基尤特，信中提到了他提出的搬迁。他在信中说："我有许多冤屈，主若喜悦，我必从中得解脱，或者至少得减轻。"但他非常谨慎，避免提及这些不满，因此他试图从其他渠道寻求解释。他说："尊贵的总督，以及和你一样为政府效劳的其他人，在我们认真和谦卑的请求下，你无偿地授予了我们移居的土地。因此，让我恳求你为我们再做一件事：与印第安人为邻，尽你所能地与他们和解，我们会让他们满意，我们也更努力地感谢你。"①

然而，第二年他们改变了主意。1639~1640 年，他们搬到了巴恩斯特布尔。斯基尤特的记录显示，超过一半的教会成员跟随他们的牧师搬走了。"莱斯洛普牧师是一个谦虚的人，他的心和精神都是谦卑的，他积极地传播上帝的话语，他对和平的孜孜不倦，他有着虔诚的信仰，他愿意为基督的事业而奉献。"②

笔者试图以此为开端，展开一幅长达四个世纪的历史画卷，画卷中是一个家族来到美国以后的故事。这片土地对于他们而言是新的大陆，然而他们对这片土地的适应和他们的生存方式却不同于在旧的欧亚大陆。其根本原因是他们对土地的利用方式，即工具的认识和使用，因为他们是具备科学知识的现代人。实际上，他们是那个时候拥有最新思想的一批人，他们或是被旧的传统排挤、打压和迫害，或是在新大陆看到商机，新的毛皮和烟草生意也是那些英国商人来到新大陆的重要原因。他们的后代延续了美国"西进"的步伐，展现了完整的美国早期移民和西进历史。

二 教派分歧与家族起源

值得注意的是，踏上北美大陆后，劳伦斯·里奇菲尔德这个名字的第一次出现，是在普利茅斯县巴恩斯特布尔的文献中，而非登陆的地点斯基尤特。那么，劳伦斯·里奇菲尔德为什么要去巴恩斯特布尔呢？带着这个

---

① Samuel Deane, *History of Scituate*, *Massachusetts: From Its First Settlement to 1831*, Boston, James Loring, 132 Washington Street, 1831, p. 169.

② Samuel Deane, *History of Scituate*, *Massachusetts: From Its First Settlement to 1831*, Boston, James Loring, 132 Washington Street, 1831, p. 170.

疑问，笔者在俄勒冈州大学图书馆查阅了马萨诸塞州的历史文献，发现这一迁徙离不开新英格兰第一教区的一次教会分离事件。

莱斯洛普牧师抵达斯基尤特的几个月后，召集了十来个人，组成了现在所知的斯基尤特第一教区"神体一位普世派"教堂。第一教区中神学分歧相当多，首先就是关于洗礼，其次是一神论和三位一体分裂论。其实，莱斯洛普牧师在信中提到的他在斯基尤特遇到的麻烦，就是这些分歧。这些分歧打扰了他的宁静生活，也最终导致第一教区教会成员的分离。莱斯洛普牧师带领从教会分离出来的人去了巴恩斯特布尔，建立了新的教会。迪恩在《马萨诸塞州斯基尤特的历史：从第一次定居到1831年》中写道：

> 莱斯洛普牧师离开的部分原因是，追随他的人在关于撤除教会会堂问题上产生分歧，更重要的原因是他们关于洗礼问题的分歧。1633年，在莱斯洛普牧师离开英国之前，受洗方式的分歧曾分裂了他在英国的教会成员，此后争论一直跟着他，现在这里的人又为此产生了分歧。在他离开斯基尤特，搬到巴恩斯特布尔后，许多留在斯基尤特的教会成员仍然在为分歧而苦恼，他们开始寻找新牧师。当时，查尔斯·昌西牧师正处于普利茅斯镇争议的中心，但一部分人不顾教会近一半人的抗议和反对，把昌西先生请到他们的教堂当牧师，并急切地采用了他的沉浸式洗礼方式。而反对的人着手建立了斯基尤特第二教堂，尔后他们邀请威廉·韦瑟雷尔担任他们的牧师。两个教会之间存在敌意，这种敌意一直持续到昌西先生去波士顿担任新哈佛大学的校长。①

昌西先生坚持沉浸式的洗礼方式，而这正是莱斯洛普一派不容的。反对派的一部分随莱斯洛普搬去了巴恩斯特布尔，一部分留在斯基尤特建立了第二教堂。但是两个教堂长期存在矛盾争端，这个争端是由第一教会的第四任牧师尼古拉斯·贝克化解的。尼古拉斯·贝克牧师曾就读于剑桥大

---

①   Samuel Deane, *History of Scituate*, *Massachusetts: From Its First Settlement to 1831*, Boston, James Loring, 132 Washington Street, 1831, pp. 173-175.

学圣约翰学院，于 1632 年获得了文学学士学位，1635 年获得硕士学位。他和兄弟纳撒尼尔于 1635 年春或初夏从英国起航，先在罗克斯伯里登陆，然后定居欣厄姆镇①。初来乍到，他们便通过抽签获得了牧场和耕地。1635 年 9 月 18 日，尼古拉斯·德鲁和纳撒尼尔·德鲁已经在欣厄姆的比埃尔街以北（今称贝克山）各拥有 5 英亩（1 英亩 ≈ 4046.9 平方米）土地。1636 年，尼古拉斯参加自由民选举，并在 1636~1638 年担任该镇常设法院的第一副法官。1644 年，尼古拉斯迁至斯基尤特。1660 年，他成为斯基尤特第一教区"神体一位普世派"教堂的第四位牧师并终身任职。在任职期间，他成功地调解了两个教会之间长期存在的争端。

科顿·马瑟牧师在他的《早期新英格兰的牧师一览》中提到尼古拉斯·贝克，说："我对来自斯基尤特的诚实的尼古拉斯·贝克很满意，他是非常好的逻辑学家，他的思维能力有助于他向上帝提供更理性的服务。他是一个好算术家，他可以明智地数算自己的日子；他是一个好演说家，他说服自己成为基督徒；他是一个天生的好牧师，记性特别好，因此被选为这个教会的牧师，负责教会的牧师工作。"②

尼古拉斯·贝克的女儿莎拉出生于 1650 年，在 1671 年 2 月 22 日嫁给了劳伦斯·里奇菲尔德唯一幸存的儿子约西亚·里奇菲尔德。③ 里奇菲尔德家族从此开枝散叶。

三　荣誉炮兵团的建立和劳伦斯·里奇菲尔德

"劳伦斯·里奇菲尔德于 1620 年以前出生在英格兰的肯特郡，到目前为止，没有确切的研究表明他在英国的世袭，也没有他的准确出生日期。他 1634 年登陆后，直到 1639 年，一直住在新英格兰地区的普利茅斯殖民地——斯基尤特。在 1635 年，年轻未婚的劳伦斯跟随了约翰·艾伦。"④ 约翰·艾伦是一位有产者，1635 年来到普利茅斯，他相对年长，刚来时便

---

① 欣厄姆最初被称为"裸湾"，这是第一批定居者刚从英格兰诺福克的欣厄姆来到这里时，对这里的称呼。1635 年，根据最高法院的授权，该镇的名字改为欣厄姆。

② https://craigwhitmoreparker.wixsite.com/bissell-history/settlers-of-scituate.

③ https://craigwhitmoreparker.wixsite.com/bissell-history/settlers-of-scituate.

④ Wilford J. Litchfield, *The Litchfield Family in America: 1630 - 1900*, No. 22 Oaks Avenue, Southbridge, Mass., U.S.A., 1902, p.5.

被授予了土地。他也来自肯特郡，应该对年轻单身的劳伦斯很关照，因为
1661 年，约翰·艾伦把部分遗产留给了劳伦斯的小儿子约西亚，可见他们
的关系非同一般。

　　上文提到，劳伦斯·里奇菲尔德这个名字第一次出现，是在巴恩斯特布
尔的军官名单里。"在罗伯特《荣誉炮兵团的历史》的第 98~99 页，我们
看到一份 1640~1641 年新入伍的炮兵团成员表。"[1] 1638 年，罗伯特·基
恩[2]上尉建立了著名的波士顿老牌荣誉炮兵团，这位上尉曾是伦敦荣誉炮
兵团的一员。劳伦斯·里奇菲尔德于 1640 年加入了老牌荣誉炮兵团，后在
波士顿学习战术，再后来他指挥了一支巴恩斯特布尔民兵队，向塞皮坎北
岸行进。波士顿老牌荣誉炮兵团军官名单记载如表 2-1 所示。

表 2-1　老牌荣誉炮兵团成员

原有的军官：

姓名	职称	入伍年份
罗伯特·塞奇威克	上尉	1637
菲米斯船长	中尉	1638
威廉·音	少尉	1638
托马斯·萨维奇	上士	1637
弗朗西丝·可生	下士	1640
约翰·约翰逊	办事员	1638

1640~1641 年新入伍的成员：

姓名	原有户籍、职业
约瑟夫·库克	坎布里奇人
大卫·考特尼	无记录
弗朗西丝·可生	无记录
文特沃斯·戴	坎布里奇的一名外科医生

---

[1]　Wilford J. Litchfield, *The Litchfield Family in America: 1630－1900*, No. 22 Oaks Avenue, Southbridge, Mass., U. S. A., 1902, p. 10.

[2]　http://americanhistorypodcast.net/massachusetts-bay－14－robert-keaynes-overpriced-nails/，最后访问时间：2019 年 10 月 24 日。

续表

姓名	原有户籍、职业
亨利·邓斯特	哈佛大学的第一任校长
丹尼尔·费雪	戴德姆（马萨诸塞州）的议员兼上尉
约书亚·费雪	戴德姆镇上的办事员
约翰·弗伦德	木匠，在塞伦和波士顿的第一所大学哈佛大学楼里工作
约翰·古特里奇	波士顿的裁缝
威廉·哈德逊	在波士顿军事事务中有突出表现
约翰·汉弗莱·林恩	来自普利茅斯委员会，马萨诸塞湾最初的六个买主之一
约翰·赫德	波士顿的裁缝
托马斯·雷切福德	第一位移民到新英格兰的律师
劳伦斯·里奇菲尔德	无记录
亨利·卢克	萨德伯里的早期定居者
弗朗西斯·莱尔	波士顿的上尉，医疗理发师（随军医生）
托马斯·马歇尔·林恩	担任议员，上尉，停泊酒馆的老板
詹姆斯·奥利弗	波士顿人，参与了菲利普国王战争
拉尔夫·奥里	无记录
亨利·菲利普斯	屠夫
塞缪尔·谢泼德	坎布里奇的杰出人士
克里斯托弗·斯坦利	波士顿的裁缝
罗伯特·特纳	波士顿人，蓝锚酒馆的老板
大卫·耶鲁	波士顿人，以利户·耶鲁的父亲，以利户是耶鲁大学的创始人

　　从这份表格可以看出，年轻的劳伦斯处在一个很优秀的团体中，与他同一时间入伍的都是有教养或富有的人。劳伦斯应该也是一名活跃的成员，但是，这份表格里没有关于劳伦斯·里奇菲尔德的详细记录，由此可以推断：第一，他很年轻，没有太多的经历；第二，他是孤身一人来到这片土地上的，可能只熟识了约翰·艾伦，没有其他人知道他的过往；第三，在名单中没有出现他在斯基尤特的信息，考虑到普利茅斯镇的历史沿革，可以推断劳伦斯·里奇菲尔德是在波士顿入伍的，如前所述，他在波士顿学习战术。G. A. 雷克斯在他 1890 年编的《荣誉炮兵团的古羊皮纸书》里提到了他："劳伦斯·里奇菲尔德（1614~1657），1640 年成为波士

顿老牌荣誉炮兵团的一员，同时也是巴恩斯特布尔的托马斯·戴默克①上尉的部下，他还在 1643~1644 年积极参与印第安事务。"②

在普利茅斯县和巴恩斯特布尔的相关文献中，笔者也找到了关于劳伦斯·里奇菲尔德的各种历史记录，其中一部分引用如下：

A.《新英格兰第一批定居者的家谱》："劳伦斯·里奇菲尔德，斯基尤特人，1646。这里有位里奇菲尔德没有教名，他于 1640 年是大炮团的一名成员。"③

B.《科德角的历史：巴恩斯特布尔县的编年史，包括马什比地区》卷二："1640 年 3 月 3 日，在巴恩斯特布尔的居民名单中，劳伦斯·里奇菲尔德被提及。"④

C.《汉诺威城的历史素描》："劳伦斯·里奇菲尔德在 1643 年是巴恩斯特布尔人。"⑤

D.《马萨诸塞州普利茅斯县的历史：许多先驱者和杰出人物的生平简介》，在丹尼尔·E. 达蒙所著的斯基尤特概论一章中，他写道："许多早期定居斯基尤特的人都在 1639~1640 年随着莱斯洛普先生搬迁到巴恩斯特布尔。但当劳伦斯·里奇菲尔德从巴恩斯特布尔搬回斯基尤特的几年后，新的人口填补了流失的人口。他的后代可能比镇上其他家庭的后代都多很多，而且总是受人尊重，有影响力和公益心，他们在镇上的宗教领域和教育领域中都有杰出表现。"⑥

E. 奥蒂斯的《巴恩斯特布尔家族的家谱》第二部分："劳伦斯·

---

① 戴默克（Dymoke）是一个英国家族的名字，他们是国王的勇士。他们的职责是在加冕宴会上骑着马进入威斯敏斯特大厅，挑战所有前来质疑国王头衔的人。

② Wilford J. Litchfield, *The Litchfield Family in America: 1630－1900*, No. 22 Oaks Arenue, Southbridge, Mass., U. S. A., 1902, p. 10.

③ John Farmer, *A Genealogical Register of The First Settlers of New England*, Boston：Carter Andrews & Co., 1829, p. 180.

④ Frederick Freeman, *History of Cape Cod: The Annals of the Thirteen Towns Barnstable County*, Boston：Geo. C. Rand & Avery, 1862, p. 255.

⑤ John Stetson Barry, *A Historical Sketch of the Town of Hannover, Mass.: With Family Genealogies*, Boston：Published for the Author by S. G. Drake, 1853, p. 349.

⑥ D. Hamilton Hurd, *History of Plymouth County, Massachusetts: With Biographical Sketches of Many of Its Pioneers and Prominent Men*, J. W. Lewis & Co., 1884, p. 410.

里奇菲尔德是 1639 年春天从斯基尤特到巴恩斯特布尔的。他定居在大湖旁，靠近辛克利政府大楼，他没有在那里住很久。1646 年，他重新回到了斯基尤特，于 1650 年在这里去世。他被认为是新英格兰地区里奇菲尔德家族的祖先，但现在其后人都不在巴恩斯特布尔地区了。在巴恩斯特布尔的家庭里，有一半以上的成员最后都定居在了斯基尤特。"①

　　F.《新英格兰第一批定居者的家谱字典》："劳伦斯·里奇菲尔德，巴恩斯特布尔人，1640 年到此地，是这个姓氏在新英格兰的祖先，1643 年后搬迁，1646 年住在斯基尤特。他有一个女儿叫'英蒂朋登斯'，出生于那年的 2 月 15 日；或许约西亚出生在 1647 年；但在巴恩斯特布尔，他有一个女儿叫'雷门巴'，一个儿子叫'伊克斯皮尔斯'。劳伦斯于 1650 年死在斯基尤特，他的遗孀朱迪恩，可能是斯基尤特的威廉·丹尼斯的女儿，在同年与威廉·皮克斯结婚了。"②

　　G.《马萨诸塞州斯基尤特的历史：从第一次定居到 1831 年》："劳伦斯·里奇菲尔德在巴恩斯特布尔，他的孩子叫'伊克斯皮尔斯'、'雷门巴'、'约西亚'和'英蒂朋登斯'；在我们的记录中（1646），'英蒂朋登斯'是唯一在斯基尤特出生的孩子，我们断定其他孩子诞生在巴恩斯特布尔。"③ 发现的第一个他曾待在斯基尤特的信息，是关于他女儿"英蒂朋登斯"生日的记录，1646 年 2 月 15 日，记录在斯基尤特镇的档案中。从那时起，他就是镇上的居民之一，但斯基尤特的档案中没有他的半点信息，如加入教会，参与公共事务建设。小女儿"英蒂朋登斯"是真实存在的。有一处记载说劳伦斯·里奇菲尔德是一个土地测量员，另一处记载说他是被"内陆开发委员会"派来的能人。

---

① Amos Otis, *Genealogical Notes of Barnstable Families*, Baltimore: Genealogical Publishing Co., Inc. 1979, p. 217.

② James Savage, *A Genealogical Dictionary of the First Settlers of New England, Showing Three Generations of Those Who Came Before May, 1692, on the Basis of Farmer's Register*, Boston: Little, Brown & Co., 1864, Volume 3, pp. 98-99.

③ Samuel Deane, *History of Scituate, Massachusetts: From Its First Settlement to 1831*, Boston, James Loring, 132 Washington Street, 1831, p. 305.

H.《马萨诸塞的先驱者（1650 年以前）：从殖民地、城镇和教堂的记录以及其他同时代的文件中提取的描述性的列表》："劳伦斯·里奇菲尔德的女儿'英蒂朋登斯'出生于 1646 年 2 月 15 日。他去世后，其妻子朱迪恩（威廉·丹尼斯的女儿）与威廉·皮克斯再婚了。她在 1657 年或 1658 年 3 月 20 日作证，她的前夫在遗嘱中同意斯基尤特的约翰·艾伦领养他的儿子约西亚。"①

官方文献记载劳伦斯·里奇菲尔德于 1650 年在斯基尤特去世，但笔者认为是在 1649 年。在病榻前，他把他最小的儿子约西亚托付给约翰·艾伦和他的妻子抚养。文献中记载了劳伦斯的结发妻子朱迪恩的口述："直到 1657 年或 1658 年 3 月 20 日，约西亚与艾伦已经在一起居住了 9 年时间，而且在他父亲死后，他没有立即搬去住。"② 所以可合理地推测出劳伦斯死于 1649 年，而非 1650 年。

综合以上信息，我们可以推测劳伦斯的基本情况如下：第一，年轻的劳伦斯·里奇菲尔德可能是作为契约佣工来到北美殖民地的，他于 1634~1639 年在斯基尤特生活和工作，还清了他的契约债务；第二，1639 年春，劳伦斯迁至巴恩斯特布尔，定居在巴恩斯特布尔的大湖边；第三，1640 年，劳伦斯去波士顿学习战术，并在波士顿加入了老牌荣誉炮兵团，后参与了印第安事务；第四，劳伦斯在巴恩斯特布尔与妻子朱迪恩·丹尼斯结婚，并生下一子一女；第五，1645 年，劳伦斯一家和艾伦一家搬回斯基尤特，劳伦斯与妻子又生育一子一女；第六，1649 年，劳伦斯去世，他将小儿子约西亚托付给了约翰·艾伦。

在普利茅斯的契约或遗嘱认证中，劳伦斯并未以授予人、被授予人或遗嘱人的身份出现，甚至犯罪记录里也没有他的名字。拉尔夫·里奇菲尔德说：

---

① Charles Henry Pope, *The Pioneers of Massachusetts: A Descriptive List*, *Drawn from Records of the Colonies*, *Towns and Churches*, *and Other Contemporaneous Documents*, Forgotten Books, Boston, 2018, p. 288.

② Wilford J. Litchfield, *The Litchfield Family in America: 1630 – 1900*, No. 22 Oaks Avenue, Southbridge, Mass., U. S. A., 1902, p. 12.

在那个时代，任何轻微的错误都会被记录，逃过一场官司的人定会过着受人责难的生活。他没有民事诉讼，也没有刑事诉讼，说明他是一个安静、平和的良民，他只做好自己的事，与邻为善。

劳伦斯·里奇菲尔德被安葬在斯基尤特有名的"第一教区墓地"，此地与第一教堂及其庭院毗连。他的儿子"伊克斯皮尔斯"和"约西亚"很可能也安葬在那里，但没有碑刻留存。

第二节　"神圣共同体"及其经济生产方式

一　斯基尤特：最早的落脚地

在 17 世纪 20 年代，有十几个渔猎和毛皮贸易的定居点在新英格兰海岸建立起来，其中有几个勉强维持了下来。1628 年，由约翰·恩迪科特领导的 6 名英国清教徒从议会获得了北部梅里马克河和南部查尔斯河之间的全部土地。1629 年，由查尔斯一世批准，授予该组织民事管辖权，并命名为马萨诸塞湾公司。虽然它的合作者是清教徒，但它意在发展成常见的贸易和殖民公司。1628 年，约翰·恩迪科特带领 40 人来到安角，在附近发现了塞勒姆。此时，英国国王和国会之间的争论正处于白热化阶段，有很大一部分清教徒开始把北美看作一个避难所，不仅是躲避国王的政治和宗教迫害的场所，而且是重新建立神权国家的沃土。因此，一群清教徒找到马萨诸塞湾公司，建议它从一个贸易企业变成一个只有清教徒才能加入的宗教联合体。经过辩论，这个提议被接受了，一位名叫约翰·温斯罗普的伦敦律师当选为殖民地总督。

这导致了大迁移的第一个阶段开始，在此期间有 6 万多人离开英国，他们主要去了加勒比群岛、弗吉尼亚和新英格兰。笔者认为大迁移有四种动力来源：首先，宗教动机，劳德大主教成功地将不墨守成规者赶出了王国，以至于他被戏称为"新英格兰之父"，一个清教徒牧师说，"上帝把全国筛了一遍，好把最好的谷粒撒在旷野"；其次，国内的经济动荡，农业和制衣业都处于萧条期；再次，此时关于殖民方法的知识已经很先进了，人们觉得他们在新大陆的殖民有了改进的机会；最后，人们对国内和国际冲突的恐惧也起了一定的作用。美国历史文献资料显示，大约有1.2万人去了弗吉尼亚、马里兰和百慕大群岛，1.8万人去了新英格兰。大迁移随着英国内战的爆发戛然而止，后来新英格兰地区显著的人口增长主要是自然增长。

现在我们把目光转向斯基尤特。在波士顿和普利茅斯之间的沿海地区，即后来成为普利茅斯县的地方，印第安酋长马萨苏特和他的族人在那里游荡。该地区有许多溪流，其中一条小溪被印第安人称为"Satuit"，意为"冷溪"。这条冷溪蜿蜒地流进盐碱地，经过一个有潮汐的小港湾，向东入海。最早的定居者将"冷溪"的名字拼写为"Seteat"、"Sytiate"或"Sityate"，直到1640年，斯基尤特"Scituate"的拼写才得以确立。

> 环绕着这个港口内湾的是一片郁郁葱葱的沼泽地，它周围是一片原始森林，北面是一个被古老香柏树覆盖的沙丘，南面依次有四个悬崖，向内陆倾斜，与广阔的沼泽地相连，一条"北河"从此经过。普利茅斯刚建立不久，肯特人就出发了。他们发现了这个港口，并意识到它未来的农业和贸易前景。1623年之前，肯特人在第三悬崖上建立了第一批萨特人的种植园。在这里，他们建造的第一批风车发出的呜咽声与微风吹动大帆发出的沙沙声融合在一起。①

"肯特人"是一群"商业冒险家"，来自英国的肯特郡。在斯基尤特的创始人蒂莫西·哈瑟利的带领下，肯特人成立了一个名为"科哈塞特所有者"的组织，并绕过沼泽，修建了一条从第三悬崖（Third Cliff）通往港口的道路，这条路至今仍以其英国家乡的名字——肯特街（Kent Street）命名。1633年7月1日，斯基尤特被建立为城镇。城镇中心是一个公园，周围有一所教堂、牧师住宅和学校；每个定居家庭都能得到一份宅基地，用于建造房屋，还有一份外置土地，用于耕种，以及共享森林和牧场的权利。他们推倒了森林，搭建了6幢木屋，占地4英亩，沿街插了8根木杆把地圈起来，并往树林的方向沿途插了80根木杆，还在家园上方的小山上

---

① http://scituatehistoricalsociety.org/the-land-of-men-of-kent/，最后访问时间：2019年10月25日。

建立了他们的第一个木屋会议室和墓地。这样，斯基尤特镇的核心就诞生了。它的地域范围逐渐向内陆延伸到阿宾顿镇，包括彭布罗克、汉诺威和科哈塞特的部分地区，整个诺威尔地区和现在的马什菲尔德。虽然这个城镇的设立部分源自英国的先例，但它适合新英格兰地区。城市规划既能方便人们在严寒的冬天去教堂和学校，又能保护他们免受印第安人的突袭。他们规定：第一，由于肥沃的土地稀少，必须公平分配；第二，边缘城镇是印第安人和老城之间的缓冲地带，定居者放弃他们的土地是非法的；第三，要求老城在危险地带提供武装巡逻队，并派人到拓荒者正在收割的田里观察和劳动。

约翰·莱斯洛普牧师来到斯基尤特后，见到许多英国的故友。那时，他们已"建造了 9 所房子，房子由原木制成，茅草屋顶，并用栅栏围护，作为临时居所，后来又修了更像样的房子。1635~1636 年，他们建了 31 所房子，1637 年建了 51 所。莱斯洛普先生的教堂在斯基尤特的第一个教区，他是第一个定居的牧师（1635 年 1 月 18 日），他的教堂里有 63 个成员"。①

起初，马萨诸塞湾殖民地在政治上不民主，在宗教上也不宽容，它是为清教徒而建立的。任何来到这里的他者，只要不参政议政，都是受欢迎的，但他们必须接受教规。马萨诸塞湾殖民地是一个正义政府的实验，它的目标是成为一个神权政体，即一个由上帝治理的政府，它的原则来自圣经中神圣启示的训诫，由博学的加尔文派神职人员加以解释。神权政治占据了半个世纪的优势。《马萨诸塞宪章》规定，政府应由一名总督、18 名助手和一个由全体股东组成的季度性普通法庭管理。只有清教徒教会的男性成员可以获得"自由民"身份，而且这些成员必须是虔诚、勤劳和经济独立的人。一切权力都掌握在总督和助手的手里，自由民的唯一权利就是在助手职位空缺时，对其进行选举。一开始，殖民地里只有 12 个自由民。总督和助手们着手制定法律，执行审判，并制定税收。

不久，超过 100 人要求成为自由民，而且城里的居民不愿意忍受查尔斯一世或总督温斯罗普的独裁统治。《马萨诸塞宪章》规定自由民在法律

---

①　D. Hamilton Hurd, *History of Plymouth County, Massachusetts: With Biographical Sketches of Many of Its Pioneers and Prominent Men*, Philadelphia: J. W. Lewis & Co., 1884, p. 130.

上享有立法权。温斯罗普被迫同意由每个城镇的两名地方法院代表制定法律，所有自由人每年一起选举总督和助手。但是，在神权共同体中，社会和经济立法的要点往往取决于对《圣经》的解释，法律判决至少在理论上是根据《圣经》做出的。1651 年，剑桥会议规定，法院必须惩罚宗教犯罪和执行神职人员制定的规则，以管理会众的服饰、娱乐和其他活动。

劳伦斯·里奇菲尔德最初生活在斯基尤特，他的第八代子孙威尔福德·J. 里奇菲尔德描述道：

> 斯基尤特的第一批定居者大多是富有的人、学者和有涵养的绅士。他们培养子女爱学习的品质和优雅的举止，这些品德哪怕在家族历史上最艰难的时期也不曾褪色。言传身教予孩子们对上帝的虔诚信仰，这些信仰是他们在被迫害时期的精神支柱。在两代人内，没有一个家庭不从属于教会，每家每户在清晨和傍晚都会传出祷告声，从不间断。人们自觉地供养大量免费学校，在定居后的几个世纪，公共文法学校的大门都向所有有需求的人敞开，提供广泛的课程。同时，虔诚的信仰仍被严格遵循，信仰高于一切的教育。在一个半世纪内，鲜有外人进入家乡。少数进入家乡的人很快就被同化了，并与当地人埋在同一片土地上。镇上有 20 户人家连续八九代人都住在同一块地上，这对旧社会的人来说很正常，对于我们现在的人来说就很罕见了。从来没有外来因素导致腐败滋生，使这里的人愧对祖先。如果他们堕落了，说明邪恶是从内部诞生的。①

应该说在早期移民中，清教徒的信仰是社区保持团结和安定的根本因素，信仰也是高于一切的教育，在最初的几代人中，《圣经》是社会生活的唯一标准，在道德上和法律上对人们有双重控制，社会展现出一种同质性。然而，这是他们自愿的，他们希望在新的家园践行神的旨意。

当然，新教信仰对新建立的社群来说是至关重要的黏合剂。笔者就当时新教对移民的影响问题问拉尔夫·里奇菲尔德，他告诉笔者：

---

① Wilford J. Litchfield, *The Litchfield Family in America: 1630 - 1900*, No. 22 Oaks Avenue, Southbridge, Mass., U. S. A., 1902, p. 2.

　　劳伦斯·里奇菲尔德和这些同伴有千丝万缕的联系，他们相互之间从不抛弃和放弃。无法庭记录，思虑成熟，生活社区平静有序，这些似乎塑造了他的公民性格，同时，他所在的团体非常虔诚，他们之间长期互帮互助，与外来团体亲如兄弟，说明他是一个友善的上帝子民。

二　巴恩斯特布尔：早期殖民地的开发

　　可以确定的是，劳伦斯·里奇菲尔德于 1639 年春迁至了巴恩斯特布尔定居。然而，笔者在阅读历史文献时发现，约翰·莱斯洛普前往巴恩斯特布尔的时间比预计的更晚，从 1638 年推迟到 1639 年夏天。这说明，劳伦斯·里奇菲尔德很有可能不是跟随约翰·莱斯洛普去巴恩斯特布尔的。

　　1638 年的 1 月，由约翰·莱斯洛普牧师、蒂莫西·哈瑟利先生、安东尼·安纳布莱特先生和其他教会代表签署了数封联名信，寄给地方长官，陈述了他们所遭受的冤屈，这些冤屈来自教会内部的分歧。他们请求被安置到另一处殖民地。最初他们想搬到斯皮坎①（现在的罗切斯特），在 1 月的法庭上，此请求获得了批准，法官授予了他们在罗切斯特的土地。1638 年的一项法院命令如下：

　　　　斯皮坎为集会的城镇，由托马斯·贝斯比奇先生、詹姆斯·库德沃先生、威廉·吉尔森、安东尼·安布尔、亨利·科布、亨利·罗利、爱德华·福斯特、罗伯特·林内特等人担任议员。②

　　但是，教会中许多人反对去斯皮坎，他们更倾向于去马塔库泽③（现名为巴恩斯特布尔）。然而，马塔库泽当时已被授予理查德·科利克先生等人，为此，莱斯洛普牧师和教会代表在 1638~1639 年召开了多次会议，

①　斯皮坎（Sippican）：印第安人对罗切斯特的称呼，意为休息之处。这里适合打鱼。
②　Samuel Deane, *History of Scituate*, *Massachusetts: From Its First Settlement to 1831*, Boston, James Loring, 132 Washington Street, 1831, p. 170.
③　马塔库泽（Mattakeese）：印第安语，意为古老的、耗尽的种植地。

讨论搬到另一种植园。然而，1639 年 6 月，事情出现转机，这项拨地被取消了，莱斯洛普先生和他的教会获得了机会。他们特意留出 5 天时间，谦卑地斋戒和祈祷，庆祝成功获得了土地。1639 年 7 月 13 日，莱斯洛普牧师在斯基尤特的教会举行了一次斋戒，祈求"上帝在新迁的土地上引导我们和赐予我们"，同月 26 日，举行了另一次斋戒，感激"慈悲的上帝与我们同在、同行来到马塔库泽"。

里奇菲尔德的家族文献记载：

> 13 家人随即定居此地，即约瑟夫·赫尔神父、托马斯·肖、奥斯汀·贝尔斯、亨利·科金、詹姆斯·汉布林、威廉·蒂利、托马斯·阿林、劳伦斯·里奇菲尔德、托马斯·哈金斯、约翰·史密斯、罗杰·古德斯皮德、约翰·斯卡德尔和纳撒尼尔·培根。这些户主的姓名在 1634 年 9 月前都没有出现过。①

但是，家族文献的这一记载与笔者在德约的《巴恩斯特布尔县的历史（1620~1890）》一书中所发现的记载不符，该书关于巴恩斯特布尔村的记载如下：

> 和该县的其他一些村庄一样，这个村庄的定居点与城镇的定居点是同时期的，种植园的第一个定居点是现在村庄的核心。1640 年，他们的第一批住所建成，如现在的村庄一样，大家分散而居，相互间隔 3 英里。大湖东面一点就是村庄的中心。大部分房屋都由从斯基尤特锯木厂买来的木材建成，交通工具是船只，因走水路更近。总督辛克利生前和去世时居住的房子就在马库斯·M. 奈的商店的东边，在乡村道路的北侧，靠近"小牛牧场巷"的尽头。总督之前的房子在乡村大道对面，那石墙下面有一口他用过的井。后来所谓的斯卡德尔巷，在村里的早期是"小牛牧场巷"，后来业主们把它当作公共用地，就是今天所知道的"小牛牧场"。按照传统，初来乍到的人先在这块地上定

---

① Wilford J. Litchfield, *The Litchfield Family in America: 1630 - 1900*, No. 22 Oaks Avenue, Southbridge, Mass., U. S. A., 1902, p. 9.

居，下一年再从水边搬回来。早期的工业包括制盐，也许正是这一点吸引了劳伦斯，他在莱斯洛普牧师来之前，先来到巴恩斯特布尔。[①]

也就是说，劳伦斯·里奇菲尔德迁到巴恩斯特布尔的原因与宗教无关，而是有了新的工作机会。或许他熟识了巴恩斯特布尔的有产者约翰·艾伦，或许是制盐厂给他提供了工作。1639 年 10 月 11 日，20 名教会成员携家带口跟随牧师去了巴恩斯特布尔，随后又有 6 家跟来。早先定居的人都会积极地为新来的人提供住所。

里奇菲尔德的家族文献记载：

1643 年至 1644 年 1 月 5 日，托马斯·莱斯洛普、托马斯·辛克利、亨利·科布和莱顿的约翰斯的儿子伊萨克·罗宾逊，草拟了一份巴恩斯特布尔的居住名单，被提及的 45 人是业主。他们按照住所从西到东的顺序起草，名字也按住所顺序排列，即从安东尼·安纳布莱特家向东到托马斯·迪莫克先生家。[②]

居住名单如表 2-2 所示。

表 2-2　巴恩斯特布尔 1643 年至 1644 年 1 月的居民名单（系笔者整理）

	姓名	原籍	落户时间	住址
1	安东尼·安纳布莱特	斯基尤特	1640 年	
2	亚伯拉罕·布卢什	达克斯伯里	1640 年	
3	托马斯·肖	欣厄姆	1639 年	
4	约翰·克罗克	斯基尤特	1639 年	
5	多拉尔·戴维斯	达克斯伯里	1642 年	
6	亨利·埃韦尔	斯基尤特	1639 年	
7	威廉·贝茨	斯基尤特	1639 年	

① Simeon L. Deyo, *History of Barnstable County, Massachusetts: 1620–1890*, New York：H. W. Blake &Co., 1890, p. 394.

② Wilford J. Litchfield, *The Litchfield Family in America: 1630–1900*, No. 22 Oaks Avenue, Southbridge, Mass., U. S. A., 1902, p. 8.

续表

	姓名	原籍	落户时间	住址
8	威廉·皮尔斯	雅茅斯	1643 年	
9	罗伯特·雪莱	斯基尤特	1639 年	
10	托马斯·哈奇	雅茅斯	1642 年	
11	约翰·库珀	斯基尤特	1639 年	
12	奥斯汀·贝尔斯		1639 年	
13	威廉·克罗克	斯基尤特	1639 年	
14	亨利·伯恩	斯基尤特	1639 年	
15	托马斯·辛克利	斯基尤特	1639 年	
16	劳伦斯·里奇菲尔德	斯基尤特	1639 年春	科金湖周围
17	詹姆斯·汉布林	伦敦	1639 年春	
18	塞缪尔·欣克利	斯基尤特	1640 年夏	
19	威廉·蒂利		1639 年春	
20	詹姆斯·库德沃斯	斯基尤特	1640 年	
21	亨利·科金	波士顿	1639 年春	
22	塞缪尔·杰克逊	斯基尤特	1639 年	
23	托马斯·阿林		1639 年春	
24	约翰·梅奥		1639 年	
25	伊萨克·罗宾逊			定居在科金湖和法院之间
27	约翰·卡斯利		1639 年春	
28	威廉·凯斯利	斯基尤特	1639 年春	
29	托马斯·伦伯特	斯基尤特	1639 年	
30	约翰·伯斯利	韦茅斯	1639 年 5 月	定居在科金湖西面
31	约瑟夫·赫尔	韦茅斯	1639 年 5 月	
32	罗伯特·林内特	斯基尤特	1639 年	
33	托马斯·莱斯洛普	斯基尤特	1639 年	
34	约翰·莱斯洛普	斯基尤特	1639 年 10 月 20 日	目前爱尔德里奇先生酒店所在的地址，法院对面
35	约翰·霍尔	查尔斯镇	1641 年	
36	亨利·罗利	斯基尤特	1639 年	靠近莱斯洛普先生的住所
37	伊萨克·威尔斯	斯基尤特	1639 年	
38	理查德·福克斯韦尔		1639 年	房子在农业大楼边

续表

	姓名	原籍	落户时间	住址
39	乔治·刘易斯	斯基尤特	1639 年	靠近安斯沃斯的房子
40	爱德华·菲茨兰达尔	斯基尤特	1639 年	房子在海恩尼斯路边的角落
41	罗杰·古德斯皮德		1639 年	
42	亨利·科布	斯基尤特	1639 年 10 月 21 日	住在现在的一神论教会附近，而且房子附近的小山也叫科布山
43	约翰·斯卡德尔	波士顿	1639 年	
44	塞缪尔·梅奥		1639 年	
45	纳撒尼尔·培根		1639 年	
46	约翰·史密斯	斯基尤特	1639 年	
47	托马斯·迪莫克	欣厄姆	1639 年春	村庄东部
48	罗杰·古德斯皮德		1639 年	
49	托马斯·哈金斯	波士顿	1639 年	
50	约翰·斯卡德尔		1639 年	
51	艾萨克·威尔斯		1639 年	住所在靠近法院的位置
52	伯纳德·伦伯特		1639 年	东边较远的地方，靠近老磨坊

三　早期移民的主要生产活动

在普利茅斯第一个严冬里，食物短缺，疾病侵袭着那些躲在抹灰篱笆墙茅屋里的人们。超过一半的人死亡，马萨索伊特①和他的族人拯救了普利茅斯移民的生命。新英格兰地形破碎，丛林密布，土壤中多花岗岩，使种植业难以开展。人们无法依赖于主要的农作物和奴隶制度，大部分的农业活动只能限制在小块土地上。因此，殖民者很早就被迫从事非农业生产。主要有毛皮贸易、制革、木材、渔业、冶铁和酒。贸易是新英格兰的命脉，它是获得货物以使人们达到欧洲生活标准的唯一手段。

第一，毛皮贸易及制革。1620 年，50 名英国清教徒商人冒险家成为投资公司的股东：

---

① 印第安名。

他们投资的公司希望从毛皮贸易、捕鱼和其他他们能发明的方法中获利。最初的投资者数量约为 50 人，但随着各种内部纠纷的出现，投资者数量开始大幅下降。1626 年左右，剩下的投资者接近 40 人。在经历了许多财务问题之后，这家陷入困境的公司在 1628 年进行了重组，普利茅斯殖民地的一群领军人物买下了剩余股东的股份。①

也就是说，毛皮贸易最初在普利茅斯殖民地是最主要的经济产业之一。

第二，木材。木材的丰富促使造船业兴起，造船业一开始就非常成功，以至于英国甚至整个欧洲的造船厂很快降价。1676 年，马萨诸塞有730 艘商船。在其他木材产品方面，新英格兰也挑战了波罗的海的传统霸权。新英格兰的"英格兰橡木"嵌板装饰着英格兰精美的老庄园；圆筒形的棍棒、铁箍和枪头被出口到国外，用来装弗吉尼亚的烟草、西印度群岛的糖蜜和欧洲的葡萄酒。新英格兰成为木板、护墙板、木瓦、黄褐色树皮、碳酸钾、桅杆和其他船舶物资的固定来源。

第三，鳕鱼渔业。从一开始就有。到 1675 年，已有 4000 人和 665 艘船从事这一行业，大量的咸鱼出口到欧洲和美洲的天主教国家。不久之后，新英格兰人开始追逐鲸鱼，当附近水域的猎物稀少时，他们就转移到极地地区。

第四，炼铁。1644 年始于马萨诸塞，并最终传播到周围的殖民地。铁是造船的必需品。

第五，酒。用糖蜜制造的朗姆酒为印度贸易提供了一种廉价而有效的酒。从这里发展出了塞勒姆、波士顿、纽波特、纽黑文等许多航运城镇，这些城镇的船长深入每一个大西洋港口，与意大利丝绸商人、法国酒商、阿卡迪亚猎人、加勒比海盗和克里奥尔种植园主进行贸易。

毫无疑问，新的土地为欧洲剩余资本和人口提供了市场，更为被宗教迫害的群体提供了出路，这两者的结合加上这片土地丰富的资源促进了一个新兴帝国的崛起，北美的财富孕育了民主自由的气氛，并最终导致大英帝国在北美殖民地的灭亡。

---

① http://mayflowerhistory.com/acheant-ers/，最后访问时间：2019 年 10 月 28 日。

第三节　便宜的土地

一　从印第安人手里"购买"土地

在里奇菲尔德的家族文献中，笔者发现关于个人的生平记录很少，但是关于遗产和遗嘱的资料很多，而主要的财产就是土地。关于这个问题，拉尔夫说：

> 这种情况是合理的。一是在拓荒年代，他们没有条件记录自己的生活，能被官方记录下来的恐怕只有遗嘱了；二是对于早期移民而言，他们没有多少值钱的家当，唯一能留给后代的就是土地。

然而，移民的土地确实是从印第安人手中抢夺来的，他们又是如何将这个问题合理化的呢？

1661 年 6 月 17 日，有一份印第安人土地买卖契约的记录：

> 知道它所做的或可能与我们有关的一切，我们的名字被写在印第安人的土地上，如上面的契约所示，这些礼物是经过深思熟虑的，我们既感动又满意，（下列人员）已被接纳为我们的购买人，他们应享有与我们同样的自由和特权，除威廉·哈奇、杰里米·哈奇、托马斯·哈奇和乔纳斯·佩尔提出的其他条件外。买主与我公司合作，其购买的土地比例如下：
>
> 塞勒姆的约翰·布朗占了全部购买量的 1/8，塞勒姆的詹姆斯·布朗占了 1/8，哈奇和佩尔共占了 1/8，亨利·卢斯和伊克斯皮尔斯·里奇菲尔德占了 1/32，凯莱布·哈伯德占了 1/32。这些扣除的比例加在一起，是 1/4 加 1/8 加 1/16，这些比例已从全部购买量中扣除。剩下的部分还有约书亚·哈伯德上尉的 1/16 和 1/32，纳撒尼尔·贝克的 1/16 和 1/32，还有约翰·里德中士的 1/8 和约翰·史密斯的 1/4。1668 年 7 月 15 日，我们谨此签名作证。

签字盖章：约书亚·哈伯德（盖章）

约翰·史密斯（盖章）

约翰·里德（盖章）

纳撒尼尔·贝克（盖章）

并在我们面前交付：约翰·布莱克

耶利米·比尔 ①

从这份买卖契据中可知，约书亚·哈伯德、约翰·史密斯、约翰·里德和纳撒尼尔·贝克四人从印第安人手中购买了一块土地，在契约记录中，殖民者把这块土地描述为一份来自印第安人的"礼物"，让他们既感动又满意，很显然，他们以便宜的价格买到了大片土地。因此，他们成为4个原始股东。1661 年，他们找了 7 个买家，把土地分售给他们，其中包括劳伦斯的大儿子伊克斯皮尔斯·里奇菲尔德。1668 年，26 岁的他在斯基尤特忠诚宣誓，成为自由民或公民。同年 7 月 15 日，他和妹夫亨利·卢斯，连同其他人，拥有了上述部分土地，即马萨诸塞里霍伯斯的部分土地，当时的情况如下：

新英格兰欣厄姆市的约书亚·哈伯德上尉、约翰·斯密斯上尉，约翰·里德军士和纳撒尼尔·贝克，从我死去的印第安兄弟亚历山大（印第安名：Womsittah）那里买下了马萨诸塞州的大片土地。其他印第安人可在这份正式契约中查阅此事的更多详情。我，菲利普是这块土地的首领，是我死去的兄弟沃姆西塔（亦称亚历山大）的合法继承者。特此代表我本人、我的继承人及其后代，正式保证上述土地的合法、和平占有权。

本契约所涉及的所有土地、财产、附属权益及相关权利，均应完全并永久属于约书亚·哈伯德上尉，约翰·史密斯上尉，约翰·里德军士和纳撒尼尔·贝克，以及他们的继承人和受让人。1664 年 6 月 8日，我谨在此签名作证。

---

① Wilford J. Litchfield, *The Litchfield Family in America: 1630 - 1900*, No. 22 Oaks Avenue, Southbridge, Mass., U. S. A., 1902, p. 28.

签名，盖章，字母 P 代表：菲利普

并在我们面前交付：耶里米·比尔，迦勒·哈伯德。

这些证人适时地为我宣誓：布拉德福德，普利茅斯县的助手。

1671 年 6 月 15 日，以资证明。①

　　伊克斯皮尔斯·里奇菲尔德成为自由民后，便拥有了里霍伯斯 1/32 的土地。这块土地原属于印第安人的酋长菲利普国王，应该是那 4 个股东以极其便宜的价格购得的，这样的情况在当时极为普遍，这也极可能是菲利普国王最终报复他们的主要原因。

　　1675 年，菲利普国王之战突然爆发，这是在菲利普统治下的万帕诺亚格人的一次保护自身利益的尝试，接着参战的是纳拉甘塞特人和其他仍留在新英格兰的印第安人，目的是消灭这些殖民地。战争的起因包括：殖民地政府不断干涉印第安人的争斗，贪婪的殖民者为了占领印第安人的土地而不断地进行骚扰。起初，殖民地军队被击败，白人城镇被摧毁。差不多过了一年，形势才有所好转。1676 年 8 月，菲利普在战场上阵亡，南部战争结束，但殖民地昔日的强大力量就此消失殆尽。据统计，新英格兰大约有 5 万白人居民，其中至少有 1000 人死亡。90 个城镇中，52 个遭到袭击，12 个被摧毁。这场战争使殖民地损失了 10 万英镑。又过了一代人，边境线才回到战争前的位置。另外，新英格兰南部大约有 1 万名印第安人，由于战争、疾病和奴隶制度，他们几乎全部消失了。②

　　可以想象，第一批定居者生活在陌生又广阔的自然环境中，孤立和不安全感在他们心中孕育了一种强烈的渴望，即坚持祖国的习惯和信仰。但他们所坚持的信仰与英国老乡不同，加尔文主义的观点支配着他们。为了在道德和情感上长期延续他们的传统，他们在教会、地主、商人和贵族的基础上，建立了一个联系紧密的小社会，以此强化宗教教条和社会差别。这种精神上的执着促使他们不顾一切地沉浸于加尔文主义的宗教教条之中，

---

① Wilford J. Litchfield, *The Litchfield Family in America: 1630–1900*, No. 22 Oaks Avenue, Southbridge, Mass., U.S.A., 1902, p. 27.

② Leland D. Baldwin, *The Stream of American History*, Pittsburg: University of Pittsburg Press, 1952, pp. 132–133.

试图从中寻找情感的立足点。然而，这正是理论与实践自相矛盾的开始。

基督教的理想主义和与印第安人冲突的现实之间存在着巨大的分裂，冲突的本质是精神追求和物质索取的矛盾。加尔文主义的观点教导他们节俭、储蓄、保持清醒、努力工作，其目的是强调通过自身努力获得财富，这种成功标准对于生活在资本主义经济处于萌芽状态的欧洲国家的人是适用的，但当他们看到美洲大陆富饶的土地和无尽的可以轻易征服的财富时，加尔文主义的观点就不适用了。加尔文的观点代表了正在发展中的资本主义，物资匮乏的欧洲人不得不储蓄，储蓄对于购买机器、原材料和交通设备至关重要，而被美化的节俭则是通向财富和赢得社会尊重的道路。然而，在这片富得流油的土地上，加尔文主义的道德观便无法解释现实了。而当道德与事实分离时，人们倾向于用合法性代替。他们几乎不加思索地认为自己是上帝的选择，可以在这片新土地上行使自己的责任。最开始，白人接受了印第安人的帮助，但他们一旦站稳了脚跟，就拒绝接待印第安人，杀死印第安人，掠夺印第安人的土地和货物，对印第安人进行侮辱、奴役或屠杀。奇怪的是，当印第安人报复时，他们竟觉得无辜和惊讶，并感到受伤和怨恨。欧洲人认为他们作为基督徒的身份赋予了他们拥有异教徒土地的法律和道德权利。这种虚伪的合法性解释掩盖了他们粗鲁野蛮的物质征服的本能。合法性变成了在技术上遵守法律的问题，同时它又精明地违反了法律的精神。然后，以没有违反任何法律为理由，他们使不公正合理化。

但是，伊克斯皮尔斯·里奇菲尔德并没有看到这场战争的爆发。1673年8月1日，他在一场意外中死去了。普利茅斯殖民地的记录如下：

由治安官亨内里·奇滕登在此签名，我们于1673年8月2日举行了联合验尸，以调查他是如何突然而过早地死去的，我们查看了尸体，询问了目击者，并认真考虑了许多相同的情况。请务必声明，我们确实清楚地了解到，罗杜尔夫斯·埃尔梅思发了一艘装货船，登陆点在虎坡海峡。伊克斯皮尔斯肩上扛着沉重的木材，往船上走去，走在泥泞的、滑滑的木板上，突然，他一不小心踩滑，头朝地落下，木材压到了他的耳朵和脖子。就在圆木和沉重的木板掉落之际，他的头上挨了致命的一击，我们知道这就是他死亡的原因。当天晚上，他在继父家中去世。我们被召集到那里，证明了这一点。[1]

此时，伊克斯皮尔斯还未婚，他可能正做着木材生意，他去世的直接结果是，由他的弟弟约西亚·里奇菲尔德继承了他在里霍伯斯的土地，并与两位姐妹平均分配了他的其他资产。

二　成为年轻的土地所有者

吸引早期移民来到美洲的一种巨大力量是对土地的渴望，因为他们相信拥有土地可以解决困扰普通人的经济和社会问题。但在旧的大陆，对于亚洲和欧洲的先民来说，土地问题不是一个商业问题，而是权力的问题。土地买卖只存在于小范围内，大部分的土地被置于权力等级体系之下。但美洲大陆历史的开篇却不同于旧大陆，在这里有数百万英亩肥沃的土地等待着开荒者或投资者去开垦，土地首次开始向商业力量低头。

早期拓荒者发现美洲的主要吸引力在于廉价的土地。美国的历史可以说是一部地产的历史，目前我们面临的每一个问题都几乎可以从中找到根源。地主是大规模的土地投机商，他们关心的是如何吸引定居者购买土地，他们甚至发明了"公有土地继承权"以向移民赠送土地，即殖民者每赞助一名契约佣工来北美殖民地，就会得到50英亩土地，以此提高剩余土地的价值。土地对当时的人来说是无穷无尽的，开发和利用土地就是移民的全部经济生活，私营企业也自然地参与其中。土地成为北美殖民经济的基础，因此，可以肯定，美国建国制度的根本就是在殖民土地制度中萌生的，这就是所谓新大陆与欧洲旧大陆的根本区别，也是笔者在研究中把美国西部土地开拓作为核心议题的原因，只有在美国东部的优良土地资源被瓜分完毕时，人们才向西部进军，获取更多土地成为美国西部边疆开拓的重要目的。

每个殖民地都有通过投机获得的"未被继承"的大量地产，有的是由最初的"土地所有者"授予的，有的是由当时的总督授予的。约西亚·里

---

[1]　Wilford J. Litchfield, *The Litchfield Family in America: 1630 - 1900*, No. 22 Oaks Avenue, Southbridge, Mass., U. S. A., 1902, p. 34.

奇菲尔德和他的儿子们就是当时众多年轻的受益者之一。

约西亚是劳伦斯的小儿子，在他未满 2 岁时，父亲就去世了，从此他被收养在艾伦夫妇家。1661 年，约翰·艾伦去世，他在遗嘱中把部分财产留给了约西亚：

> 我，斯基尤特的尼古拉斯·贝克，53 岁，我可以作证，约翰·艾伦希望我和蒂莫西·哈瑟利先生来帮助他立遗嘱。在他去世前两天，我们还和他在一起，而哈瑟利先生已经走了，没有在他预期的时间回来。约翰·艾伦告诉我，他派人叫我们来写遗嘱，他的目的是把他的财产分给约西亚一部分。他说：约西亚成年后，应该拥有他曾居住过的房子和土地；我的妻子应该拥有另一份房子和土地，就是乔纳斯·皮克尔住过的地方；至于其余财产，当我的妻子看见约西亚有担当的能力时，就把财产交给他。他是这样说的：我要让孩子看着我的妻子，而不是我的妻子看着孩子。
>
> 1663 年 6 月 2 日，尼古拉斯·贝克在普利茅斯的法庭上宣誓。
>
> 法院书记纳撒尼尔·莫顿，为我证明。①

约翰·艾伦是"科哈塞特所有者"组织的成员之一，曾担任治安官和陪审员，他把自己住过的房子留给了约西亚，这处房子在斯基尤特海港，而把另一处沼泽地的房子留给了妻子。在遗嘱中，他要求妻子在约西亚成年时，把其余财产也交给他，这充分证明了他对约西亚·里奇菲尔德的信任。当时约西亚才 13 岁。这位前来帮艾伦立遗嘱的尼古拉斯·贝克牧师，后来成了约西亚的岳父。

此后，法院允许约西亚另选择了两名监护人，约翰·艾伦留给这两名监护人 20 英镑，让他们为约西亚保存，在他成年时转交给他。1669 年 4 月，当他满 21 岁时，艾伦的遗孀将农场和土地文书，以及农场的附属物都转交给了约西亚。此地产包括：

---

① Wilford J. Litchfield, *The Litchfield Family in America: 1630 - 1900*, No. 22 Oaks Avenue, Southbridge, Mass., U. S. A., 1902, p. 39.

在大海峡的西南端有 6.5 英亩的沼泽地，以前属于威廉·福尔摩斯，此地北与科维·怀特的土地相连，南与威廉·皮克斯的土地相连。约翰·艾伦于 1659 年从爱德华·詹金斯手中买下了这块地。[①]

在斯基尤特城镇书记官办公室，有一本关于高速公路和土地分配的书，书中可以找到关于授予约西亚·里奇菲尔德土地的资料和他购买土地的收据。其中，由法院、市政委员会授予的土地有：

1673 年 2 月 26 日，约西亚和其他 131 人各获得不同大小的土地……3 英亩。[②]

约西亚作为他哥哥的产业的管理者，被列在斯基尤特 132 名"获准及认可的居民"的名单中，法院和城镇的联合委员会将 3 英亩的公共土地分配给了他。

1673 年，米歇尔·皮尔斯、约翰·萨顿和约西亚·里奇菲尔德在海滩附近的一片沼泽中获得了 5 英亩的土地。

1695 年 3 月 29 日，给约西亚·里奇菲尔德分配 10 英亩多一点的土地，就在他自己的果园南边。

1695 年 4 月 25 日，把农场狭窄部分的土地分配给约西亚。

1695 年 7 月 22 日，把 2.5 英亩土地分配给约西亚。

1695 年 7 月 28 日，约西亚得到 10 英亩。

1695 年 9 月 9 日，约西亚得到 2.5 英亩。

1696 年 2 月 23 日，约西亚得到靠近以色列·科金家的 1 英亩 36 平方杆（1 英亩＝160 平方杆）土地。

1699 年 3 月 15 日，约西亚在 5 个不同的地方共得到 3.5 英亩

①　Wilford J. Litchfield, *The Litchfield Family in America: 1630–1900*, No. 22 Oaks Avenue, Southbridge, Mass., U. S. A., 1902, pp. 42–43.

②　Wilford J. Litchfield, *The Litchfield Family in America: 1630–1900*, No. 22 Oaks Avenue, Southbridge, Mass., U. S. A., 1902, p. 46.

土地。

1699 年 5 月 22 日，约西亚得到 4.5 英亩 26.5 平方杆土地。

1697 年 12 月 17 日，约西亚·里奇菲尔德得到了前委员会分配给他的 5 英亩沼泽地，土地坐落在科利尼线附近海滩上的一块沼泽地里，从岩石边的一棵小铁杉开始，向西 20 杆（1 杆 = 16.5 英尺）延伸到沼泽里的一棵黑桦树，然后向东延伸到另一棵白蜡树，然后向北延伸到高地，从高地走 40 杆回到小铁杉旁边的岩石。

1699 年 7 月 10 日，在一次斯基尤特的市政官员会议上：如果劳伦斯·里奇菲尔德是 1647 年的居民的话，他的合法继承者将被授予 70 英亩的高地，外加 5 英亩的沼泽地。

1702 年 3 月 9 日，在一次市政会议上：根据 1683 年的一项法案，劳伦斯·里奇菲尔德的继承人获得了 27 英亩土地，又，劳伦斯·里奇菲尔德的继承人获得了 7 英亩土地。

1706 年 2 月 11 日，雪松沼泽被分配给业主和如下继承人，他们的名字如下（他们所拥有的份额相等）：给约西亚·里奇菲尔德 1 份；给尼古拉斯·里奇菲尔德 1 份；给小约西亚·里奇菲尔德 1 份。[1]

购买土地的收据如下：

1706 年 2 月 11 日，在今天的一次市政会议上，人们投票决定以每块地 3 英镑的价格出售 200 块 10 英亩的"公共土地"。拍卖所得的一半归"城北的教会和社团"，另一半归"北河上游的教会和社团"。约西亚·里奇菲尔德、小约西亚·里奇菲尔德和尼古拉斯·里奇菲尔德，每人都表达了购买 10 英亩土地的意愿。

1706 年 3 月 19 日，一次市镇会议为一些土地确定了足够多的买主，买主们已支付了款项或提供了足够的担保。因此，人们投票决定出售这些土地，詹姆斯·库欣被任命"清点各处土地"。会议于 1707 年 4 月第一个星期二上午 10 点举行，约西亚·里奇菲尔德在抽签时抽

---

[1]　Wilford J. Litchfield, *The Litchfield Family in America: 1630 – 1900*, No. 22 Oaks Avenue, Southbridge, Mass., U. S. A., 1902, pp. 46–50.

到了第 133 号土地，尼古拉斯抽到了第 154 号，小约西亚抽到了第 40 号。[①]

　　自约西亚·里奇菲尔德从哥哥伊克斯皮尔斯和养父约翰·艾伦处获赠了遗产后，他便在经济上有了实力基础，在政治上有了公民地位。他活了 57 年，于 1707 年去世。在他人生中大部分时间里，他合法继承和被授予了大量的土地。从 1706 年起，他才开始真正购买土地。但值得注意的是，从 1673 年至 1695 年，没有任何土地分配的记录。这和当时新英格兰殖民地的大环境是一致的。自菲利普国王的战争结束后，新英格兰的城镇损失巨大。而当新英格兰被战争拖垮的时候，查理三世乘机打压马萨诸塞的殖民势力。1679 年，他把过去被马萨诸塞吞并的新罕布什尔变成皇家殖民地；1684 年，他废除《马萨诸塞宪章》。查理三世死后，詹姆斯二世横扫新英格兰殖民地，下令强行征收土地税，并限制召开市镇会议。此时，新英格兰殖民地和大英帝国已经处于严重对立状态。直到 1689 年，"光荣革命"的消息传到波士顿，威廉才给马萨诸塞颁发了一个新宪章，使其成为皇家殖民地，总督由国王任命，议会由财产拥有者选举，但议会提名须经总督批准，法律须经国王审查。从此，一个希望由上帝治理的政府，还是回到了世俗国王的手里。

　　但是，1688 年的"光荣革命"意味着 13 个殖民地获得了成功，从缅因到查尔斯顿，在绵延 1000 英里的海岸线上，沿海城市都已经建立起来了，向内陆一直延伸到瀑布线。当时绝大多数居民是英国人，有少数比例的爱尔兰人、荷兰人、德国人，那时的人口大约是 25 万，到 18 世纪，每隔 25 年人口就增加一倍。当时移民是少数的，主要是自然增长，到独立战争爆发前夕，人口已达到大约 225 万。

　　1693 年，约西亚·里奇菲尔德被选为巡警；1695 年，他被选为土地测量员，在那一年及以后的几年里，许多部门都是由他设立的。这也解释了，为什么从 1695 年至 1706 年，不断有土地授予给约西亚·里奇菲尔德。他最终成了大量土地拥有者和开发商，掌管着科哈塞特的土地公司。当

---

　　①　Wilford J. Litchfield, *The Litchfield Family in America: 1630 - 1900*, No. 22 Oaks Avenue, Southbridge, Mass., U. S. A., 1902, p. 47.

然，他不是唯一被法院和市政委员会授予土地的人，这是当时的整体趋势。授予土地的意义不仅在于它是公民的合法财产，更重要的是，在土地上的劳作和建设可以大大提高土地的价值。

有趣的是，通常当殖民地的地产被分出去时，卖方保留了永久收取少量年费的权利，这种年费被称为"免疫税"，这一权利在法律上是不可取消的，即使国王获得了土地权利，也会向他征收免疫税。而作为英国皇家殖民地，"免疫税"给了皇家总督一份独立的收入，从而减少了议会对当地财政的控制。但在新英格兰，这一制度从未执行过。新英格兰的情况特殊，新英格兰的土地所有者之间存在许多的边界纠纷，这自然使土地所有者对自己的所有权产生不确定性，从而导致他们联合起来寻求保护，并拒绝向土地所有者中的任何一方支付款项。

如下一段资料便证明了这一情况的存在：

> 韦茅斯的约翰·霍尔布鲁克，欣厄姆的彼得·培根和斯基尤特的约翰·威廉姆斯、伊斯雷尔·卡德沃斯、约瑟夫·怀特、约翰·布里格斯、纳撒尼尔·蒂尔登是未分割的"科哈塞特土地"的一部分所有者，作为原告，他们抱怨一份关于 1646 年的土地契约。原因是，被告约翰·蒂尔登、本杰明·皮尔斯、乔纳森·杰克逊、约西亚·里奇菲尔德等 17 人，作为另一部分有名望的"科哈塞特土地"所有者，拒绝与原告分割土地，忽视原告的请求，不服从分割土地的安排，导致原告损失了 300 英镑，而且不能享受应有的权利。原告和法院已经数次请求所有的被告，并施加一定的压力，但这些都是徒劳的，原告合理和公正的愿望没有实现，原告们因此受到了很大的伤害。①

1682 年 3 月 6 日，由于"科哈塞特土地"的业主之间没有协调好，因此这个案子被撤回了。

而另一条 1682 年 11 月 27 日的记录说明约西亚对这一控诉做出了回应：

---

① Wilford J. Litchfield, *The Litchfield Family in America: 1630－1900*, No. 22 Oaks Avenue, Southbridge, Mass., U. S. A., 1902, p. 45.

　　约西亚·里奇菲尔德和其他20人同意了当天举行的市镇会议上的一项建议，即解决"市镇与科哈塞特业主之间关于边界的长期冲突"。在这份协议中，他和其他人一起被称为"科哈塞特的邻居"。①

　　这一事件可能决定了约西亚·里奇菲尔德在当地的声望，人们相信他的正直和公正，在1696年和1700年的镇民大会上，他两次被选为陪审团成员。这说明，他在当时的社会中属于非常受尊重的人。

　　1707年，约西亚·里奇菲尔德去世后，约瑟·奥蒂斯、以色列·奇滕登上尉和约翰·布斯对约西亚·里奇菲尔德的土地财产做出了估价（见表2-3）。②

表2-3　约西亚·里奇菲尔德的土地估价

宅地、住宅、谷仓、篱笆、果园、50.75英亩高地和沼泽、6.5英亩盐草地	413英镑
农场狭窄部分的6.5英亩盐草地，叫"布切草甸"	52英镑
从约翰·霍尔布鲁克手中购买的2英亩草地	16英镑
在海滨树林的一块占地109英亩的"委员会土地"	390英镑
18.5英亩在科哈塞特的托马斯·索帕尔的土地	72英镑
一份雪松沼泽	3.1英镑
0.5英亩的小镇港口的草地	15先令
埃比尼泽·莫特家附近的1英亩37平方杆的高地	4英镑
考恩和柯蒂斯之间1英亩75平方杆的高地	7英镑
被以色列·科金的土地所包围的1英亩72平方杆土地	9.1英镑
占地10英亩的土地，坐落在海滩树林中，被称为"会议屋地"	15英镑
尼古拉斯在他父亲死后在科哈塞特占有的6英亩6平方杆土地	18英镑
科哈塞特的一份未分割的土地，占3/4	1英镑
尼古拉斯·里奇菲尔德的商店所在的33平方杆土地	1.05英镑
共计	803英镑*

　　注：*原文有误，应为1001.4英镑。

---

① Wilford J. Litchfield, *The Litchfield Family in America: 1630－1900*, No.22 Oaks Avenue, Southbridge, Mass., U.S.A., 1902, p.49.

② Wilford J. Litchfield, *The Litchfield Family in America: 1630－1900*, No.22 Oaks Avenue, Southbridge, Mass., U.S.A., 1902, pp.55-56.

表2-3共有200多英亩的土地，价值803英镑（应为1001.4英镑）。另外，还有一份约西亚·里奇菲尔德的财产清册（见表2-4）①。

表2-4　约西亚·里奇菲尔德的财产清册

钱包、服装和书籍	5英镑6先令11便士
卧室里有1张丝绸草床、1个床架、2条被子、1条毯子、1张被单、3个枕头	2英镑10先令
卧室里有一张羽绒床，床架下有地毯、床单、一条毯子、一个枕头和枕头套	3英镑10先令
一张丝草床和床上用品	1英镑15先令
床单、毛巾、桌布和其他亚麻布	3英镑
黄铜制的家用品	3英镑
铁器及家居用品	19先令6便士
陶器、玻璃瓶、沙漏、锡镴器具和汤匙	19先令
纺车、梳棉机、旧桶、肉桶和木器	2英镑9先令
武器和弹药；椅子、面包、枕头和桌布	2英镑4先令
甲虫环楔、谷仓门钩和铰链、铁质工具、木工工具	3英镑10先令
棉花、羊毛、亚麻和2个蜂箱	2英镑12先令
供应豆类、豌豆和谷物	12英镑8先令8便士
锁链、马具、牛轭具、熨斗和畜牧工具	1英镑19先令
干草	6英镑
牛	6英镑2先令
母马和小马	2英镑
羊、猪、箱子和旧木材	2先令5便士
沼泽边的200条栏杆	16先令
房地产的债务	1英镑5先令
居住的农场大约有50英亩的高地，还有14.5英亩的沼泽地，上面有房子	270英镑
24英亩的高地分成几个部分，斯基尤特的科哈塞特占地3.5英亩	50英镑
授予他的112英亩土地，在斯基尤特镇分配给他的几处公共用地	56英镑
雪松沼泽的一份地	1英镑
共计	439英镑8先令6便士

---

① Wilford J. Litchfield, *The Litchfield Family in America: 1630 - 1900*, No. 22 Oaks Avenue, Southbridge, Mass., U. S. A., 1902, p53.

在 18 世纪初，亚麻布、棉花、羊毛、书籍、刀叉餐具、陶器等属于奢侈品，殖民地绝大多数居民都是英国人，他们复制英国人生活的方方面面，贵族们对礼仪的重视高于对道德的重视。从"纺车，梳棉机，2 个蜂箱，供应豆类、豌豆和谷物"可以看出，他们基本上是自给自足的，而且食物种类比较丰富。"武器和弹药"说明他们的防御工事是以家庭为单位，这也能解释，为什么在美国独立战争爆发以前，北美殖民地有大量的民兵组织。

约西亚·里奇菲尔德的总资产在 1707 年大约是 1450 英镑。相当于 2019 年的 372674.08 美元。[①]

三　新的阶级分化和新教主义的削弱

尼古拉斯·里奇菲尔德是约西亚的二儿子，他从父亲的遗产中获得了 90 英亩土地，价值 178 英镑。这笔钱，加上市政府和"科哈塞特土地公司"的拨款，让他在房地产行业变得富裕起来，他通过明智地买卖又增加了财富，这使他成为斯基尤特最有名的市民，也是镇上和县里最富有的人之一。

斯基尤特的教堂、城镇和县的记录中显示，尼古拉斯·里奇菲尔德活跃在社区的所有公共事务和宗教活动中，被授予许多重要的、值得信任的职位。他做着制鞋的贸易，这在当时是很赚钱的事业。

1700 年前后，社会分裂明显加剧。18 世纪 30 年代末，移民中新的贵族已经形成了。一些有钱的新兴家庭也加入了绅士行列，成功地淡化了自己卑微的出身。休闲和财富独立是他们的普遍特征，他们模仿英国的时尚和品味，受过良好的教育，对文化活动感兴趣。他们认为他们生来就是领导者，带有一种高贵的责任感，而且他们理所当然地承担了对公共事务的管控责任。

尼古拉斯·里奇菲尔德无疑属于新的贵族，他投资土地买卖，做鞋的贸易，还在公共事务领域承担了重要的职位。

1708 年 12 月 15 日，托马斯·斯多克布里奇海军少尉、托马斯·特

[①]　https://www.uwyo.edu/numimage/currency.htm，最后访问时间：2019 年 11 月 1 日。

纳、尼古拉斯·里奇菲尔德被选上担任下一县法院的审判陪审团成员。

1710 年 3 月 15 日，尼古拉斯·里奇菲尔德被选为测量师。

1725 年 9 月 20 日，在市政会议上，市政当局选择尼古拉斯·里奇菲尔德、塞缪尔·斯托德、格肖姆·斯图特森和约瑟夫·库欣探员为市政委员提供建议，并协助他们铺设公路，以方便市政当局和居民，并与选管员一起划出合适的土地，以容纳市镇内的两座教堂，还辟设必要的坟地和训练场，在下一次市镇会议上进行汇报。

1729 年 5 月 19 日，镇上还选择了阿莫斯·特纳少校、尼古拉斯·里奇菲尔德先生和小约翰·库欣来讨论约瑟夫·克莱普先生关于改变越过黑塘山的一条路的请愿和请求。从这个时候起到他去世前的几年，尼古拉斯·里奇菲尔德几乎连续不断地在镇上的高速公路测量员委员会中进行选举，在划定边界、确定公共和私人道路以及地产的位置方面，他担任了许多重要的职务，在城镇土地的租赁账簿上也许能找到记录他的服务费用的条目。

1741 年 5 月 21 日，在一次法律会议上，斯基尤特镇发出警告，并在北会议室举行了会议。会议上选尼古拉斯·里奇菲尔德先生为他们服务，并代表他们出席周三在波士顿召开的全体大会，选举委员根据法律管理选举。

1738 年 5 月到 1742 年 5 月，他被选为家乡代表出席最高法院。《马萨诸塞湾殖民地众议院杂志》可在波士顿州议院的州档案馆查阅。在每届会议记录的开头是组成常设法院的成员名单。他的名字总是被冠以"先生"的称呼。

1742 年 3 月 25 日，据记录，他在这个议题上投了反对票："众议院是否会在 1742 年之前向财政部提供贷款"。这个议题被否决了。1740 年，他投票赞成约翰·科尔曼等人提出的发行纸币的计划，但计划没有通过。1741 年，他对这个议题投了否决票："任命一个委员会来讨论总督阁下和地方议会关于白银和制造业计划的声明和信件，并就此提出报告。"这个议题得到了通过。①

---

① Wilford J. Litchfield, *The Litchfield Family in America: 1630 - 1900*, No. 22 Oaks Avenue, Southbridge, Mass., U. S. A., 1902, pp. 83-85.

上述资料表明，18 世纪上半叶，北美殖民地城镇的公共交通及社会事业获得了极大的发展，整洁的路面、清晰的边界、公私分明的道路、土地的租赁成为城镇发展的必然条件，更加明确的私有财产及其附属权利得到了法律确认。尼古拉斯·里奇菲尔德在自己庞大的土地产业的基础上，还多次以官方代表的身份参与城市规划和土地测量，充分说明他是一个新兴贵族，并带着高度的贵族责任感。这份责任感是社会责任感，而非宗教责任感。他连续 4 年以家乡代表的身份出席最高法院，并讨论财政问题，可见他是乡绅中数一数二的人物。

访谈中提到骑马，这是另一条证明他是贵族身份的证据，后来在家庭文献中得到证实。他和父亲、兄弟都喜欢骑马。骑马狩猎是一种情趣、风度，是受欢迎的举止，是明显的贵族特征。在斯基特波镇的记录中，有对马耳上记号的描述。以下是老约西亚、小约西亚和尼古拉斯的马：

1692 年 5 月 23 日：约西亚的马的耳号是从右耳上切下来三角形的一块。

1694 年：约西亚，一匹黑色的马，从右耳上剪下了一块黑色的鬃毛。

1700 年：约西亚，一匹灰色的马，右耳上有个洞；

小约西亚，一匹深棕色母马；

尼古拉斯，一匹棕色母马，右耳有一处凹陷；

尼古拉斯，一匹马是铁灰色的，右耳上有个洞。

1701 年：老约西亚，一匹黑灰色的马，右耳上有一个凹陷的马头印迹；

小约西亚，一匹棕色的母马，前额上有一条白色长条纹，右后蹄是白色的，鬃毛是黑色的，剪掉了一些。[①]

下列马匹并无特别标记，分属于塞缪尔和尼古拉斯：

1719 年：塞缪尔拥有一匹铁灰色的母马。

---

① Wilford J. Litchfield, *The Litchfield Family in America: 1630 - 1900*, No. 22 Oaks Avenue, Southbridge, Mass., U. S. A., 1902, p. 48.

1720 年：尼古拉斯拥有一匹红色母马，它的脸是白色的。

1722 年：尼古拉斯，一匹额头上有星的黑色母马；

塞缪尔，一匹额头上有星的灰马，两只马蹄是白色的；

尼古拉斯，黑色母马，脸上有一部分是白色的。

1725 年：塞缪尔，栗色母马，前额有一颗白星，两只马蹄是白色的。

1726 年：塞缪尔，一匹有两只白色马蹄的红母马，可能和 1725 年的马一样。①

从马的数量可以看出，养这些马并非完全出于实际用途，而是一种展示和炫耀。这种爱好与当时的英国贵族阶级十分相似，里奇菲尔德家族的后代也对"马"情有独钟，这大概遗传自移民美国的祖先。爱德华·汤普森在《共有的习惯》中对 18 世纪英国拥有土地的乡绅这样叙述。

一个小村子、一个村庄、一个教区、一个市镇和它的腹地，整个一个郡的生活，可能围绕着猎苑中的大宅邸运转。它的客厅、花园、马厩和养狗场都成了当地社会生活的中心；在它的庄园办公室可交易农场承租权、矿业和建筑物的承租权，还有一所银行负责小额储蓄和投资；它的家庭农场固定地展示着最好的可行的农耕方法……它的律师办公室……提供对法律和汇票的第一流的保障；它的肖像画廊、音乐厅和图书馆成为地方文化的大本营；它的餐厅则成为地方政治的支点。②

这是前工业化时代的一幅乡村画卷，新英格兰殖民地的乡绅贵族的生活与之几乎完全相符。教堂、家庭农场和法院存在于任何一个市镇，与每一个市民密切相关，它们分别象征着人和神、人和土地，以及人和法律的关系，这三层关系可以称为美国社会中的"基本关系"。它从移民社会形

---

① Wilford J. Litchfield, *The Litchfield Family in America: 1630 - 1900*, No. 22 Oaks Avenue, Southbridge, Mass., U. S. A., 1902, pp. 48-49.

② 〔英〕爱德华·汤普森：《共有的习惯》，沈汉等译，上海人民出版社，2002，第 20 页。

成之初，到美国的建立，再到二战以后，都十分稳定地存在着，独立于家庭关系以外。

中产阶级以牧师、律师、医生、商人、下级官员、承包商和船长为代表，他们拥有个人财产，但地位明显低于贵族。但在法律上，他们享有一定的投票权。正是这群中产阶级领导了美国革命，在驱逐了那些曾经认为应该为国王而战的旧贵族之后，他们转而成为新的商人和工业贵族，从而获得回报。

下一个社会阶层是小农场主。乡村社会结构更粗糙，但政治立场更民主。农民从贵族乡绅那里租来土地，比平常人更富裕，也更保守。农民们努力维持生活，把物品拿到市场上卖，缺少用来支付税赋和免役费的现金。从缅因到南卡罗来纳，在瀑布线和山脉之间，有一大片这样的小农场主。他们比贵族有更多的共同点，北方的贵族是商业化的，南方的贵族是种植园化的。

值得注意的是，随着财富的增加，新英格兰的清教主义受到了极大的削弱，这种演变在北方最为显著，因为这里受宗教的影响最大，而皇家对马萨诸塞湾的控制加速了清教主义的衰落。这是 18 世纪移民生活中最重要的变化。1692 年，巫术歇斯底里地席卷马萨诸塞湾，迷信幻觉和私人恩怨交织，使数百名无辜的人遭到指控，其中有 19 人和 2 条狗被处以绞刑。正因如此，民众对巫术的反感加剧，到 1700 年，世俗利益开始慢慢地取代宗教利益。这种变化在新英格兰最明显。关于这种反感，在 1738～1742 年尼古拉斯·里奇菲尔德出任最高法院法官时的宣誓中，有很好的说明：

> 我真诚地承诺并发誓，我将忠诚于乔治二世国王陛下。上帝保佑我。
>
> 我发誓，我从我的内心厌恶、憎恨、放弃不虔诚的异端邪说、诅咒的教义和地位，那些被教皇或罗马教廷的任何权威驱逐或剥夺权力的王子，可能会被他们的臣民或其他任何人废黜或处死。我明确声明，在大不列颠境内，任何外国王子、个人、教士、国家或当权者都不具有或不应当具有任何管辖权、优越性、卓越地位或权威、排他性或灵性。

　　我在上帝面前庄严而真诚地宣誓、作证并声明：我确实相信，在主的圣餐礼中，没有任何面包和酒的元素转化为基督的身体和血液。对圣母玛利亚或其他圣人的祈祷或崇拜，以及弥撒的献祭，如现在罗马教会所使用的，都是迷信和偶像崇拜；我在上帝面前庄严宣誓，作证并声明，我的声明和其中的每一部分，都是按照英国新教徒所读给我听的普通意义上的词语，没有任何逃避、含糊其词或思想保留，没有教皇或任何权威或任何个人为此目的授予我任何豁免，我也不认为我在上帝面前可以被无罪释放，不认为我可以免除本声明或其中任何部分，除非教皇或其他权力废除该声明，或宣布它从一开始就无效。

　　我真心实意地承认、作证并在上帝和世人面前以我的良心声明，我们的主君乔治二世是这个王国和所有其他陛下领土和国家的合法、公正的国王；我郑重而真诚地宣布，我确实相信我的良心，詹姆斯·弗朗西斯·爱德华·斯图亚特在已故的詹姆斯国王在世时，以及在他去世后，假装是威尔士亲王，并自封为英格兰国王，以詹姆斯三世的名义，或以苏格兰詹姆斯八世的名义，或大不列颠国王的名义。他没有任何权利来统治这个王国或任何其他属于它的领土。我拒绝他的请求，并发誓不效忠他，也不贬低他。我发誓，我将忠诚于乔治二世国王陛下，尽我所能保卫他，反对一切针对他本人、王冠或尊严的背信弃义的阴谋和企图；我将尽我最大的努力，向陛下和他的继任者揭露和告知所有我所知道的反对他或他们任何人的叛国和背信弃义的阴谋；我真诚地承诺，尽我所能支持、维护和捍卫王位的继承，反对詹姆斯党人，即通过一项有权进一步限制王权的法案进行继承，仅限于汉诺威的索菲娅公主、女选民和公爵夫人遗孀，而她的继承人是新教徒。所有这一切，我都明白而且真诚地承认并发誓，都是照我说过的这些话来做的，都是照这些话的明白而平常的意义来做的，没有任何含糊其词的推诿和秘密的保留。我真心诚意地、心甘情愿地承认一个基督徒的真正信仰。上帝保佑我。①

---

① 　Wilford J. Litchfield, *The Litchfield Family in America: 1630 - 1900*, No. 22 Oaks Avenue, Southbridge, Mass., U.S.A., 1902, p. 92.

在新英格兰殖民地初建之时，它是一个正义政府的实验，其目标是成为一个由上帝治理的政府，其原则来自圣经中神圣启示的训诫。也就是说，神权政体是有别于英国政体的，它不是由国王治理的，而是由上帝治理的，它参考的依据不是英国传统，而是圣经中的启示。但是，在誓言中，尼古拉斯·里奇菲尔德声明效忠于英国国王乔治二世，维护皇室的利益，这是世俗利益取代宗教利益的表现，也是贵族阶级思想的典型体现。

世俗主义的发展导致新教神学走向截然相反的两派：一派是知性主义倾向，一派是反知性主义倾向。前者遵循哥白尼和牛顿提出的关于宇宙的新科学观点，拒绝加尔文严厉而专横的神性。他们就像曾经自我发现的希腊人一样，强调在自身中寻找真理，而不是在启示中寻找真理。自由意志增强了，宿命论的影响减弱了。由于找不到关于罪和不朽存在的证据，这种关于上帝的新观点被称为自然神论。宇宙被看作一个非人格化的神的造物，神制定了法律来统治它。18 世纪中叶以后，这种观点在北美殖民地的刊物上得到表达，并被大量受过教育的人接受，其中许多人后来成为这个新国家的开国元勋。他们极端狂热地强调感性的宗教，并灌输给未受教育的群众，这些人无法理解科学和智力的重要性。这一运动与欧洲大陆的福音运动和英格兰的卫斯理教派复兴运动相呼应。马萨诸塞的乔纳森·爱德华兹是最出名的殖民地神学家和哲学家，也是一个坚定的加尔文主义者。他宣讲了一个复仇心切的上帝，决心要把有罪的人送到永恒的折磨中去，认为只有通过个人的悔改和皈依才能摆脱上帝的愤怒。这些都是群众能够理解的感性的、个性化的术语，其结果是"大觉醒"。在 1734 年之后的一代人中，"大觉醒"从马萨诸塞向南横扫，并向西部边疆挺进。

贵族们通常支持旧的神学，即使他们自己可能不信。他们认为道德戒律和宗教的恐怖是维持群众秩序的必要条件，为教会的权力而斗争，就是加强自己的政治控制力。在科顿·马瑟的领导下，贵族试图通过建立更严谨的长老会制度来取代松散的教会组织公团制度。但是，新英格兰神权政治已经腐朽了，他们只能减缓神权政体的衰退，却避免不了它的灭亡。清教徒的正直节俭特征与掠夺印第安土地的残暴行径事实上影响了早期移民的精神信仰，教派分裂不可避免。

约翰·怀斯牧师反对神权政体，他以自然权利为基础，巧妙地捍卫了教会的民主，同时证明了民主在政治政府中的优越性。约翰·怀斯对塞缪尔·亚当斯的思想有重大影响，亚当斯是美国革命家中最民主、最有影响力的人物之一。宗教差异的碰撞对美国的未来发展产生了重大影响：一是教派的增加打破了国家教会对宗教的控制，多元化使宽容成为必要；二是宗教中的理性主义倾向激发了各教派对高等教育的兴趣；三是复兴主义运动唤起了基督教徒的兄弟情谊，这是一种强大的人道主义影响。其结果是美国社会中产生了相互矛盾的心理：一方面播下了尊重知识和教育的种子，另一方面使情感主义进入美国人的生活。这就是为什么，美国既强调"彻底的个人主义"，又有禁止堕胎和禁酒的法令。看似矛盾的现象背后，实质是个人主义和社会压力在宗教中衍生出了不同的路径。

第三章　白人的殖民开拓：移民后的
里奇菲尔德家族

在第二章中我们研究了早期来到美国东部的移民，集中探讨了来自英国的里奇菲尔德的祖先，包括他们获得的土地和生活的改变，我们再现了这个家族的历史源头，提出了土地是美国社会制度建立的基本经济动力，当东部土地资源减少的时候，开拓西部就是必然的。

最初，新英格兰的城镇建立在教区主教授予教会的土地上。但是，1725 年，这种情形发生了转变，土地被发放给投机商，其结果是使债权人和债务人之间、沿海与内陆之间的矛盾日益深化。新英格兰的土地类型决定当地居民只能经营小农场，以从森林和海洋中获取食物为生，而小农场生产的农产品也只能勉强维持经营者的家庭所需。可供出口的是马、苹果和一些家庭用品。无能力获取足够土地的人或者根本没有土地的人，只能选择离开新英格兰。这些人被称为"拓荒者"，他们一路向西，所到之处，都为美国历史书写了新的一笔，他们向太平洋沿岸迁徙的足迹，历史上称为"西进运动"。

"西进运动"也带来了"移动的边疆"。边疆与非边疆的分界线是一些天然的边界线，弗里德里克·杰克逊·特纳在《美国边疆论》中指出："17 世纪标记边疆界线的是'瀑布线'，18 世纪是阿勒格尼山脉，19 世纪头 25 年是密西西比河，19 世纪中期是密苏里河，现在的分界线则是落基山脉一带和干旱地带。每块边疆都是通过一系列与印第安人的战争赢得的。"[①] 瀑布线和山脉之间的山麓地区是皮德蒙特，也是拓荒者在冲破高山障碍、向太平洋进发前的心理准备地，皮德蒙特地区也被称为"老西部"。

---

① 〔美〕弗里德里克·杰克逊·特纳：《美国边疆论》，董敏等译，中国对外翻译出版有限公司，2012，第 7 页。

事实上，美国的"西进运动"就是一场对原住民的侵略，是在国家边界不确定的情况下，对周边地区和族群的殖民，当这场野蛮的西部土地开拓结束后，美国也就建立起来了。然而，这种违背正义的发展终将受到谴责和批判，正如今天发生在美国的反种族歧视运动一样。让我们记住那段历史。

边疆的开拓在时间上发生得很早。"在 1725 年末，商人们跟随特拉华州和沙瓦尼斯的印第安人来到俄亥俄州。弗吉尼亚州州长斯伯茨伍德在 1714 年进行了一次探险，越过了蓝岭（Blue Ridge）。在 1725 年末，苏格兰-爱尔兰人和法耳次〔茨〕的德意志人，沿谢南多厄河谷向北进入弗吉尼亚州的西部以及南、北卡罗莱〔来〕纳州的皮德蒙特地区。纽约的德意志人将他们定居地的边境线推进到莫霍克河上游，建立起德意志州。在宾夕法尼亚州，贝德福德镇是边境线。很快在新河（或者叫康纳华河），在雅德金河源和法兰西布罗德，开始了殖民地的开拓。"① 阿巴拉契亚山脉的印第安人的敌意使"西进运动"推迟了整整一代人，但最终仍未能抵挡住横扫西部的大军。

老西部与东部殖民地形成了长期矛盾的双方。拓荒者由于面临相似的自然环境和相似的困境，他们比东部沿海殖民地更加像一个整体。笔者认为，他们的团结首先源于面临共同的危险，即印第安人的"虎视眈眈"；其次，他们想方设法地快速合法占有大量廉价土地；最后，为了保证经济来源，必须向沿海运输毛皮、面粉、人参和木材产品，但山路泥泞，产品沉重，运输费用太高，运出的商品根本不足以支付税款和运费，他们没有足够的钱购买工具、火药、盐和其他必需品，产生了长期债务。由于没有多余的资金来支持学校和神职人员，拓荒者的第二代得不到文化教育。因此，唯一的解决办法是自治，从而合法征税，实行土地政策，改善交通，但这一点遭到东部殖民地的坚决反对。从此，国王、东部殖民地和老西部三个角力者在政治上互相争斗，直到独立战争爆发，海岸和内陆联合起来把国王赶出了这个国家。

---

① 〔美〕弗里德里克·杰克逊·特纳：《美国边疆论》，董敏等译，中国对外翻译出版有限公司，2012，第 4 页。

第一节 贪婪的土地掠夺

一 边疆线第一次推进的背景

拉尔夫·里奇菲尔德在访谈中说：

> 尼古拉斯·里奇菲尔德靠土地投资发家致富，在法院担任重要职务，同时被选为行政委员和评税主任，负责划定土地边界和分配土地。他也曾在马萨诸塞最高法院宣誓效忠于英国国王乔治二世。

毫无疑问，他属于绅士党派。1703~1750年，他在普利茅斯县和温德姆县有大量的土地交易记录，并向教会捐赠土地。在他离世时，仍有大量遗产留给了他的7个儿子（见表3-1）。

老尼古拉斯把普利茅斯县的土地分给前五个儿子，把温德姆县的土地分给了后两个儿子，并指定前五个儿子给后两个儿子支付一定数额的现金。虽然约翰和以色列得到了480英亩土地，但普利茅斯县开发更早，所以其土地价值要远高于未开发的温德姆县，为了平衡兄弟获得的遗产，老尼古拉斯便让其他兄弟以现金的方式进行补偿。

老尼古拉斯拥有一部分加拿大的土地，这恐怕得益于西班牙王位继承战争。1700年，英国、荷兰与奥地利结成同盟并乘机与法作战，哈布斯堡王朝的神圣罗马帝国也鼓动德意志诸邦与丹麦、瑞典加入反法同盟。后来由于同盟内部的分歧和法国在西班牙地位的稳固，各国不得不妥协，终于，在1713年4月，英国和法国在荷兰的乌得勒支签订和约。英国在和约中受益最多，在北美，根据第10款至第13款，法国放弃对英国哈得孙湾公司在鲁珀特、纽芬兰和阿卡迪亚地区领地的要求。鲁伯特的土地本在加拿大的掌控之下，现在毫无争议地交给了哈得孙湾公司。而投机商通过哈得孙湾公司便可以获得土地。

在职业选择方面，老尼古拉斯的儿子们有三种倾向：一是从政，如担任评税主任、公路测量员、巡警等；二是从商，如土地投资；三是务农和从事手工业，如成为铁匠、鞋匠。但值得注意的是，务农和当地主在北美

表 3-1 尼古拉斯·里奇菲尔德的遗产分配

姓名	个人遗产	分享遗产 1	分享遗产 2	分享遗产 3	职业	参战
约西亚		平均分配在四草海滩树林的所有土地，沼泽地的两份股份，所有的盐田草甸。各向母亲每年支付 15 英镑，各向约翰和以色列支付 173 英镑 6 先令 8 便士，各向以利沙支付 240 英镑土，各向露丝支付 20 英镑			自耕农，鞋匠，铁匠，土地投资商	参加法国—印第安人战争
小尼古拉斯	他现在的住宅和仓，2 英亩地				公路测量员，巡警	
以撒					自耕农，大地主，投机商	参加法国—印第安人战争
以利亚撒	5 英亩地，包括他现在的住宅和果园	平均分配榆树林和马场草地，林地，沼泽。每年各向母亲支付 15 英镑，各向约翰和以色列支付 40 英镑，各向苏珊娜支付 250 英镑，各向以利沙支付 240 英镑，各向露丝支付 20 英镑	平均分配所有现金，债券和票据，账面债务，均分所有牲畜和户外活动用品		公路测量员，巡警，战后通信，检查和安全委员会会员	把所有儿子送到了独立战争的战场，自己积极参与城镇中一切有关独立战争的活动
托马斯	父亲住宅的一半，果园、1 英亩的仓			所有由最高法院授予加拿大人的土地	教会事务的活跃分子，选区评税主任，警察，公路测量员	为了向大陆土兵提供补给，他作为家子，他作为委员会成员同意了最高法院的一项法案，但一个月后辞职
约翰		均分在康涅狄克州温德姆县玖特伯雷市的 480 英亩土地和 300 英镑	接受来自兄弟约西亚，小尼古拉斯的 173 英镑，接受来自兄弟以利撒亚和托马斯的 40 英镑		自耕农，公路测量员，受人尊重的市民	
以色列					公路测量员，土地投资商	

资料来源：参见 Wilford J. Litchfield, The Litchfield Family in America: 1630–1900, No. 22 Oaks Avenue, Southbridge, Mass., U. S. A., 1902。此表格系笔者整理。

独立战争以前并不矛盾，几乎所有的地主都会下地干活。杰斐逊总统领导完革命战争以后，还是回到自己的庄园务农，并且是农业学和园艺学的专家。这和美国人的意识是分不开的，在美国，农民和地主没有截然对立，他们痛恨封建社会下的土地制度，不希望有一个高高在上的政府，认为耕种自己家的田地其实是独立自主的象征，身为总统的杰斐逊更要以身作则。因此，尽管尼古拉斯的儿子们从事看似不同阶级的职业，但实质并无阶级之分。相反，他们掌握了资源，是老殖民地中的既得利益者。

另外，以撒和约西亚参加了 1754～1763 年的法国—印第安人战争，实质是英法在北美争夺俄亥俄土地的控制权，1756 年战争扩大到世界范围，成为七年战争的一部分。

早在 1670 年查尔斯顿建立时，英国商人就给查尔斯顿湾平原带来一场经济革命。商人用货物换取土著鹿皮出口到欧洲，并把奴隶带到卡罗来纳、新英格兰或加勒比群岛劳动。为了获得奴隶，商人们使印第安人各部落互相争斗，每一个被掳的人的背后都是几个土著的生命，最终导致查尔斯顿成为北美地区最兴盛的印第安人贸易转口港。这不是拓荒者造成的，而是英国官方阶级刻意为之。过度捕猎导致了毛皮的供过于求，毛皮价格跌至崩溃的边缘。英法开始争夺毛皮的垄断地位，从而使赢家能够主导价格水平。1673 年，法国决定在密西西比河切断英国人的毛皮贸易，把他们的贸易限制在沿海地区，这导致英法贸易斗争的开始。1679 年，法国在密西西比河建立了殖民地，密西西比河成为毛皮和法国制造品的重要运输通道。这些船是简单的木板或独木舟，一头用绳子拴上，用蛮力拉着逆流而上。不久，法国人的贸易就扩展到了得克萨斯。在北方，英国的哈得孙湾公司和法国人争夺控制权。由于法国在西班牙王位继承战争中失去了欧洲霸主地位，最终《乌得勒支和约》签订。

自从《乌得勒支和约》签订以后，英国、法国和西班牙在北美确立了均势。但是，没过多久，大英帝国在世界各地，尤其是北美 13 个殖民地的经济实力大增，威胁到这种平衡。英国北美殖民地的建立比其他国家晚，但它是最先达到经济和政治成熟的。这主要得益于以下几个原因。第一，英国人的本性以及他们的法律制度。殖民地之所以自治，是因为他们是英国人，他们希望自己管理事务。与英国本土的距离，加上英国自身陷入欧洲战争，使他们更加自力更生。同时，自由的土地政策促进了广泛的繁荣，迫使城镇雇主提高工人的工资以留住他们，确保了一个生产关系相对平稳的社会。第二，13 个殖民地的地理位置、气候和土壤条件都非常有利。它们在加勒比海和欧洲之间的地理位置使它们具有商业战略地位，它们的气候对企业的发展有推动作用，它们的农产品和林产品为其经济实力增长提供了坚实的基础。第三，1696 年的《航海法案》维护了英国通商口岸的绝对利益，它规定帝国内的贸易必须使用帝国船只进行运输，外国船只只能在爱尔兰的港口停靠，而且不得运输海外产品。烟草、大米、海军物资和木材、海狸皮、糖、染料和其他在美洲生产的产品必须先在英国上岸，然后才能寄给外国买家。欧洲运往海外的货物也必须经过英国。英国通过建立一套控制、奖励和回扣的统一体系，来实施重商主义下的经济规划。结果，在 18 世纪前 1/3 的时间里，英国从北美殖民地进口的产品远远超过其销售的产品，但英国向欧洲大陆出口的糖和烟草等主要产品所带来的利润远远弥补了这一差额。

里奇菲尔德家族文献记载，1740 年，新英格兰的征兵潮爆发了，殖民地议会发表了很多演讲。约西亚和以撒报了名，士兵们敲响了鼓，喝了许多朗姆酒。但历史证明，新英格兰的参战热情似乎也是在酒精的刺激下产生的，虽然入侵了佛罗里达，围攻了圣奥古斯丁，但无果而终。"他们向乔治国王展现了一次成功的殖民冒险。1745 年，新英格兰殖民地提出要夺取法国人保卫的圣劳伦斯河的路易斯堡，谨慎的乡绅们惊呆了，本·富兰克林嘲笑说：'有些人似乎认为堡垒和鼻烟壶一样容易被人夺走。'但一群清教徒和一个名叫威廉·帕珀雷尔的乡村商人依然领导了一批乡巴佬和渔夫，喊着'拿下路易斯堡'的口号，包围了法国军队驻守的路易斯堡。整个过程是在酒精作用下的狂欢。1748 年，由于新英格兰人的不满，路易斯堡又归还给了法国。"[1]

新英格兰殖民地的参战情绪是错综复杂的。他们大部分人拥有相当的土地资产，其中有许多新贵族。他们一方面显示出对国王的忠诚，一方面对正在发生的战争有敌对情绪。原因有三。一是海岸地区保守的孤立主义

---

[1]　Leland D. Baldwin, *The Stream of American History*, Pittsburg: University of Pittsburg Press, 1952, p. 211.

者担心在西部定居后的政治、经济和社会影响，战争一旦爆发，他们就和胆小畏葸之徒一起阻止发动战争，因为战争的胜利必然导致扩张。此外，在一个世纪内，13个殖民地奉行分离主义，分裂是其最大的弱点。二是英国政府也认为北美殖民地应该帮助他们支付战争费用，而殖民地确实提供了大量的部队和物资，但粮食消耗巨大，军粮供应难以维持。因此，殖民地坚持通过发行法定货币来支持战争，然而，通货膨胀带来了囤积居奇、牟取暴利、物资短缺，还引发了债务人和债权人之间的矛盾。为此，北方殖民地拒绝放弃他们与加拿大和法属西印度群岛的贸易，并以各种理由继续这种贸易。海关官员不得不联合起来制止这种叛国贸易，导致殖民地的怨恨情绪高涨。三是英国丝毫不考虑殖民地人的感受，一位英国将军将北美殖民地的士兵形容为最坏的渣滓，没有将他们当成正规军对待。国王的官员们傲慢残暴，令殖民地的军官们和百姓深恶痛绝。这一点为日后的美国独立战争埋下了种子。

关于俄亥俄土地争夺战的经过，美国各种历史文献中也有记载。1754年，法国人占领了"俄亥俄河的支流"，同时，弗吉尼亚的毛皮商人在该地安置了数千名移民，并建立了主要据点，加拿大总督将其命名为"杜肯要塞"。年轻的乔治·华盛顿上校率领300名弗吉尼亚人开辟了一条翻山越岭的道路，却在"福特尼斯蒂"被法国人包围，一旦投降，他们将被耻辱地送回弗吉尼亚。

此时，英国和法国在北美各具优势。1755年，13个殖民地共有约150万人，新法兰西只有6.5万名欧洲人。英国殖民地在农业上自给自足，在制造业上发展良好；法国人勉强维持生计，完全依赖法国的商品。英国人有1000英里的防御线，密集的人口可进行纵深的防御；而新法兰西和路易斯安那之间有一条月牙形的线，从魁北克到新奥尔良约2000英里，只有水路和森林小径可以穿过。英国人是自治的，但13个殖民地互相监督，内部纷争不断，1754年，本杰明·富兰克林在奥尔巴尼会议上，曾提出联合计划来解决这个问题，但殖民地官员和英国王室都反对这个计划。为了逃避开支和责任，殖民地把防御的重任推给国王，而自己却坐收战争渔利；法国人绝对服从权威，人民吃苦耐劳，聪明伶俐，普遍服从命令，可统一指挥。

因此，双方都不愿意主动开战，华盛顿和法国军队僵持着。英国人提出，如果法国人在芬迪湾做出让步，他们就接受以阿巴拉契亚山脉的顶峰作为西部边界，但法国人拒绝了。1755年，英国在第一场战斗中失败。攻打杜肯要塞是一场灾难，英军损失了2/3，华盛顿被迫撤退。在一旁观望的印第安人也加入了法国人的队伍，袭击了英国人的据点。对于印第安人而言，北美拓荒者对他们的生活方式构成了最大的威胁，法国的毛皮商人则威胁最小。1756年，法军虽然乘胜追击，但华盛顿在边境成功地进行了防御。1757年，英国战争部长扭转了局势，替换了无能的将军，输送了大量的补给品。在战术上，英国指挥官纷纷效仿华盛顿，与印第安人进行小规模作战。1758年，英军攻陷路易斯堡和杜肯要塞，法国在俄亥俄河谷的势力衰落。1759年，英国在各个殖民地取得了一系列胜利，军事天才、法军统帅蒙特卡姆侯爵阵亡，那是法国在美洲的末日。

1763年，法国几乎失去了在美洲的一切，只剩下几个零散的岛屿和港口，英国在北美、非洲和印度占据了统治地位。法国割让了加拿大，西班牙割让了佛罗里达，英国得到了密西西比河以东的整个北美洲，除了奥尔良周围的地区。经过两个多世纪的努力，法国在美洲只剩下纽芬兰的两个小岛。

从俄亥俄土地争夺战可以看出，美洲的土地从一开始就是各方势力的战利品。英国的胜利使其殖民地的边界线向西推进，为移民的西部拓殖打下了基础。

二 向西部拓殖

"西部，作为社会组织的一个阶段，始于大西洋沿岸，横跨北美大陆。但殖民浪潮席卷的区域与'旧世界'有着千丝万缕的联系，于是很快便失去了西部特征。"[1]"西部"和"边疆"两个词经常随意使用，边疆往往就失去了原有的含义。因为，"边疆"是荒野和文明交界处的推进线，是一条宽阔的、锯齿状的地带或边界，是一个开放和冲突的地区，印第安人、商人、猎人、牧人、矿工和第七骑兵团在那里争夺控制权。西部地区人烟稀少，农业发达，政治活跃，有时受到印第安人的威胁。它产生了自己的

---

[1] 〔美〕弗里德里克·杰克逊·特纳：《美国边疆论》，董敏等译，中国对外翻译出版有限公司，2012，第36页。

利益，与"旧世界"的利益不同。北美殖民者向西部开拓的步伐让边疆不断变成内地，边界线不断推进，让殖民地扩展到整个北美大陆，当西部地区和东部地区都在英国殖民统治之下后，北美殖民者和英国统治者的利益冲突反而加大了，东西部的共同利益得到了加强，原有的西部就不再是独立存在的了，而新的西部又会产生。

弗里德里克·杰克逊·特纳在《美国边疆论》中引用了佩克1837年著《新西进指南》的一段文字，认为向西部拓殖的移民可分为三大人群，分别是拓荒者、企业主资本家和当时正在向西进军的第三批人。其实，在第一批拓荒者中，就有三个阶层。首先是与印第安人进行毛皮贸易的商人，他们中的一些人与印第安人通婚。其次是在弗吉尼亚边远地区放牧野牛和野马的牧场主。最后才是农业移民，他们搭建一个简陋的小木屋，用栅栏围起十几英亩土地，就是一个菜园子。他们不需要交租金，和"庄园主"一样独立自主。随着他们的邻居越来越多，道路、桥梁也越来越让他苦恼，他们就把小木屋和玉米地卖给下一批移民，然后拿上本金，钻入下一个密林。

在访谈中，里奇菲尔德谈道："廉价的土地是吸引移民的主要因素，但对荒野自由的热爱，也使各种族中不安分、爱冒险的人前往西部。曾有一位去了西部的先驱者说，他在西部感觉到某种复活，觉得自己是一个人，像人一样被对待。"笔者认为，当时西部这片自由的土地是一个任人冒险的社会，每一个人，不管来自哪里，都必须首先学会适应这片土地。对不同的利益群体而言，这片土地都能满足他们的需要。从穷乡僻壤中出来的旅行者可以看到绝美的风景；沿海地区的贵族有大片土地可以购买；即使是肮脏和懒惰的流浪汉，他们被"旧世界"遗弃，却也被这片新土地无条件地接纳。他们不再是英格兰人、苏格兰人、德国人，甚至不是宾夕法尼亚人、弗吉尼亚人，而是新来的美洲人。他们住在木屋里，吃的是丰盛而简单的食物，养育着大家庭，去不去教堂随自己的心意，他们认为一个人的价值取决于他自己，而不是他父亲的头衔或财富。

西欧人的祖先从森林中走出来，建立了城镇和城堡，现在他们又开始培育拓荒的热情了。这是一个自由的社会，虽然拓荒者是半野蛮的，但他们以摆脱束缚而自豪，并与所有要求他们服从的规章制度进行艰苦的斗争。他们公开反抗地主和佃户，擅自占有他们发现的肥沃山谷，但是，在屠杀抗议他们的高压统治的印第安人的时候，他们也完全问心无愧。笔者认为，他们秉持着内容广泛而深刻的加尔文主义，认为"土地属于赋予它价值的人"，这个"人"指耕种者，而不是牧民、猎人或投机者。移民们看到印第安人和土地投机商拥有大片荒野，心里会想："有这么多基督徒希望靠耕种土地来养活自己，却有这么多土地被闲置，这是违背上帝和自然的旨意的。"他们憎恨印第安人，因为印第安人依赖狩猎，试图阻止白人夷平森林；他们憎恨土地投机商，因为投机商占用大片土地并非为了开垦，而是以出让升值的土地作为自己的收入来源，过去这种憎恨长期被封建社会压抑，但现在他们可以理所当然地反抗了。

虽然弗吉尼亚的潮水域贵族仍然把持着市民议会，但权力中心很快转移到了皮德蒙特。随着经济的繁荣和责任感的增强，老西部逐渐失去了它的拓荒性。皮德蒙特有更少的大种植园和更多的独立农民，农民们满足于种植他们的粮食，他们制作自己的衣服和威士忌，用内地的铅铸造自己的子弹，用内地的铁锻造自己的工具，除了火药，他们几乎不依靠英国。"只要自由土地存在，发挥能力的机会就存在，而经济实力决定了政治实力。"①

皮德蒙特的老西部人把七年战争看作一场争夺更多农田的战争。因为战争一旦胜利，就意味着有更多的拓荒者可以进入阿巴拉契亚山脉西面的肥沃山谷。皮德蒙特的生活有它的优点，但它的农业生产方式造成了巨大的浪费，过了一代人的时间，它就遭到水土流失的影响。皮德蒙特不能容纳所有的来客，早在18世纪30年代，人口的压力就已经冲破了蓝岭屏障，人们涌进了大峡谷。在美国独立战争之前，边界外的商人或与印第安人讨价还价，为自己争取最好的洼地，或充当东部投机者的代理人。老西部的人也乐于利用资产升值的机会变卖家产，摇身变为企业主、资本家。到1750年，自称的土地公司有20多家，它们都积极寻求西部土地的开发。土地投机几乎是有钱人的当务之急，显赫的商人和种植园主都参与其中。而"东部一直都对边疆无序推进所产生的后果感到担忧，并试图抑制和引

---

① 〔美〕弗里德里克·杰克逊·特纳：《美国边疆论》，董敏等译，中国对外翻译出版有限公司，2012，第28页。

导它……然而，想要抑制边疆推进并引导其命运的，并不只是英国政府。弗吉尼亚的潮水域地区和南卡罗莱〔来纳〕州也不公正地对殖民地选区重新划分，以使海岸选区在议会中占优势……美国看到人口在密西西比河岸蔓延并不高兴，反而感到恐惧"。① 东部旧殖民地的绅士们抱怨西部总是消耗沿海地区的人口，从而不得不提高沿海的工资待遇。

老西部和沿海之间的斗争在卡罗来纳地区最为严重。这里住着形形色色的人，边疆环境对商业信用缺乏、滥发纸币和骗人银行产生了怂恿性的影响。② 其中最为严重的是，沿海的土地投机者以高昂的价格出售土地，同时，地方官员还收取了高额的法律费用。1765 年，北卡罗来纳成立了"监管协会"，旨在降低法律费用和土地价格。但"监管协会"试图中断法庭会议，阻止法庭没收未缴费的农场，导致 1769 年"监管协会"被北卡罗来纳的总督特里翁废除。这使沿海绅士党和老西部的矛盾升级，绝望的监管者们诉诸暴力，而特里翁于 1771 年镇压了这次改革运动。

七年战争后，法国人被驱逐出美洲大陆。这对印第安人来说是一场灾难，因为英法平衡是印第安人得救的希望。占领西部的英国外交官向印第安人赠送了大量的食物和贸易品，并承诺说他们不是来定居的，但渐渐地，礼物不送了，一个吝啬的政府原形毕露；英国商人恢复了之前的欺骗行为；英国农民的斧头在阿巴拉契亚山脉西侧的莫农加希拉低地敲响，第一个说英语的永久定居点在那里兴建；猎人们屠杀成千上万的鹿和水牛以获取毛皮，印第安人掠夺猎人的财物并命令他们离开，冲突不可避免。1763 年，庞蒂亚克酋长领导印第安部落联合起来进行绝望的抵抗，杀了大多数定居者和驻军。1764 年，英军击败了德拉瓦人和肖尼人，并在俄亥俄的荒野实现了和平，印第安人被迫放弃维护自己的生存权利。

三 富饶与浪费

"美国社会突出而不寻常的特点就是，它更像一个公司，而不仅仅是

---

① 〔美〕弗里德里克·杰克逊·特纳：《美国边疆论》，董敏等译，中国对外翻译出版有限公司，2012，第 30 页。
② 〔美〕弗里德里克·杰克逊·特纳：《美国边疆论》，董敏等译，中国对外翻译出版有限公司，2012，第 29 页。

一个民主社会，它的宗旨是发现和开垦广阔的国土，然后将其资本化。"①
对美国人而言，土地从一开始就是商品。对于旧大陆的民族来说，土地意
味着家乡，意味着那份独特的情感；然而，在美国却不是这样。

北美大陆丰富的自然资源极大地影响了美国人的心理，最明显的是占
有"无限资源"的意识。直到20世纪前夕，美国人还不能真正理解他们
的自然资源是有限度的。他们认为没有理由节约木材或矿物，就像瀑布边
的园丁没有理由节约用水一样，矿产和木材等财富被认为是取之不尽用之
不竭的。拓荒者们面临的诱惑不可抗拒，他们有一种强烈的渴望，要征服
自然，使它恢复秩序、变得有用。

在田野调查中，笔者发现一个被今天的人忽略的历史事实，这在与里
奇菲尔德的探讨中得到证实：在西部拓殖的过程中，人们其实掩盖了这样
一个事实——失败多于成功。由于农业生产方式造成的巨大浪费，出现了
严重的自然资源流失。山丘被侵蚀，水位下降，沼泽和海岸被污水和工业
废料污染，人们不顾后果地争夺和攫取资源，更不必说各次战争摧毁的资
源。但由于美国资源丰富，逃离往往比解决更容易，因此长期的拓殖历
史，使美国人养成了逃避问题，而不是努力去解决问题的习惯。因为他们
认为，永远还有更多的自由土地在前方等着他们。

清教主义崇尚节俭，但在美国，节俭的理想和浪费的习惯一贯是矛盾
的。欧洲人生活在物资匮乏的社会中，不得不储蓄。这不仅是因为基督教
的教义，尤其是加尔文主义，更重要的是，发展中的资本主义发现，储蓄
对于购买机器、原材料和交通设备至关重要，而被美化的节俭则是通向财
富和赢得社会尊重的道路。然而，在美国，那些崇尚节俭的人发现自己被
那些急于致富的人出卖了，那些扔掉废物并砍伐更多树木的伐木工比那些
节俭地进行废物利用的伐木工出价低，那些挑拣好矿石的矿工比充分利用
低质矿石的人卖得便宜，那些希望慢慢泵油的石油工人发现，他的对手在
他的边界附近打井，把他的油抽干。无限资源的意识把节俭的概念打败
了。大自然源源不断地提供物美价廉的商品，而废物利用的复杂工序却增
加了劳动时间和成本。

---

① 〔美〕弗里德里克·杰克逊·特纳：《美国边疆论》，董敏等译，中国对外翻译出版有限
公司，2012，第40页。

美国的环境保护意识主要是二战后出现的，当然，不是从节约自然资源开始，而是从资源的开发利用开始，以对化学污染的治理为主。美国的自然资源丰富，所以，在西部开拓过程中，土地等自然资源的充分利用甚至浪费是普遍现象，这成为吸引开拓者的理由之一。

第二节　美国革命前夕：资产阶级争取经济自由

一　美国革命前的社会分工和英国重商主义的失败

里奇菲尔德家族文献记载：

> 约西亚·里奇菲尔德是尼古拉斯的大儿子，他从父亲那里继承了大片土地，之后他也从事土地投机，在普利茅斯县、萨福克县、切斯特菲尔德拥有土地资产。他是个农民，有自己的果园和农田，照料田地是他一生的兴趣，这是当时地主们的普遍爱好。同时，他还是个鞋匠和铁匠，开了鞋铺、打铁铺和皮革铺。由于新英格兰的木材生意很兴旺，他和塞缪尔·斯多克布里奇先生还一起经营着一家锯木厂。
>
> 1732年7月4日，他和苏珊娜·莫雷小姐结婚了。他们生了11个孩子，其中有两个孩子夭折。苏珊娜是个虔诚的基督教徒，也是一个聪明能干的苏格兰女人，把大家庭照料得井井有条。①

那个时代的许多妇女不会读写，女性除了进教堂以外，不受教育，"已婚白人女性和奴隶一样没有独立的社会地位。她们的社会属性从属于家庭。……美国殖民城市最主要的构成单位是核心家庭，由于移民割裂了个人和家庭与大家族之间的亲属联系，美国的核心家庭对美国社会的重要性比英国核心家庭对英国的重要性还要大。由于妇女被视为男性的附庸，所以人们认为妇女没有表达政治观点或宗教观点的能力"。不断发展的市

---

① Wilford J. Litchfield, *The Litchfield Family in America: 1630－1900*, No. 22 Oaks Avenue, Southbridge, Mass., U. S. A., 1902, pp. 135－140.

场经济和随之而来的经济分工加剧了市场和家庭的分化。人们认为市场是男人的领地，而女人是属于家庭的。"一个成年女性的社会地位就是家庭主妇，她在丈夫的监管下处理家庭日常事务。"① 拉尔夫·里奇菲尔德记得他的曾祖母曾讲过一个故事：

> 1773 年，在苏珊娜 60 岁的一天，她不得不在一些法律文件上签上她的"记号"，接着，她感叹道："哦，这让我的苏格兰血沸腾。"然后她弯着胳膊发誓再也不做"记号"了，并立刻开始学习写自己的名字。

在殖民时期的美国，家庭和教会承担着主要的教育职能。牧师的地位很高，并对家庭、教育和政府都有很大的影响力。虽然城市的发展和世俗主义的蔓延，使宗教权力不如殖民初期那样大，人们有了选择更多教派的权利，而世俗的娱乐活动也对人产生了诱惑，但宗教仍然成为一种习惯和认同方式，成为美国人生活中至关重要的一部分，这也是理解美国人最好的切入点。

由于斯基尤特东面靠海，断崖附近有许多沼泽地和盐碱地，而且地形破碎，土壤多花岗岩，所以他们在平坦和坚硬的地方修公路，并在公路附近和山坡上修建房屋。约西亚的房子坐落在斯基尤特的克拉普角附近，是一座两层高的木质建筑（见图 3-1、图 3-2）。从房子的制式和大小能够看出，约西亚·里奇菲尔德一家是当地富足的绅士家庭，但不是最上流的人物。自他的爷爷老约西亚以来，里奇菲尔德家族就在斯基尤特发展壮大，与许多其他的绅士家族相互通婚。每个绅士家庭几乎都有成员加入政府部门，参与公共市政建设，修缮公路、建设学校、维修教堂。约西亚的两个儿子——丹尼尔·里奇菲尔德和以色列·里奇菲尔德也是其中很出色的人物。

---

① 〔美〕霍华德·丘达柯夫、〔美〕朱迪丝·史密斯、〔美〕彼得·鲍德温：《美国城市社会的演变》，熊茜超等译，上海社会科学院出版社，2016，第 20 页。

Home of Dea. Israel Litchfield (1899).

图 3-1　以色列·里奇菲尔德的房子外景

资料来源：Wilford J. Litchfield, *The Litchfield Family in America: 1630-1900*, No. 22 Oaks Avenue, Southbridge, Mass., U. S. A., 1902, p. 368.

图 3-2　以色列·里奇菲尔德的房子内景

资料来源：Wilford J. Litchfield, *The Litchfield Family in America: 1630-1900*, No. 22 Oaks Avenue, Southbridge, Mass., U. S. A., 1902, p. 352.

以色列和丹尼尔是亲兄弟，二人一文一武。丹尼尔是哥哥，出生于 1742 年；以色列是弟弟，出生于 1753 年。丹尼尔仪表堂堂，身材魁梧，肌肉发达，声音低沉粗哑。克拉普角被斯基尤特人戏称作"所多玛"①，他常常风趣幽默地说自己是"所多玛之王"。他担任独立战争战地军官，被任命为第二舰队第十连的队长。战争结束后，他成为马萨诸塞民兵第二团第一旅第五师团团长，是一位杰出的斯基尤特公民代表。1785 年的《马萨诸塞法院决议》中，他被授予"上尉"军衔。以色列喜静，沉迷于哲学、音乐、诗词，唱歌尤其好听，是一个演说家。他个子很高，有人格魅力，头脑冷静，严于律己。在科学特别是数学方面，他的造诣也很高，他出色的判断力和敏锐的直觉使他常常被请去做仲裁人。他近半个世纪都担任第一教会的执事，在市政办公室担任职务，并两次被选为常设法院代表。

成年后，丹尼尔帮父亲打理鞋铺，以色列帮父亲打理皮革铺。以色列有写日记的习惯，他的日记大多写于 1774～1775 年，他刚成年的时期。这本日记共 50 页，其中 48 页保存完好，另有两页有些毁坏。纸张大概 12.5 英尺长、8 英尺宽，封面用僵硬的杂色纸板缝上。日记里面有许多污点、擦掉的痕迹和模糊的地方。比如，他用了一种密码语言来隐藏一些事件和评论（见图 3-3）。他描述了独立战争当天的场景，也描述了去波士顿和切斯特菲尔德的旅行。这本日记被新英格兰的历史谱系社团保存了下来。

笔者将日记的片段作为文献引录如下：

1774 年 11 月的日记：

11 月 4 日，天气令人愉快。

11 月 5 日，我削皮革，下雨了。

11 月 6 日，安息日。我去了教会，格罗夫纳牧师讲了《圣经》中的第 7 章。听说，丹尼尔·詹金先生生了一对双胞胎，一个叫塞拉斯，一个叫黛博拉。吉姆·里奇菲尔德生了一个女儿，她的教名叫伊丽莎白。

11 月 7 日，我削皮革，今年秋天是近几年来最干热的。

---

① 罪恶之地，源自《圣经》。

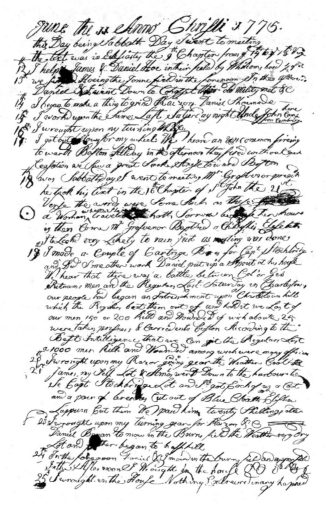

Reduced Fac-simile of Page 44 of the Litchfield Diary.
The last line was a mistake on the part of the Diarist and is omitted on the printed page

图 3-3　以色列·里奇菲尔德的日记

资料来源：Wilford J. Litchfield, *The Litchfield Family in America: 1630-1900*,
No. 22 Oaks Avenue, Southbridge, Mass., U.S.A., 1902, p.346.

11 月 8 日，我哥哥砍木头，晚上我们在哥哥丹尼尔家操练了一会儿。

1774 年 11 月 9 日，大概在凌晨 1 点时，我起床，准备去波士顿，一会儿海沃德·皮尔斯和劳伦斯·里奇菲尔德来叫我，我们出发。我们跟着吉姆走，在树林里迷路了，我很感激吉姆这个饭桶。快日出时，我们才到达牛市，并在那里喂马。我们中午 11 点多到达波士顿，并把马放在阿奇寡妇那里，她在特里蒙特街有一个公寓。然后我们去榆木大道吃晚饭，并在阿奇寡妇那儿留宿。她的公寓非常棒！

11 月 10 日（一行特殊的密码），2 点 45 分，我从波士顿回家，我们中途停下喂马。我们 9 点 15 分前到达吉姆家，我们几个宰了一头牛。

11 月 11 日，丹尼尔帮乔纳森耕田，天气很好。

11 月 12 日，我削皮革，丹尼尔早上帮乔纳森耕田，下午他砍树。大概凌晨 3 点，丹尼尔的妻子带儿子睡觉，这是他们的第 5 个孩子。

11 月 13 日，安息日。我去了教会，格罗夫纳牧师讲了《哥林多前书》的第 5 章第 17 篇。（一行密码字母。）

11 月 14 日，上午我在皮革店工作，下午我们去军训。我们在福斯特房东那里见面，有 60 多个人，全副武装。军官把我们分为 3 个等级，上尉宣读了军官写的 9 篇文章。他读完后，我们一段一段地讨论，全体一致通过。

11 月 15 日，我们杀了我们的猪。

11 月 16 日，我擦了枪。丹尼尔是鞋匠，我买了一双打折的鞋。晚上，我封好一双轻便的平底鞋给丹尼尔。

11 月 17 日，上午我在皮革店工作，把 19 张皮革放进石灰软化。下午，我们 12 人在丹尼尔家会合，操练。我们用了诺福克锻炼法，天气很冷。吉姆和洛特在果树林划分山头，以作防御。

11 月 18 日，上午我们去约翰·姆斯家，我看见 3 个人躺在一张床上。洛特帮助吉姆在旧的果树林山坡上划分地界。天气很冷，狂风呼啸，就像冬日的暴风雪一样。丹尼尔和我坐在河边，我们去革舜·尤厄尔家，然后从革舜家去特纳海军少尉家。他家有特纳上尉、斯坦森中尉、斯多克布里奇中士和詹金中士。我们用"64 号"的新方法操练了一会儿，丹尼尔拿到一本书……

11 月 19 日，皮革店的地窖结冰了，我们用大火烤了一天。我削皮革，洛特·里奇菲尔德和弗朗西丝·里奇菲尔德打谷子，丹尼尔做鞋。

11 月 20 日，安息日。我去了教会，巴尔内斯牧师讲了第 84 章第 10 诗篇。上周四，托马斯的妻子离世了。

11 月 21 日，下午，洛丝罗普和我去海峡收黑麦。我们从保罗中尉那里得到 5.5 蒲式耳（1 蒲式耳≈35.2 升）（黑麦），从约瑟夫先生那里得到 2 蒲式耳（黑麦），这是他们欠我们的。我在马上放了 5 蒲式耳（黑麦），一路领先。洛丝罗普在他的母马上放了 2.5 蒲式耳（黑麦），骑走了。

11 月 22 日，吉姆和洛特继续在果树林的高地上画地界。

11 月 23 日，我写了一首诗：

让每个乡的每一个托利党；

他们肮脏的原则迅速倒躺；

为他们的轻罪谦逊地忏悔；

他们的品质可能因此净化。

11 月 24 日，我尽量回忆，我想我削了皮革。但我认为我的工作没有实质性进展，因此，我诚心诚意地加工了皮革，我想我这样做是为了证明我不是一个懒人。我一般都会让自己忙起来，如果没有别的事，我就会写点废话。

11 月 25 日，我又写了一首诗：

我在北美的新英格兰说道；

这个殖民地的名字叫马萨诸塞湾；

我住在一个叫斯基尤特的城市；

它在波士顿的东南面，我心中知晓。

我漂白的皮革。傍晚南风很猛，吹倒了几棵树，也吹倒了我们的蜂房。这是不寻常的狂风。

11 月 26 日，我完成了制皮革工作。上午，丹尼尔做鞋，吉姆和洛特在另一个地方划分地界。下午，丹尼尔帮洛特耕地，洛特扬谷，挑选了 17.5 蒲式耳的冬麦。

11 月 27 日，安息日。我见了格罗夫纳牧师，他布道的是《所罗门之歌》的第 5 章第 16 篇，这是我最爱的诗篇，是我的朋友。以西结先生上周失去了一个孩子。下周二参加奥蒂斯中尉的葬礼。上周四的报纸告知我们，长痘的孩子和成人要被送到疫病所。波士顿第 11 兵团正在弗吉尼亚和印第安人打仗。

11 月 28 日，我在皮革店加工皮革，直到晚上。我们在丹尼尔家操练。（有 10 行字用隐藏的方式写成，讲了关于在伊萨迦家舞会的事，和去康宁家拜访。）

11 月 29 日，周二，我在店里工作，丹尼尔做鞋，基姆和洛特在山头划分地界。苏珊娜在洛特后面，骑马到佩内普罗家。我钻研书籍。

11 月 30 日，下午，我去丹尼尔家，他用羊皮给我做了一双厚的半长筒靴和一双薄的长靴，还按照我腿的粗细修改了一双靴子的制式。以上三双靴子是我自己想要穿的，现在我已有一双半长筒靴了。[①]

通过这段引文我们可以看出，以色列是一个虔诚的基督徒，他每个礼拜日都会去教堂聆听祷告。平时他干的活主要是制皮革，他平日爱读书写诗，田里的重活都由其他兄弟完成。他时时会反问自己是不是个懒蛋，这可能是加尔文主义灌输给他的勤奋精神。为了证明自己不是，他不会让自己闲下来。他擅长交流，若涉及出行、与人交易，都由他去。从他对托利党的态度，可以看出他是辉格党的拥护者，同时也表明了他支持自由贸易的"经济立场"。

辉格党是英国新贵族、乡绅、城市工商业阶层利益的代表，他们支持拓宽海外市场，因为这有利于商品流通。新英格兰殖民地的地主和贵族们或许不关心英帝国的其他殖民战争，但绝对是自由经济的拥护者。英国政府的官方立场是"重商主义"，旨在把所有殖民地纳入英帝国的自给自足的计划经济体系。当时的政治家认为，一个国家所持有的贵金属数量是衡量其经济实力的最重要标准。因此，为了夺取更多的黄金，各国扩大了对贸易和工业的控制，垄断了盐和麦酒的销售，以增加国库；同时发动更大规模的海外战争，垄断殖民地的烟草和糖蜜。换句话说，美洲殖民地的存在是为了母国的利益。

糖蜜和朗姆酒贸易是北美商人最赚钱的生意之一，因为它们廉价，是

---

① Wilford J. Litchfield, *The Litchfield Family in America: 1630 - 1900*, No. 22 Oaks Avenue, Southbridge, Mass., U. S. A., 1902, pp. 313-316.

穷人的饮料，是与印第安人贸易的基础，在英国和欧洲较冷的国家也很畅销。为了得到这些糖蜜，13 个殖民地的托运人把大量的木桶板、鱼、盐、肉和面粉运到西印度群岛，换来银圆和糖蜜，然后乘船到法国的一个岛上，以英国糖岛所要价格的一半买下糖蜜，这样一来，就跳过英国，形成了 13 个殖民地、西印度群岛和法国殖民地之间的三角贸易。一方面，13 个殖民地获得了足够的现金来偿还英国的债务；另一方面，各地对糖蜜的需求也得到了满足。但这引起了西印度群岛种植园主的不满，1733 年，他们促使英国颁布了《糖蜜法案》，该法案对从英国糖岛以外进口的朗姆酒和糖蜜征收了禁止性关税。如果遵守《糖蜜法案》，意味着 13 个殖民地将无法获得足够的现金，而其对英国的贸易将会受到巨大的打击。

新英格兰地主们和南方种植园主们不满于大量令人窒息的重商主义法规。随着商业的发展，殖民地的商人和农民都希望把更多的利润投入扩大再生产。他们借鉴了法国人的"重农主义"观点，法国人在洛克著作的基础上，提出了在道德和政治之外，还存在一条自然的经济法则，而这条法则建立在个人自由原则的基础之上。政府需要远离经济活动，其职责只是进行干预，以保护生命自由和财产。他们的口号是"Laissez faire"，即放任的自由经济。主要的"重农主义"者都属于欧洲地主阶级，他们的观点为殖民地的地主和农民提供了理论依据。1764 年 4 月，波士顿商人成立了"马萨诸塞湾内部贸易商业促进会"，之后的几个月内，纽约和费城的商人们也成立了类似的协会。那一年，一些纽约人重启了"艺术、农业和经济促进会"，他们想以此来鼓励本地的制造业发展，抵消《航海法》和高关税的影响。

1774 年 12 月 1 日，今年是乔治三世统治的第 15 年，是托马斯·盖奇（Thomas Gage）① 在马萨诸塞掌权的第 7 个月。我把第 6 张小牛皮拉长，卖了一些皮革。傍晚，我看见他们在海伍德家训练，我们听说天花不会在波士顿蔓延。

12 月 2 日，下午我们在丹尼尔家训练第 64 号操练法，晚上我在

---

①　托马斯·盖奇（1719~1787），在美国革命早期任北美英军总司令。

皮革店加工。

12月3日，一大早，我们装扮了达梅的猪。下午我削皮革，他们生火。

12月4日，安息日。我去了教会。格罗夫纳牧师讲了第49章第10诗篇。上午，由于丽贝卡老姑妈得了重病，我祈祷她快好起来。昨天早上，她病情加重，今天中午前她去世了。我想她有84岁了，她算有个好身体。木匠早已把教会的靠背长凳做好，唱诗班的梯子也架好了。门廊西面的梯子还没有修好。

12月5日，我削皮革。丹尼尔尽全力地做鞋，我猜这是他的学徒第一次和他一起加工，他的学徒已经学了两三个月，丹尼尔给他提供食宿，给他13镑的工钱。

12月6日，丹尼尔用马车装了半捆白蜡木，运到斯托达德先生那里。晚上我们在埃利姆先生家操练。

12月7日，下午，我缝合靴子，半长筒靴给了洛特。

12月8日，下午，我去港口买了6瓶鼻烟。

12月9日，我缝合了薄靴子，晚上下了一整晚的暴风雨。我们听见一艘船开到了灌木岛的暗礁。船上装备有20支枪，开到暗礁后，它撞掉了一片龙骨和船舵。它抛双锚，有什么东西很快泄漏了，它用泵来保持独立。听说船长、掌舵人和船员们都喝得酩酊大醉。有三个人溺水了。甲板上大概有150人：这艘船后来被拖吊到波士顿，大部分船员都逃跑了。我看见了其中一些人，我猜想下周四的报纸可能会报道更特别的内容，但是并没有。

12月10日，我在丹尼尔那里试鞋。

12月11日，安息日。我去了教会，格罗夫纳牧师讲《希伯来书》第7章第25篇。

12月12日，我削皮革，丹尼尔和塞斯做鞋。洛特打谷。下午，我们在加塞罗斯家操练。丹尼尔去了特纳上尉家，他们选了吹横笛的人。

12月13~14日，我缝合了我的靴子。

12月15日，省议会专门为公共的感恩节留出这一天，为了全能的神，他对我们的仁慈。我和其他人去了教会。格罗夫纳牧师布道，他讲了第 101 章第 1 篇——我觉得他讲得非常好——礼拜结束后，人们离开以前，有一个为救济小约瑟夫·海登的妻儿的捐献活动，她和她的 4 个孩子发了高烧，到了十分需要钱的时候，他们还没有恢复健康。有很多教区居民慷慨解囊，我猜人们捐给了她 30~40 镑，卡德沃斯先生帮她保管这些钱。今天傍晚，有艾萨克·林肯①执事为小詹金先生和露丝女士庆祝结婚的仪式，让他们骨肉相连。尼古拉先生和贝茨小姐今晚也会结婚。阿莫斯和我去了山上那家的婚礼仪式，我们一起跳舞，然后回家。

12 月 16 日，我在皮革店加工皮革，有 21 张皮被我除毛。我工作到日落，刮肉刀很快结冰了，当我试着在树桩上把冰刮掉时，我的左手拇指指甲受伤了，掉了一半。

12 月 17 日，我作了首诗：

我的名字叫以色列·里奇菲尔德，我用笔写下这本日记；

这本日记属于我，这些文字献给你；

如果我不小心丢失了日记；

如果你不小心发现了日记；

请求你还给我，以色列·里奇菲尔德是我的名字。

弗朗西丝磨皮，我在丹尼尔的鞋店工作。下午，我给自己打了一双平底鞋。百利先生告诉我，前天晚上有一张兽皮被偷了，这张兽皮是梅里特先生的，是一张大牛皮，背面的脂肪很厚。他要求我，如果任何兽皮被拿到我店里来卖，就赶快通知他。我听说，同一天晚上，托马斯先生的一匹马被偷了。

12 月 18 日，安息日。父亲和我，洛特和弗朗西丝去了教会。格罗夫纳牧师讲了《雅各书》第 4 章第 7 篇，西面门廊的梯子还没有修，长凳已经排好了。

12 月 19 日，上午我在丹尼尔的鞋店工作，缝合我的薄靴子。下雨了，我们在谷仓操练。

---

① 　https://www.findagrave.com/memorial/67333130/isaac-lincoln，最后访问时间：2019 年 11 月 15 日。

12月20日，上午，我制成了一些皮革。下午，我缝合我的薄靴子。

12月21日，丹尼尔和梅里特做鞋。我陪他们一起加工，尼希米做亚麻。晚上，我们在"经历·里奇菲尔德"家跳舞。伊利沙·里奇菲尔德拉小提琴，拉得糟透了。

12月22日，丹尼尔和塞斯做鞋。我缝合完我的薄靴子，缝了28尺长，一针一针地织，大概织了2500针。我想我大概用了7天来织它和缝合它。

12月23日，我和丹尼尔一起加工，给我做了一双半长筒薄靴。人们带着各式各样的雪橇来到树林里。

12月24日，我做了一些写字的墨水，我的左手拇指很疼，很脆弱。今天，丹尼尔收到了一封来自切斯特菲尔德县的信，是他的姐姐芭丝谢芭写的。信上说，我们在切斯特菲尔德的朋友和亲人都很健康。丹尼尔和洛特往家拖运了一些木头。晚上以前，丹尼尔和洛特去斯托克布里奇先生家，买了一头背上黑白相间的1岁的阉牛，他们付了1.17英镑和14磅旧的十镑纸币。

12月25日，我和洛特、弗朗西丝去教会，格罗夫纳牧师祷告。上午，他根据圣马修的故事，即第12章第35篇传播福音；下午，布道的是《雅各书》第4章第7篇，和上个安息日的内容一样，都是训诫。

12月26日，我给自己打制了一双跳舞的鞋。

12月27日，上午，弗朗西丝和我削皮革、冲刷、剃毛、拉长……

12月28日，这是乔治三世统治的第15年，法国和爱尔兰的国王是护教者。我有一首打油诗：

请求你听我的，想想我说的话；

为了我今天完成的一半工作；

它不值6便士，4便士便可买到；

现在我要告诉你实话，我不会否认。

12月29日，我生产了一个钟，用华立木做的。昨天下了很大的暴风雪。

12月30日，上午我生产（精益求精的东西）。下午，我在皮革店加工，我听说，在那个风雪交加的上周三晚上，一个纵帆船被风刮到了第四断崖，6个人淹死了，甲板上有2个人活着。

12月31日，我削皮革。①

从以上文献片段中我们发现，第一，军事操练几乎是每天必须进行的，这反映出与印第安人的战争随时可能发生，同时与任何外来入侵者的零星战斗也可能随时发生，因此，到南北战争时，在北美大陆组织有军事素质的人并不十分困难。此外，他们工作时间长，完成的手工任务重，并不是完全的贵族式生活方式。第二，丹尼尔的鞋店依然采用学徒制，是分散形式的手工工场，生产者在自己的家庭中劳动。虽然英国已经开始工业革命，但直到1830年，工业革命都还没有真正蓬勃展开。因此，在1774年的北美，工场手工业依然是主要的生产方式。

但是，北美本土没有需要消灭的封建势力，而自由的土地政策和丰富的资源促进了北美经济的繁荣。新英格兰的农林产品，使他们不仅能自给自足，还出口到整个欧洲。13个殖民地正在大规模扩张，移民人口从1688年的20万增长到1775年的230万。在没有旧的封建生产关系的阻碍下，接受新的生产方式就变得容易起来，这也是美国制度的"先天优势"。

1775年，北美殖民地有大约95%的人从事农业生产，其中大部分人在业余时间从事家庭制造业，妇女纺织亚麻和羊毛，男人鞣制皮革、生产钾肥、捻绳、伐木和搬运。最早的制造工厂是采石场和砖瓦厂，造纸业和印刷业也发展得很好，各地有一些生产玻璃窗和玻璃珠的小玻璃厂。在康涅狄格和纽约有一些炼铜的，几乎每一个殖民地都有炼铁的。尽管有《糖蜜法案》，朗姆酒的生产仍然兴旺发达。造船是新英格兰最重要的基础工业，船舶制造在诺福克以南的沿海地区都很发达，他们建造船只的成本只有欧洲的一半，到1760年，1/3悬挂英国国旗的船只都是在北美建造的。与造船业发达相伴的是捕鱼业和捕鲸业的兴旺。

七年战争结束后，英国在北美殖民地的统治不再受法国的威胁，英国也不再需要向殖民地做出让步来获得他们的支持。因此，英国第一次感到

---

① Wilford J. Litchfield, *The Litchfield Family in America: 1630 - 1900*, No. 22 Oaks Avenue, Southbridge, Mass., U. S. A., 1902, pp. 316-320.

可以在北美自由地推行重商主义。但对于已经成熟和强大的 13 个殖民地来说，英国重振重商主义是对北美殖民地经济的直接威胁，殖民地的商人、种植园主、土地投机商、农民、城镇工人的发展都受到了不同程度的阻碍：第一，殖民地生产铁制品、纺织品和其他商品受到限制；第二，殖民地的对外贸易、走私活动受到抑制；第三，烟草种植园主的土壤肥力耗尽，试图转向食品和家庭制造业，被无情地阻止；第四，西进运动不被鼓励，因为远离容易控制的区域；第五，新殖民地的土地出售需要严格服从皇室的权威；第六，西部的毛皮贸易被置于魁北克总督的监管之下；第七，为了偿还英国商人的债务，硬通货被抽走了，与法国和西班牙糖岛的贸易变得更加困难；第八，英国禁止殖民地进口英国硬币，也禁止铸造西班牙金条，唯一可以用来进行交易的是纸币，但英国政府下令停止发行旧版，也禁止发行新版；第九，农产品价格低廉，工业品价格昂贵，城镇工人也陷入了恶性通货膨胀；第十，英国军队驻扎在波士顿和纽约，表面上是防御印第安人，其实是执行英国议会的法律和经济法令，而殖民地需要负担维护军队的一大部分费用。毫无疑问，实行重商主义措施的唯一结果，是经济和领土扩张的停滞，大范围商人的破产，以及殖民地生活水平的急剧下降。可以肯定，英国的重商主义本质是为英国本土和皇家利益服务，它的核心是控制贸易程序，增强英国国力。显然，这与北美日前强大起来的美式自由贸易相矛盾，独立是不可避免的。

亚当·斯密在 1776 年出版的《国富论》中提出，英国政府不应该干涉私人贸易或制造业的发展。他的书产生了巨大而持久的影响，成为所谓经济自由主义者的"圣经"。由于美国与法国和西班牙西印度群岛的自由贸易，英国的重商主义政策失败了。在英美贸易的过程中，美国就像一个迅速成长起来的青年，他的四肢已经健壮到不再依赖自己的母国。他的社会分工程度，使他足以接纳和消化一次巨大的经济社会变革。

二 掠夺土地与操控民主

西进时期的民主受时代的限制，也受资产阶级局限性的限制。欧洲人刚刚从封建社会走出来，就像刚刚在沉睡千年的古堡打开一扇窗户，呼吸到第一口新鲜空气。他们迫不及待地想要摆脱国王的统治，为自己的商业帝国开辟一条自由之路。但 13 个殖民地毕竟是老牌殖民地，他们在近 100 年的发展中已经占有大量财富，他们是成长起来的资产阶级，最关心的是如何保护自己的财产。所以，他们与国王的矛盾主要集中于税收和法院的控制权，包括立法权和司法权。殖民地的总督代表国王，他们还是各殖民地政府行政、立法和司法部门的首脑，而他们都并非来自英国的贵族家庭，一些朝臣为了帮助某个穷亲戚，就把他们派到殖民地来。总督把殖民地的工作看成捞钱的难得机会，引起了殖民地人的怀疑和反感。在法律上，只有总督可以召集议会，而且他可以随意休会。总督们在法院有巨大的权力，可以设立特别法庭审理特殊案件。

在这个问题上，里奇菲尔德的观点十分进步。他认为：

> 总督和殖民地议会之间进行了长达一个世纪的斗争，在政治斗争中，渐渐形成了关于帝国结构的两种对立观点。英国人把帝国看作在联合王国议会管理下各地区的集合体，殖民地在法律上类似于国王特许的城市，但现在受制于议会。北美殖民地居民的解释是，帝国是由平等的国家组成的，每个国家都有自己的议会，国王是协调者，联合王国的议会为他在与帝国利益相关的事务上做出明确规定。北美殖民地居民拒绝接受联合王国议会法律的约束，认为法律只有在开明的共识下才可被接受。

然而，如果没有西部拓荒者，总督和议会之间只能继续在观点上相持不下。民主社会产生的根本在于其与土地的关系。正如特纳所言："自由土地，加上掌握自己命运的意识，让西部人对物质利益孜孜以求，终日躁动不安。他们提倡西部移民应人人平等，抑制东部贵族习气的影响。当然，如果人人都能有个农场，而且几乎唾手可得，那么很容易带来经济上的平等，从而带来政治上的平等。"[①]

庞蒂亚克战争结束后，大批农民涌向山区，在新的土地上定居下来。他们手里拿着 6 英尺长的来复枪，时而是单个家庭定居在空地上，时而是

---

① 〔美〕弗里德里克·杰克逊·特纳：《美国边疆论》，董敏等译，中国对外翻译出版有限公司，2012，第 40 页。

一个完整的聚落，但无一例外地夷平和占领了古老的森林。在各殖民地政府为声望和毛皮贸易等小事争斗时，他们经受住了野蛮的攻击，为自己和孩子建造家园，争取了更多的自由空间。

七年战争后，退伍军人组成了一个游说团，该游说团希望弗吉尼亚殖民地政府兑现"以土地的形式发放士兵奖金"的承诺，华盛顿是该游说团的领袖。他对西部土地的兴趣有两方面原因：一是可用军证换取土地的红利，二是他在弗吉尼亚潮水域的种植园土地贫瘠。虽然他早在1765年就停止种植消耗土壤肥力的烟草作物，但之后并没有获得利润。华盛顿收购了士兵们的军证，并换回了西部的大片土地。与此同时，个体土地投机商把印第安人灌醉，买下了大片洼地；各个土地公司互相欺骗，尔虞我诈，争夺土地的所有权。尽管如此，边疆依然形成了一个自给自足的多民族大融合社会，经济生活的多样化让人们在政治上提出自治，要求扩大选举权，要求重新划分选区，使内陆在议会中得到公平的代表席位。

这种想法最初导致了沿海和内陆之间的政治斗争。东部拥有财富的绅士党控制着议会，他们冷淡地接受了内地的请愿书，但不给出回应。他们歧视西部各殖民地的理由有两个：一方面，西部总是在消耗沿海地区的人口，迫使他们提高了工人的工资，他们希望限制西部土地的销售，这样一来，离开海岸的人就少了，工资也就低了；另一方面，绅士党依旧认为他们要行使上帝的旨意，教化无知的部落，而蛮荒的边疆是个人主义的发源地，人们抵触外界的控制，尤其是任何直接控制。

问题的实质是，随着土地所有权在西部的广泛应用，北美殖民地的民主进程很快超过了英国。在英国，土地所有权被限制在少数封建主手中；而在北美，封建的土地占有和转让是不必要的，也是不可能的。"由于缺乏有组织的政治生活，由于边疆社会的与世隔绝……这里矿藏丰富、山谷肥沃，可以肆意抢占，是智者、勇者的天下。"①普通人突然发现，自己有足够的土地使自己在经济上完全独立，而且还能够掌握相应的政治权力。东部贵族将财富和权力集中在自己手中，他们刚刚从封建制度的坑里爬出来，无论如何也不想再回去，因此，他们竭尽全力地维护和扩大其政治和

---

① 〔美〕弗里德里克·杰克逊·特纳：《美国边疆论》，董敏等译，中国对外翻译出版有限公司，2012，第41页。

经济权利。

> 18 世纪，政治和经济问题一直在分化城市社会。……很多因素促使工匠、零售商和小商人登上政治舞台。这些因素包括派系运动，煽动性的政治传单、小册子和报纸文章体现出的突出的党派偏见，繁荣时期和艰难时世的波动变化，因为战争而飞涨的物价，以及货币紧缺等。……大多数工匠……获得了选举权，他们利用选票优势获得在当地政府和市政机构中的职位。到 18 世纪 70 年代，费城地方政府的半数或半数以上职位由工匠担任。1769 年，查尔斯顿的工匠充任了某委员会中三分之一的职位。这个委员会的职责是抵制《汤森法案》。商人和工匠偶尔也可以搁置争议，共同抵制英国货物，禁止进口英国货物。最终，这两个群体都寻求扩大自身的利益，而慢慢地他们的目标最终达成了一致，即摆脱英国的压迫。
>
> 独立战争前的四十年间，无产阶级的处境更为悲苦。但是无产阶级没有选举权，也不在殖民地城市的政府机构里任职……民众也有有力的方式发出自己的政治声音。当富人们在经济衰退期无所动作缓解苦难时，普通民众通过集会、请愿、俱乐部活动……表达自己的诉求，他们认为这对他们来说比较公平。在波士顿有这样一个传统，当工人阶级认为社会福祉受到企业家的贪婪的侵害时，他们会采取集体行动。……一般来说，无产阶级的这些行动都得到了更高层社会阶层的默许。[①]

民主是一种积极的政治进程，它使人民的意愿不断发展并发挥作用，从而使社会朝着自由、平等和博爱的方向前进。与工业革命一起，民主摧毁了传统的观念，让我们迈向了现代社会。民主本身具有改进的手段，但它是一种过程，而不是一种完美的结构。民主的特点是民有、民治和民享，这意味着在实际意义上，人民不是直接行使权力，而是通过他们的代表行使最终权力。而人民的意志是由社会冲突和平衡所决定的，它不断地变

---

① 〔美〕霍华德·丘达柯夫、〔美〕朱迪丝·史密斯、〔美〕彼得·鲍德温：《美国城市社会的演变》，熊茜超等译，上海社会科学院出版社，2016，第 26~27 页。

化，因此，需要我们在社会利益的相互作用中不断寻求更好的解决方案。

但是，在里奇菲尔德看来：

> 民主政府坚持依法治国，而不是靠统治者一时兴起。民主政府和专制政府的基本区别在于对立法权和行政权的控制。因为如果不把宪法权力交到人民手中，政府就不是民主的。在民主国家，法律是至高无上的，甚至高于最高行政权力。因此，民主机制的根本问题不在于宪法是成文的还是不成文的，也不在于法律是以国王还是总统的名义颁布的，或者选举是否按规定的时间间隔举行。关键在于，人民是否能够把执法者和立法者赶下台，而把更接近他们意愿的人推上去。[1]

1760年，乔治三世登基，他想要当一个真正的国王，让国王的立法权和行政权凌驾于议会之上。他把议会里的老托利党残余势力建成国王最强大的朋党，强大到足以推翻自1688年以来统治英国政府的辉格党。乔治三世无法想象他的宏伟事业会失败，1770年，他完全控制了下议院。而接下来的三年，是暴风雨前的平静期，殖民地从英国进口的货物实际上增加了两倍。马萨诸塞的商人联合起来成立了禁止进口协会，抗议非法征税，最终使新英格兰成为叛乱的火药库。

里奇菲尔德的家族文献中记录了这样一条："1770年5月的一天，约西亚和以撒去参加了新英格兰的镇民大会，会议上来了一位风云人物，他的名字叫塞缪尔·亚当斯。"[2]亚当斯是一个新兴的革命领袖，因为反对《印花税法案》而一举成名，被选入了马萨诸塞议会。他组织了多次集会，有广泛的民众基础。他借"波士顿惨案"煽动民众，导致殖民地民众的反英情绪越来越激烈。他在镇民大会提拔激进的委员，并发表了禁止从英国进口的宣言。这些激进者并非来自有产的精英阶层，他们从商人协会那里学习了抗议的方法，又在工人阶级中找到了广泛的支持者，边远的西部地区也有越来越多的人支持他们的革命。

---

[1] 2019年7月4日访谈于俄勒冈州尤金市。

[2] Wilford J. Litchfield, *The Litchfield Family in America: 1630-1900*, No. 22 Oaks Avenue, Southbridge, Mass., U.S.A., 1902, p. 322.

塞缪尔·亚当斯是一个哈佛人，一个失败的商人和一个会造声势的革命家。他的组织力量强，宣传活动广泛，以至于有人说，没有塞缪尔·亚当斯和乔治三世，就没有美国革命。1741 年，英国国会禁止了马萨诸塞的土地银行，他父亲的农场因抵押贷款，顷刻间化为乌有。年轻的他无法原谅和忘记，1768 年，他已下定决心要让美国脱离英国而独立。

"丹尼尔和父亲时常去小酒馆消磨时光，听各界人士谈论政事。"① 我便顺藤摸瓜，在历史资料中得知塞缪尔·亚当斯和他的堂弟约翰·亚当斯也常常光顾小酒馆。"小酒馆……是包罗万象的场所……各阶层的男人都在小酒馆和小酒吧里喝酒、吃东西、聊天，谈谈听听一天里〔的〕新鲜事。这儿不仅是喝酒的地方，还是谈论政事、做交易、散发单张广告和小册子的地方，人们把收件地址也设在小酒馆，来这儿收取船带来的信。随着小酒馆数量的激增，随着不同社会群体开始在小酒馆寻找自己的同类，一些小酒馆开始变成某个或某几个特定阶层的活动场所，但是即便如此，小酒馆还是吸引着各个阶层的人。当然小酒馆只对男性开放。"② "某天亚当斯兄弟和他们在议论，听说本杰明·富兰克林在英国获取了情报，这些情报是马萨诸塞湾殖民地总督托马斯·哈钦森和副总督安德鲁·奥利弗之间写的信，信中谈到他们的生意，与英国商业贸易有着千丝万缕的联系。"③

但是，里奇菲尔德家族文献对此没有更详细的记载，于是笔者查阅美国历史文献，对这一历史事件进行了更深入的探索。原来总督们在与皇室的贸易往来中获取了巨额利润，就觉得有责任支持英国议会的政策。英国枢密院委员会得知后，对富兰克林进行了公开提讯。在提讯过程中，富兰克林得知乔治三世是殖民地政府的实际掌控者，托马斯·哈钦森和安德鲁·奥利弗都倾向于英国更多地控制北美殖民地。塞缪尔·亚当斯情绪激昂，他将信件进行了仔细"编辑"，明确指出，信中的某些言论是对北美殖民地自由的威胁。

---

① Wilford J. Litchfield, *The Litchfield Family in America: 1630 - 1900*, No. 22 Oaks Avenue, Southbridge, Mass., U. S. A., 1902, p. 324.

② 〔美〕霍华德·丘达柯夫、〔美〕朱迪丝·史密斯、〔美〕彼得·鲍德温：《美国城市社会的演变》，熊茜超等译，上海社会科学院出版社，2016，第 23 页。

③ Wilford J. Litchfield, *The Litchfield Family in America: 1630 - 1900*, No. 22 Oaks Avenue, Southbridge, Mass., U. S. A., 1902, p. 324.

茶是北美殖民地居民最喜爱的饮料。1773 年，东印度公司获得了在北美销售茶叶的垄断权。爱国者们担心人们抵抗不住诱惑而去购买低价销售的茶叶，于是在报纸上宣传"茶是对北美殖民地自由的威胁"。医生们还指出："茶正在腐蚀北美殖民地居民的牙齿和心脏，对人们的健康极其不利。"波士顿加入了"咖啡和北美自由"运动。1773 年 12 月，东印度公司把它滞销的茶叶带到了北美的四大港口。波士顿人守在港口，不让茶叶卸下岸。"15 日下午 5 点，塞缪尔·亚当斯带上了上百个化装成印第安人的同伴，手执印第安人的板斧和绳索，爬上了东印度公司运茶叶的货船。他们砍坏茶叶木箱，把 300 多箱'被诅咒的杂草'全部倒入海底。这一消息一经传出，爱国者们都沸腾了。"[1]

里奇菲尔德家族文献中也记载："当时正坐在家中的里奇菲尔德夫人，愤怒地将手中的茶杯摔到墙上，表明了她再不喝茶的决心。"[2]

英国议会立即颁布了"波士顿港口法"，宣布关闭波士顿港，增派驻军，强征民房，把马萨诸塞的总督由文官改成武官。恐怖笼罩着波士顿，殖民地的新闻界掀起了一股抗议浪潮，镇民大会和立法大会纷纷发表与波士顿有关的决议，随后还捐赠了粮食。在威廉斯堡，由托马斯·杰斐逊提议，弗吉尼亚的市民议会设立了一个禁食和祈祷日，当总督解散了议会时，他们转战到罗利酒馆集会，并要求召开大陆会议。1774 年 9 月，第一届大陆会议在费城的木工大厅召开，塞缪尔·亚当斯和他的弟弟约翰·亚当斯出席了会议。会议通过了与英国断绝贸易关系的决议案和由约翰·亚当斯起草的《权利宣言》。

对这一段历史的探索，加深了笔者对美国早期民主产生基础的认识。美国人从殖民时期走来，民主在他们心中远比在英国人心中要深刻得多。美国的财富积累得益于两个优势：一是富饶的大陆；二是相对缺席的特权阶级。一方面美国政府相对弱势，另一方面欧洲的重商主义和行会制度在美国相对缺失。北美的财富孕育了一个富足取代匮乏的社会，特权第一次

---

① Leland D. Baldwin, *The Stream of American History*, Pittsburg: University of Pittsburg Press, 1952, p. 226.

② Wilford J. Litchfield, *The Litchfield Family in America: 1630 – 1900*, No. 22 Oaks Avenue, Southbridge, Mass., U. S. A., 1902, p. 345.

不能为自己攫取所有的经济权力，践踏普通人。"西部人在很大程度上摆脱了欧洲的种种成规和传统势力。他们能够以独立的眼光看问题，对欧洲大陆的优良传统不屑一顾……旧的社会来到了自由土地上，这对它来说意味着有机会创造一种新型的民主，以及为大众所接受的新理想。"① 这意味着民主在历史上第一次有机会在与极权主义的古老斗争中获胜。民主产生了，随之而来的是科学技术发展所需要的自由气氛。不仅在美国是这样，而且美国也把同样的自由气氛传播到其他文明地区，并把捍卫民主和生存的力量带回了英国本土。从横扫美洲的血腥运动中，从对这一富饶大陆的掠夺中，产生了我们今天的民主社会。在神奇的历史进程面前，我们只能肃然起敬。

第三节　最自由的民族最革命

一　辉格党与托利党斗争影响下的生活记录

1774~1775 年的冬天，马萨诸塞和弗吉尼亚的辉格党人与托利党人进行了一场殊死搏斗。"自由之子"组织了爱国集会，掠夺了托利党人的家园。其他胆小怕事的托利党人只能乖乖地默不作声；纽约的贵族们选择了和平和秩序，并保留了他们对殖民地的控制；宾夕法尼亚保守的贵格会教徒和圣公会教徒依然顽固，各县的长老会给了他们点教训。到了春天，各地都决定支持激进派，各殖民地代表大会开始接管民政，国王的命令被置之脑后。战争的气息逼近了，各委员会和各殖民地代表大会开始收集和储存武器弹药，组织和训练民兵志愿军。马萨诸塞湾殖民地的民兵组织被称为"minutemen"（立即应召的民兵），他们随时准备着应对任何紧急情况。

在整理里奇菲尔德家族文献时，笔者有幸看到了关于战争以前的生产生活和民兵组织的内容，这部分珍贵的记录，以叙述的方式再现了美国独立战争前后普通民众的生活。为了保留难得的历史民族志第一手材料，笔者将其引录如下：

---

① 〔美〕弗里德里克·杰克逊·特纳：《美国边疆论》，董敏等译，中国对外翻译出版有限公司，2012，第39页。

1775 年：

1 月 1 日，今天是安息日。我和弗朗西丝去教会，格罗夫纳牧师祷告。他讲了约翰三书第 2 篇。我认为他讲得非常好。当公共集会结束后，有一个募捐活动。由于波士顿港口法案和议会法案的残暴压迫，有许多波士顿人遭受了苦难，因此募捐给他们。我不确定要捐多少，然而，巴拿巴·利特尔先生只捐了 1 美元，更蠢的是，欧巴蒂亚·梅里特先生走到募捐箱边慷慨解囊，手碰到了募捐箱，打翻了它，箱子和钱都打翻在薛执事身上，他竟接着把钱扔下，发出令人讨厌的咯咯声。在场的所有人都笑了，包括格罗夫纳牧师。今天，我听说了关于海难的详细内容：这是一艘从安妮角出发，驶往圣多明各的双层纵帆船，满载着鱼和木板。他们上周二从凯普·安的海港出航，甲板上有 8 个人，即一名船长，一名助手，一名旅客，一个男孩，一个黑白混血儿和三个帮手。暴风雨把船带到了离海港 34 英里远，他们赶忙回到海港，大概到晚上 9 点了。但是，风很大，他们无法进入海港，所以他们被迫停泊在那里。他们期望在这个岸上停靠，不停地测试水深，周三晚上 12 点前一点，他们发现自己在水深 12 英寻（1 英寻 ≈ 1.8米）的地方。那天的能见度很低，下了大雪，他们无法驶向陆地，所以他们抛了备用大锚，挣扎了一会儿（人们认为他们远离了斯基尤特港）。接着，他们撞上了一个漂流物，他们猜想是其中一个锚爪断了。过了一会儿，他们猜想锚又回来了，便又挣扎了半个小时。接着，他们又撞上了一个漂流物，向右碰到了岸，潮面很低。他们撞上了第四断崖的暗礁。空气能见度很低，他们触礁后无法驶向陆地，风很大，海面很高，他们撞得很严重。波涛汹涌，纵帆船坚持了一天，开始破裂。船长和两个帮手在后甲板，把裤子系在上面，最后一个巨浪拍来，打到了后甲板和他们三个，船长和助手淹死了，另外一个人被冲上岸。修桶匠把绳子的一头系在泵上，在自己身上绕了一圈，用手握住另一头，好在合适的时机抛出去。最后，发现这艘船完全破裂了，他松开在泵上系的绳子，爬上了桅杆。船向海岸倾斜，桅杆倒了，他也掉下来，天意如此，他被冲到岸上。有两人没有淹死，船长、助手、旅客、男孩、黑白混血儿淹死了。船成了碎片，180 大桶鱼保存完好。得救的人陷入了困境，其中一人打着赤脚走过雪地，去找船长；另一个人在精疲力竭时，幸运地得到一个男孩的帮助，找到希兰先生。他们把负责前桅的男孩和黑白混血儿埋在沙滩上，把另外三具尸体保存起来，并把话带给凯普·安。这是一个很奇异的事故。船长和助手与一对姐妹结婚。格罗夫纳牧师在祷告和训诫时提到了这次海难，他告诉我们去年这个教区有 14 人死亡，1773 年这个教区有 17 人死亡。

1 月 2 日，上午，我削皮革。下午，我把剩余的老皮革拿出来，把它放在次等皮革中，再一起放在石灰肥里。今天有两三个雪橇滑进树林……昨晚我熬夜到 11 点。

1 月 3 日，上午，我做钟表的发条装置。下午，我鞣了 10 张皮。

1 月 4 日，我去教会看他们拍卖长凳。

1 月 5 日，下午，我去科哈塞特听一场讲座，关于时代的问题。布朗先生宣讲了《罗马书》第 14 章第 19 节，如果你们高兴的话，可以读读其中的内容。但是你们可能会忘记，我就把它写下来：让我们多做和平的事，以及可以陶冶情操的事。他们合唱了三次，第一次唱的是《旧约》诗篇第 34 章的第一部分，变换了各种场景……我们在理查德·基尔比家跳舞。

1 月 6 日，洛特和我梳理亚麻，我梳理了很多亚麻，够做 7 磅的，他用打麻机打了 3.5 磅，丹尼尔给塞斯做了一双半筒靴。

1 月 7 日，我晾晒了已鞣制的皮革，试着把它们弄干，但是天气就像有冰冻一样，所以没有晒干。洛特去树林用老母马驮回一些木材，他把雪橇的一边弄断了。

1 月 8 日，安息日。我去教会，宣讲了《以赛亚书》第 55 章第 6 篇。

1 月 9 日，上午，我在爸爸的钟表上放了一个弹簧，让它敲得更响。丹尼尔和洛特用大母马运了木材。下午，我们修理了雪橇，给公牛钉蹄铁。地上有 1/3 都被冰雪覆盖，昨晚我在家待着，12 点上床，睡了 7 小时。

1 月 10 日，我在钟表加工生意上忙了一会儿。丹尼尔做鞋。今天早上威廉·索斯沃斯先生因为一个很小的病痛去世了。他上个安息日来了教会，人们认为他死于中风。

1月11日，我们去培训场地，在巴恩斯牧师先生的礼拜堂附近。这个镇的上、中、下部队兵团在这里武装集合，同时招募更多的民兵。当我们都武装列队完毕，三个兵团行军到礼拜堂，聆听读经。巴恩斯牧师祷告，然后我们一起唱第144篇的前两节，接着格罗夫纳牧师训诫。他的主题是《历代志》第二部的第17篇第18节：准备好战争。大家都认为他讲得很好。训诫完后，格罗夫纳牧师做了简短的祷告，他们唱了第101篇的两节。接着兵团走出礼拜堂，再次列队，开始召集招募民兵。大概招募了66个民兵，我就是其中一个。我们行军进入礼拜堂，并从那里换地方到福斯特地主家，我们在那里选了三名军官，即约翰先生为上尉，拿但业·温斯洛先生为第一中尉，海沃德·皮尔斯先生为第二中尉，直到下周三都是同一地点。天气是一年中最适宜的时候……午夜时分，我从训练基地回到家。

1月12日，我鞣制了一些皮革，但做得不多，因为我受到很多干扰。今天，威廉·索斯沃斯的遗体被埋葬了。一两天前，约瑟夫·怀特科姆的小孩夭折了。

1月13日，我完成了一些皮革。丹尼尔和塞斯做鞋。洛特和弗朗西丝装饰亚麻……海沃德·皮尔斯中尉来看我，并和我共度了一个傍晚。我卖给他一张索尔皮革，卖价是每磅8先令6便士，用的是旧的十元纸币。

1月14日，我在皮革店工作，清理了11张皮。丹尼尔和洛特用2匹母马驮了些木头回家。爸爸卖了1蒲式耳的玉米，赚了4先令，即旧纸币的1英镑10先令。又以同样的价格卖给乔纳森·特纳少尉1蒲式耳的黑麦。

1月15日，安息日。我去教会，格鲁夫纳牧师祷告。他依据圣马可第13章第36节传播福音。

1月16日，我骑马到镇上出差。我先到丹尼尔家，然后依次去尼古拉叔叔家、乔纳森·布朗先生家、阿迦塞洛斯·康宁先生家、以利沙·里奇菲尔德表亲家、伊萨迦·韦德士先生家、拉坎墩先生家，再从那里去威尔·高力叔叔家，并在那儿吃了晚饭。接着骑去海沃德·

皮尔斯家，我和海沃德一起去港口沃特曼先生的店，买了帽徽。从店里又去了山姆·布莱恩特先生家，然后回到尼古拉叔叔家、丹尼尔家，最后回家。到家时，已是晚上 11 点 30 分。

1 月 17 日，我给皮剃毛，包括两个侧面、两个肩部和一整块，我还清理了 7~9 张皮。

1 月 18 日，下午，我去镇民大会，在某种程度上和民兵事宜有关。他们投票通过，目前不再招募更多民兵，但以后如果有必要可以再招募。大陆会议协会的成员负责代表签字。几乎所有在场的人都签字了，无论老少。民兵和克拉普上尉以及其他人，从礼拜堂往下走到福斯特地主家，享受惬意的休会时间。接着投票选军官，招募了许多人。为了扩充到 88 人，我们投票通过把 88 人分为两个团，每团 44人。上团选所有的军官，但我们在选择的时候出现分歧，就休会到下周一下午 1 点，在同样的地方，即福斯特地主家，等等。

1 月 19 日，我在皮革店加工，磨皮。丹尼尔和塞斯做鞋。

1 月 20 日，我给钟制作齿轮。

1 月 21 日，上午，我帮助威尔卡特先生磨剃刀，大概磨了 3 小时，结果还是不能令我满意。但是我和威尔卡特先生一起用剃刀剃了胡子。下午，我锻造了钟表的膛。

1 月 22 日，我去教会，巴恩斯牧师祷告，他布道了《罗马书释义》第 5 部第 7 章第 8 节。

1 月 23 日，上午，我加工了钟表。下午，丹尼尔和我一起去福斯特地主家，参加上周三休会的会议，给下团民兵选出军官。我们选了小塞缪尔·斯多克布里奇先生做上尉，海沃德·皮尔斯先生做第一中尉，皮克尔·库欣先生做第二中尉，以色列·尼科尔先生做第一中士，他们选我做第二中士，罗隆·特纳先生做第三中士，威廉·劳瑞先生做第四中士，以下的人是下士：艾拉·布莱恩特、贝尼亚·韦德、以利亚撒·皮克斯、大卫·特纳。亚瑟，一个属于史蒂芬·奥提斯先生的黑人，在上上个安息日晚上打坏了沃特曼先生的店，今天在福斯特地主家接受审讯。他偷了店里的东西，价值可观，其中大部分都追回来了。黑人的主人同意给沃特曼先生 6 英镑 13 先令 4 便士的法定货币，并偿付所有的损失，加上之前的，总共 10 英镑。到现在为止，这个冬天天气都很好，有一点雪，我猜不到 6 英尺。

1 月 24 日，上午，我鞣制了一点皮革，吉姆和洛特做了酸奶，丹尼尔和塞斯做鞋。下午，我们在丹尼尔家操练，到场的都是民兵中士：以色列·里奇菲尔德、扎多克·达蒙、丹尼尔·里奇菲尔德、以利沙·里奇菲尔德。

1 月 25 日，我漂白了皮革。

1 月 26 日，鞣制。大约晚上 8 点，艾德蒙·席尔瓦斯特从切斯特菲尔德回来，他是上周二早上出发的。他已经两三年没回来了。他带来了新消息：在切斯特菲尔德的人一切安好。

1 月 27 日，我没有做太多工作，但和艾德蒙一起散步。下午，我们在丹尼尔家操练，人员有我、丹尼尔、扎多克、贝尼亚，我们一起摔跤搏斗。尼古拉叔叔以旧纸币 96 英镑 15 先令的价格卖掉了母马，它几乎不能动了。它大概 11 岁了，我觉得，从理论上和实践上，他都卖了一个好价钱。

1 月 28 日，艾德蒙到河上游去看望母亲。我给 9 张皮除毛。爸爸、洛特和弗朗西丝在希望山砍树。我们收到了上周四的报纸，上面提到，大陆会议向乔治三世呈递请愿书。

1 月 29 日，我去教会，格罗夫纳牧师祷告，布道的是《腓利比书》第 2 部第 1 章第 2 节。

1 月 30 日，我鞣制皮革。晚上，我们去上游的皮克尔·库欣中尉家，山姆上尉、小斯多克布里奇和海沃德·皮尔斯中尉也在。我们听说，托利党几乎厌倦了马什菲尔德的正规军，但他们已经得到了军队，且必须保持下去。

1 月 31 日，我和丹尼尔、阿莫司、扎多克、以利沙，还有另外两三个人，一起在丹尼尔家操练。

2 月 1 日，上午，爸爸、丹尼尔和洛特在牧场门前修剪灌木。我、丹尼尔和洛特同斯多克布里奇上尉的民兵团一起训练。我们在约书亚·克拉普先生家见面。晚上，皮尔斯上尉、本杰明·韦德和我一起去阿巴勒·特纳先生家，那里集合了一群女士，即瑞秋·巴恩斯夫人、福斯特夫人、兰德尔夫人。

2月2日，上午，我帮忙砍柴，丹尼尔去上游的山姆、斯多克布里奇和以法莲家，下午，我锻造了一把刺刀枪的内膛。约书亚·布莱恩特先生和阿巴勒·斯多克布里奇女士的结婚仪式在今天傍晚举行，听说他们没有过分重视这次婚礼，丹尼尔和以法莲·里奇菲尔德碰巧在附近，却不知道有婚礼的事。

2月3日，我加工了钟表。父亲、丹尼尔、洛特和弗朗西丝在牧场的门前修剪灌木。下午，我去丹尼尔家操练民兵，但一个都没有来。小乔·科恩给艾德蒙付钱。

2月4日，父亲、丹尼尔、洛特和弗朗西丝修剪灌木，我加工钟表。

2月5日，安息日。父亲、我、艾德蒙、洛特和弗朗西丝去教会。布道的是《路加福音》第2部第25章，我们为利特尔夫人祷告，她今晚去世了，周三下葬。

2月6日，上午我制皮革。下午，我们在丹尼尔家操练，民兵有我、丹尼尔、扎多克、阿莫司和以利沙。傍晚，我、丹尼尔、艾德蒙和姆斯去西姆·斯托达德家，吉姆和吉姆·库欣已经在那儿了。我们在那儿一直待到凌晨1点。

2月7日，上午，我锻造钟表，下午，我在皮革店加工。丹尼尔和其他人在牧场门前修剪灌木。我们听说，正规军和托利党在监视着马什菲尔德。

2月8日，下午，艾德蒙和我去利特尔夫人的葬礼，来了很多人。傍晚，丹尼尔、皮尔斯中尉和我去斯多克布里奇上尉家，我们被盛情款待。我们吃了我见过最肥的羊肉，1/4只重18磅，肋排有2英尺厚。在座的有民兵团的书记以利沙·基姆斯执事，和余下的官员。

2月9日，上午，我加工表，做生意。下午，民兵在丹尼尔家操练，即扎多克、丹尼尔、以利沙和阿莫司等人。

2月10日，以撒叔叔在这里，我们一起处理艾德蒙的介绍信。涉及4磅10先令旧币。

2月11日，上午，我去威尔卡茨先生的店，我和他一起做了一个中心钻嘴来给子弹盒钻孔，我钻了一个盒子。傍晚时，斯多克布里奇上尉和莎拉及她的两个孩子莎米和贝蒂，总之他们一起来拜访。昨天或前天约翰·怀特科姆叔叔以54美元的价格卖掉了他的母马（它有9岁了）。

2月12日，上午，斯多克布里奇上尉和我一起去教会。布道的是《箴言》第27章第1节。一纸文书证明了斯基尤特的约瑟夫·卡德沃斯先生和科哈塞特的伊丽莎白·撒奥瑟女士的婚姻，我们称它"发表"。我想这是第一个发表文书。到晚上时，山姆和莎拉回家了。

2月13日，下午，我们去训练。我们在基姆斯·詹金斯先生家见。天气非常冷，有1/3的民兵团来训练，训练结束后，斯多克布里奇上尉和库欣中尉及其他人去了皮尔斯中尉家。

2月14日，我给自己做了一个子弹盒，用小马皮盖住它。它可以装19发子弹。

（有一行字侧面插入进日记:）

周一，艾德蒙去他妈妈家，因此我听说，周二，14日，他和他岳母忧心忡忡地出发去切斯特菲尔德。

2月15日，我们去训练，在基姆斯·詹金斯家见，今天整个民兵团都来了。但是天气依然潮湿寒冷，我们不能操练太多项，只行军。天上下着小雪，人们渴望木头，他们用雪橇运了很多。有运木头的人经过这所房子，我们保持了32担的纪录。

2月16日，我加工子弹盒和做一些相关的零工。

2月17日，我加工钟表，切磨钟的齿轮。丹尼尔和塞斯做鞋，洛特和弗朗西丝帮基姆斯把伐木从牧场拉到锯木厂。昨晚，我听说梅利特先生和莎拉·比尔斯女士结婚了，莎拉是科黑瑟的贝尼亚·比尔斯先生的女儿。今天，大约24人被招募进民兵团，他们被称作突击队员。

2月18日，上午，我加工钟表，基姆斯和洛特弄了一些干草。下午，基姆斯和洛特给雪橇打铁蹄，我给自己打了一双平底轻便鞋。这双鞋我钉了116颗钉子。[1]

---

[1] Wilford J. Litchfield, *The Litchfield Family in America: 1630 - 1900*, No. 22 Oaks Avenue, Southbridge, Mass., U. S. A., 1902, pp. 320-327.

在以色列·里奇菲尔德的日记中，"钟"是一个非常特别的意象。他几乎一有空就加工钟表，可见"加工钟表"本身对他而言是一件非常重要的事。在 15~17 世纪，人们只会在修道院和教堂看到钟，钟被当时的人视为宇宙和上帝的象征，它代表着具有神圣意义的某些时刻。然而，自笛卡尔以后，上帝被置于一个机械宇宙中，凡事都依照既定规则进行。笛卡尔说："上帝订立了这些规则，因此他不可能还想打破它们。"也就是说，上帝创造了一台机器，并受困于这台机器。中古世纪的上帝可以随时干预时间，而现代钟却是一个滴答作响、一直报时到永恒的机器，这种演变揭示了时间失去神圣性，并被世俗化的过程。美国移民在掌控这片广阔大陆时，也开启了一个机械时代。

2 月 19 日，安息日。我去教会，格罗夫纳牧师进一步论述了他上周的训诫。下午，他布道了《雅各书》第 3 章第 5~6 节。

2 月 20 日，上午，我打亚麻，打了 6~7 磅。我听说，上周六斯提芬·奥提斯去世了。丹尼尔·詹金斯上周也失去了他的双胞胎的其中一个。

2 月 21 日，上午，我去斯多克布里奇上尉家，去拿点黄油，下午，斯多克布里奇上尉的兵团由基姆斯·詹金斯训练。

2 月 22 日，我做了一点工作。

2 月 23 日，我干了点活。

2 月 24 日，我在丹尼尔家加工，用皮革包盖住一个有涡卷饰的盒子。我听说，德伟利的妻子去世了，小韦德的妻子也在这周去世了。

2 月 25 日，我和山姆二世·斯多克布里奇上尉一起加工一个子弹盒。

2 月 26 日，安息日。我去教会。格罗夫纳牧师祷告。圣马太第 12 章 35 节的后半部分。下午，布道从《雅各书》第 3 章第 5 节开始，还包括第 6~8 节。约翰·福斯特来到礼拜堂，将小托姆·皮尔斯叫出来照顾他的女儿，她生病了，得了天花。

2 月 27 日，阿莫司和我在斯多克布里奇上尉家安顿了一晚，为了第二天一早我们一起出发去波士顿。我们凌晨 1 点 45 分离开他的家，快破晓时走到布伦特里镇的康宁家，我们在那儿休息了 1 小时，就接着上路了。我的马有铁蹄，花了我 6 个铜板。下一站是米尔顿桥旁边的维齐斯镇，我们在那里喂马。我们从那里又出发，而且不得不从低路穿过多尔切斯特，因为天花在公路（现在的华盛顿街）泛滥。我们大概早上八九点到达波士顿。我们把马放在阿奇寡妇的院子里，我们没给它们喂一点干草，而是继续去忙镇上的事情。我给自己买了一把阔剑或叫短剑，花了 10 先令。斯多克布里奇买了一张兽皮和一半麋鹿皮，用来包装涡卷饰的盒子，这花了他旧纸币 16 英镑。我们在阿奇寡妇那里吃晚餐，花了 18 个铜板（即旧纸币 1 先令或 7 英镑 6 便士）。下午 4 点，我们从波士顿返回，日落时分到米尔顿桥，我们在那儿休息到第二天黎明，等一个来自欣厄姆的人。最后我们从磨坊出发，一刻不停地赶到了欣厄姆的西奥菲勒斯·库欣家。西南风非常刺骨，他们家有温暖的壁炉。我靠着壁炉坐下，直到火焰的热量完全包围了我，我像狗一样倒下，像石头一样昏死过去。我苏醒了两次，又昏死过去。最后，他们给我用了一些点滴，我透了透气，在房间走了 20 分钟，然后我们出发到斯多克布里奇上尉家，大概晚上 11 点 45 分到。阿莫司和我一整晚没睡，可能是因为这趟旅途太过疲劳了。

2 月 28 日，上午，我在斯多克布里奇上尉家安静地待着。下午，我们在库欣·菲尔德中尉家待着，有 40 个民兵在那里集会。

3 月 1 日，我和斯多克布里奇上尉一起为涡卷饰的盒子加工一个压模盖子，伊瑞·布莱恩在工作，做皮革。

3 月 2 日，我今天在斯多克布里奇家染色，给有涡卷饰的盒子打木头。

3 月 3 日，我剃毛和拉长了一些皮革。

3 月 4 日，我在皮革店加工。

3 月 5 日，安息日，我去教会。

3 月 6 日，我们的季度会议。我去镇民大会，他们选择了所有的镇上官员，爸爸（约西亚·里奇菲尔德）是公路测量员。镇上的事务忙完后，南森·库欣绅士做了一个不错的演讲，他讲了将近 1 小时，伊利亚·柯蒂斯和大卫·利特尔也在。现在，我们叫他们托利党。那位绅士演讲得十分严肃，使托利党人瑟瑟发抖。会议完后，我去贝利执事家，然后去海沃德·皮尔斯家，我们唱了6个小时。

3月7日，上午，我加工涡卷饰盒子。下午，我们去训练，在库欣中尉家见。上尉和两个中尉去汉诺威市选陆军校级军官。尼科尔和我、纳·维特花了旧纸币2英镑4先令11便士。训练完后，我们一起在小阿巴勒·特纳家跳舞。

3月8日，我漂白了一些皮革，洛特和弗朗西丝犁地……傍晚，我往沙堆里扔了一些子弹。

3月9日，我在皮革店鞣制和加工。上午，洛特和弗朗西丝犁地，下午，换丹尼尔和洛特犁地。

3月10日，我擦了枪。傍晚，我去斯多克布里奇上尉家。

3月11日，阿莫司和我去希西家·浩特森。他把一个新的主弹簧放在锁里，我们沿着国王街走。浩特森的妻子即将去世。我看见几群野鹅飞上天空。

3月12日，今天是安息日，我去教会。巴恩斯牧师祷告。他布道的是《彼得前书》第1章第17节。

3月13日，上午，我做了我的剑带和刺刀带。下午，我们去训练。我们在皮克尔·库欣中尉家见。

3月14日，我一整天都在加工钟表。昨天，丹尼尔从布拉克特那里获得了一些毛皮，有10~12张。

3月15日，上午，我加工钟表。下午，我在皮革店加工。我用了4张皮。

3月16日，今天我去教会。由于省议会的建议，今天专门留出来进行斋戒和祷告。格罗夫纳牧师布道了第85诗篇第4~9节。我们上午没有唱歌，下午唱了两次。

3月17日，我们在家里加工。

3月18日，我加工枪膛。西米恩·韦德先生去世了。他身体这么好也病倒了，他是今晚去世的。

3月19日，安息日。我们去教会，格罗夫纳牧师布道《马太福音》第26章第41节的第1条。

3 月 20 日，下午我去训练。我们在皮克尔·库欣家见。我们齐射 3 次，斯多克布里奇上尉瞄准一个 12～14 杆远的目标射击，正好在 1 英寸的偏差之内打中。晚上，我们去霍梅斯先生家唱歌。

3 月 21 日，我加工我的枪。我花了一整天拧它、清理锁和修理它。我清理完锁后，往里面放了一块很好的打火石，并试着点燃 3 个玉米磨成的粉。我旋塞住它，折断，然后让它燃烧。我发现一次只能用 3 个玉米，并再次尝试，它点燃了玉米粉。我连续试了 11 次，它每次都点燃了 3 个玉米，没有失误。第 12 次，它失误了。但我彻底检修了它，旋塞它，它（第 13 次）成功点燃了玉米粉。接着我让它烧单个玉米的粉，连续 4 次都烧着了，第 5 次失误了。但我又彻底检修了一次，第 6 次它成功了。

3 月 22～23 日，我加工钟表，设置一个钟，把时间设在晚上 9 点。这个钟是我昨晚为塞斯·索普先生设计的，今天我为钟做了一副把手。

3 月 24 日，安·特纳夫人来我们这儿，我给钟做了一个面。

3 月 25 日，我在谷仓上放了一个黑色风向标，在每一面都用白漆写上今年的日期。

3 月 26 日，安息日。我去教堂，肖先生祷告（他是校长），他讲了《约翰福音》第 1 章第 13 节，我把肖先生叫作狂热的天主教徒。

3 月 27 日，我鞣制皮革。天气凉爽。

3 月 28 日，我加工钟表，我给我的表制作了报时（敲击）装置。

3 月 29 日，我给约书亚·贝特先生鞣制了一张皮革，还做了各式各样的别的活。我去约书亚先生家拿回一张皮革。我借了一个曲调，叫《北风》，是按照沃特博士的沙弗诗体作的曲。

3 月 30 日，上午，我骑马去纳特·韦德先生家，看见亚伯尼哥在给布维斯做帽子，今天我拿到了我的皮帽，是本杰夫人（克拉普的女儿）做的，花了 3 个银币。我从韦德家去教会见合唱队的人，他们来得不全，所以我们下周四傍晚在威廉先生家再会。纳撒尼尔·莫特先生被埋葬。

3 月 31 日，我加工钟表的报时（敲击）装置。

4月1日，我加工我的钟表的报时（敲击）装置。

4月2日，我去教会，格罗夫纳牧师祷告。他讲了《约伯记》第14章第10节。

4月3日，下午，我去训练。我们在皮克尔·库欣家碰面。其中大概有40人是昨天在军士会面时见过的。

4月4日和5日，我加工钟表的报时（敲击）装置。

4月6日，我完成了钟表的报时（敲击）装置，并设置好它，使它开始走。我制作钟表的报时（敲击）装置花了我7天多的时间。傍晚，我去威廉先生家，海登一家、哈伯·利恩没有来，所以我们没有做任何生意。

4月7日，我在皮革店加工，给做床用的树磨皮，并把皮革的脂肪留着，这是第一次这样做。

4月8日，我鞣制了一下皮革。然后给小塞斯·梅里特做卡通盒子的盖子，在上面做了一个标记。天气凉爽。傍晚，我的一颗牙十分疼。大约晚上9点，我上床睡觉，辗转反侧，快到10点时，我起来生火，坐到了大约11点时，去梅里特家把牙给拔了，牙很轻松地被拔出来了。我给了他1个小银币。我在午夜前回家睡觉，睡得很好。

4月9日，我去教会，格罗夫纳牧师祷告……

4月10日，下午，我去纳特先生家一起雕刻了黄铜。傍晚，我去威廉·海登先生家，为了见其余的经营者以及处理一些事务，关于唱歌时面向哪里，我们坐在哪里。他们投票允许合唱队面对牧师唱歌，我们选出了一个由绅士们组成的委员会，即奥提斯·梅斯上尉、威廉·海登、劳伦斯·里奇菲尔德、本杰·贝利。他们向委员会报告，报告被接受（在委员会成立之前，我们已经同意有5个男低音和5个男高音），委员会成员如下：右手边面向女人的地方，坐着威廉先生和海登先生，他左手边是吉姆斯先生和小特纳，紧挨着的是约书亚先生和小奥提斯（中间隔了间隙），男低音的右手边是海沃德·皮尔斯先生，下一个是奥提斯上尉，下一个是丹尼尔·里奇菲尔德，接下来是我自己、以利沙，他们站在前排。会议结束后，我和亚伯尼哥·韦德一起回家。

4月11日，我和亚伯尼哥·韦德先生一起加工，给卡普斯加工黄铜帽子。他和我雕刻了 17 个或 18 个，剩下的是抛光，我今晚没有回家。

4 月 12 日，我和亚伯尼哥加工黄铜帽子。

4 月 13 日，早上，我从纳撒尼尔·韦德先生家回家……下午，我去训练。我们在约书亚·克拉普先生家见，特纳上尉的突击团也在克拉普先生家见。我们从那里行军到自由树，在那里我们遇见了约翰·克拉普上尉的民兵团，3 个团在军团驻扎，由雅克布主官训练。[①]

从以上美国独立战争前老里奇菲尔德记录下来的活动日记中，我们可以发现，美国独立战争并非源于苦难的绝望，而是源于对美好事物的憧憬。组织起来的人们有充分的心理准备，并且团结在一起，他们甚至在训练后唱歌和跳舞，表现出对独立前景的乐观和热情。反对独立的那些人显然是少数。

值得注意的是，美国儿童也接受了一种让他们变得像机械和时钟一样的训练。"他们在童年中发现了发展自主、主动和勤奋的机会。他们相信，体面的人类关系、对技术的掌握以及关于事实的知识允许他们在自己的追求中自由选择。作为一名青少年和男人，他们发现自己面对的是高等的机械力量，复杂、无法理解、冷漠、独裁。这些机械力量通过向他们提供看上去需要的事物将他们转变为一个愚蠢的消费主义者，一个快乐的自我主义者，以及一个高效的奴隶。他们常常不受触动，并遵循自己的道路。"[②]他们热爱机械的复杂性，这让他们保持了一种专业人员的状态。但是，如果这样看待世界并将人当作机械管理，必将对人类构成威胁。

二 美国独立战争发生的原因

在笔者看来，美国独立战争发生有经济、政治和心理三个方面的原因。

第一，北美殖民地在 18 世纪有惊人的扩张，因为直到 1764 年，重商

---

① Wilford J. Litchfield, *The Litchfield Family in America: 1630 – 1900*, No. 22 Oaks Avenue, Southbridge, Mass., U. S. A., 1902, pp. 327–332.

② 〔美〕爱利克·埃里克森：《童年与社会》，高丹妮等译，世界图书出版公司，2018，第303 页。

主义都没有在北美殖民地真正地推行。1696 年英国颁布了《航海法案》，旨在将 13 个殖民地纳入英帝国的自给自足的计划经济体系。但 18 世纪的英国殖民地政府太过混乱，太多部门和官员插手殖民地事务，导致权责范围不清楚，政府组织松懈。另外，《航海法案》的管理权掌握在一个由内阁官员组成的"贸易和种植园委员会"手中，委员会的成员通常来自英国大家族，他们很少有人在殖民地生活过，因此有许多无知和武断的决定。实际上，18 世纪的英国忙于国内纷争和国外战争，时常无暇顾及对殖民地的统治，让殖民地按照自己的方式发展，结果，殖民地变得足够强大，能够维护自己的权利。

七年战争后，英国决定在北美殖民地强制推行重商主义。首先，七年战争给英国带来了 1.4 亿英镑的巨额债务，虽然英国政府的财政支持主要依赖关税和货物税，但土地税的负担还是落在了乡绅地主身上；其次，西印度群岛的种植园主终止了美洲与法国和西班牙糖岛的贸易；最后，乔治三世希望建立国王的特权。起初，13 个殖民地是支持《航海法案》的，但不久，《航海法案》就成为征税的手段，引起了殖民地激烈的反对。紧接着，1764 年的《食糖法案》、1765 年的《印花税法案》、1768 年的《汤森法案》和 1771 年的《茶叶法案》，最终激起了殖民地居民的怒火，殖民地的抗争升级成了叛乱。

第二，对于公民自由和英国的司法程序，北美殖民地居民有一个更清晰的概念。他们革命的目的不是追求自由和正义的抽象原则，相反，他们要维护以英国人的权利为基础的生活方式。约翰·洛克的自然权利论把持有财产的自然权利看作社会平衡的基础，而国会的措施是在没收北美殖民地居民的财产。由于洛克对 1688 年"光荣革命"的辩护，北美殖民地居民有权利强调他们的政府必须服从被统治者的意志，如果不服从，他们有权利改变它。他们认为，议会对宪法的解释是对自由的一种威胁；皇家对通令的使用和海军部法庭没有陪审团，也对自由构成了威胁。他们憎恨英国的"虚拟代表制"，坚持代表必须是他们所代表社区的居民。他们认为帝国由各个平等和自治的国家组成，由一个有名无实的共同君主统治，并指责地方议会在各地行使立法权时改变了它的性质。

第三，虽然美国的形成，英国十分关键，美国人也继承了许多英国文明制度，但英国对北美殖民地的手段强硬，剥夺了北美殖民地自由发展的空间，使殖民地居民产生很多不满情绪。一是英国人对殖民地居民持居高临下的态度，仅仅因为他们是殖民地的居民，英国人就嘲笑他们，认为他们低人一等；二是殖民地中最好的职位都留给英国人；三是英王委任状的地位高于殖民地官员，英国官员公然藐视北美军官和士兵；四是英国投资者随心所欲地操纵殖民地经济，要求殖民地政府给予他们特权，这些特权对殖民地居民而言是侮辱性的。因此，殖民地居民对英国商人的怨恨情绪渐长。但即使在最不济的情况下，13 个殖民地也比那个世纪中其他任何一个殖民地更自由，被更慷慨地对待。在那个时代，没有任何一个国家的殖民地在获得和享受政治自由方面取得这样大的进步。当这片新土地赋予它的居民以新的生命形式时，它的生长和发展就势必是另一条路。

当然，新大陆即将诞生的国家并不是人类真正向往的自由民主社会，只是一个由新兴的资本主义制度取代传统陈腐的老殖民制度的资本主义国家，所以，随着自由竞争的资本主义制度向垄断发展，帝国主义国家间的战争就不可避免，争夺新的殖民地的战争更加残酷。正如 1840 年以后的清政府，在面对先进的资本主义生产方式和政治制度时，腐朽的封建生产关系和政治制度不堪一击。因此，尽管在今天看来美国独立战争后的制度和发展在当时是先进的，但在国际无产阶级革命爆发以后，它的落后性和腐朽性就显现出来。

第四章　里奇菲尔德先辈经历的独立战争

所有的历史都是当代史，因为我们在审视历史事件时，只可能从当下的意识出发去理解。而日记的价值就在于，让我们可以用当事人的眼睛来观察正在发生的事，它不是对胜利者的讴歌，而是鲜活而真实的生活。

毫无疑问，这就是里奇菲尔德家族的个人真实记录，虽然我们无法去访问当时活着的人，但他们家族的先辈以日记的方式为我们保留下来宝贵的"访谈记录"，笔者有幸见到并记录下来。在研究一个家族的历史时，这恐怕是最珍贵和最有价值的了，笔者把其中一部分原封不动地展示给读者，以真切反映当时的情景并达到研究的目的。

本章从里奇菲尔德三位先辈的视角出发，来呈现更生动的美国独立战争的故事。第一节是北美殖民地民兵的战争日记，日记作者是约西亚·里奇菲尔德的儿子，以色列·里奇菲尔德，他和家人生活在马萨诸塞的斯基尤特，那里位于波士顿的东南边，发生战役的列克星敦和康科德在波士顿的西北边，两地相距 60 公里。虽然斯基尤特不是主战场，但在第一声枪响以前，没有一个马萨诸塞居民知道战争会在哪里打响，也没有人知道战事会蔓延到哪里，所有人都怀着既积极又十分紧张的心情等待着。美国独立战争从 1775 年持续到 1783 年。此日记记录了从公元 1775 年 1 月 1 日至 8 月 25 日之间的事，包括战前准备、战争发生，以及战时的生产生活。

第二节是从法国军官的视角来看待这场战争，可以说，没有法国，就没有今天的美国。主人公是理查德·里奇菲尔德祖母的祖先，他叫弗朗索瓦·艾萨克·莱伯，于 1754 年出生于法国诺曼底。1778 年 2 月 6 日，法国和美国临时政府的代表签署了《同盟条约》和《友好与商业条约》，标志着法国作为援军正式参战。1779 年，弗朗索瓦·艾萨克·莱伯作为苏瓦松旅圣勒杰连的上尉，参加了美国独立战争。

第三节是从苏格兰士兵的角度论述，约翰·麦吉尔弗拉和其他的苏格兰人被英国军队强征入伍，被迫参加了美国独立战争。约翰·麦吉尔弗拉是理查德·里奇菲尔德的母亲的祖先。这些苏格兰人并不希望英国获胜，他们也反对乔治三世，因此没有用心打仗。从中可看出，一个腐朽的制度必然会被历史吞没。

第一节　战争是令人痛苦的：里奇菲尔德的战争日记

一　经历战争打响和动乱

美国独立战争动员了很多自由民参与，主要是主张脱离宗主国英国的白人群体，然而，对于那些刚稳定下来不久，或者尽管有一定的固定资产，但仍然处于创业阶段的北美殖民地白人来说，选择打仗或者继续拥护英国的统治都是困难的。2019 年 1 月，在一次访谈中，理查德告诉笔者："里奇菲尔德家族选择了参加拥护独立的一方，他们参加了独立民团组织，一种准军事部队。"在日记里，他的祖先这样记录自己在当时的活动：

4 月 14 日，我身体很不舒服。我们砍伐了一棵松树，送到锯木厂给吉姆斯，我得到了一些海滩隔板，锯了以后做钟表。

4 月 15 日，我做了一点工作，心情很差，吉姆斯和丹尼尔给约翰·埃尔姆犁地，玛丽·佩克在这里寄宿。

4 月 16 日，我去教会。舒特牧师祷告。上午，他讲了《约翰福音》第 3 章和第 19 章，下午他讲了《约伯记》第 22 章第 21 节。我听说从英格兰传来了一些好消息。

4 月 17 日，我去亚伯尼哥·韦德家，一整天加工钟表的旋转部分。

4 月 18 日，我和亚伯尼哥一起加工，做黄铜帽子。我感到身体很不舒服。

1775 年 4 月 19 日，我睡了 4~4.5 个小时。我凌晨 3 点起来，去沼泽锻造厂，照例看看我们的民兵团。我们大概 11 点时上前线，前线已有 9~10 个像我们一样的兵团，在我们上前线以前，牧师（希契科克先生）为我们祷告。首先，我们唱了一首圣歌，我想是以第18诗篇第32节开始的两节半。长官带我们做了一些操练，接着，部队解散半小时去用餐，然后再击鼓集合。当我们奔向我们的集合地时，罗兰·特纳先生碰巧跑到了布里奇沃特兵团下的武装部队所在地，该部队的哨兵没有用言语让他离开，而是立即用刺刀刺向了他的小腿，刺伤了骨头，紧接着，他大腿上又被刺了另一刀（其余几行字被涂掉）。他的伤势比我们想象的要轻。第二次，我们操练了2~3个小时，接着部队解散。但正当部队解散时，邮差带话来称，正规军已行军出了波士顿，并且在康科德（马萨诸塞州）①与我们的部队展开了战斗。当我们第一次听到传言时，有人相信，有人不信。我们听说，1200多支国王的军队开船到了坎布里奇河，并在沃特敦镇登陆，向康科特行军，在康科德我们存放了弹药库，他们此次行军的目的是抢夺我们的军火，并摧毁我们的供应。在我们迎头痛击他们以前，他们已经非常接近弹药库了，我们的人也集结起来。正规军长官指挥他们散开，并命令正规军射击，他们当场杀了我们6个人。接着，400多个我们的人对他们展开战斗，迫使他们撤退，直到正规军的援军赶来支援，然后正规军再次撤退，我们的人殊死搏斗，直到他们全部撤退到查尔斯镇的山头，那里战斗停止了。据最可靠的信息，我知道我们有34个兄弟战死了，正规军有大约300人阵亡或成为俘虏。正规军在撤退时烧毁了一些房子并制造了一些其他的伤害。

我们大约晚上9点回到家。我期待拂晓前集合点名。大约晚上12

---

① 列克星敦和康科德战役是美国独立战争的第一场战役。1775年4月19日，一支英国陆军正规军从波士顿行军至康科德，搜索传闻贮藏在镇上的武器。来自保罗·列维尔和其他信使的事先警告，让殖民地居民集结准备反抗。在一场清晨于列克星敦开出战役第一枪的小冲突后，英国远征队在法兰西斯·史密斯陆军中校的带领下抵达了康科德。康科德与周围城镇的居民（特别是一家来自阿克顿由艾萨克·戴维斯带领的训练有素的民兵连）在老北桥击退了一支英国分遣队，迫使英军撤退。随后，来自各地的民兵在英军返回波士顿的途中袭击了他们，最终展开波士顿之围，并引发了这场战役。殖民地居民最初将这场战役描绘成英国人残暴侵略的一个例子：一份殖民地的报道抨击这是"英国军队的血腥屠杀"。然而一个世纪后，美国人对这场战役记忆犹新，将爱国的、几近虚构的（将老北桥发出的枪声形容为"震撼世界"）情怀诉诸文学作品，像是《康科德颂》和《列维尔之夜行》。该镇在1975年4月举办了这场战役的两百周年纪念庆典，总统杰拉尔德·福特巡游至老北桥并发表了演说。

点，威廉·卡莱尔从斯多克布里奇家过来，给我带来命令，让我上街报警。我走得尽量远，走到卡尔文·皮尔斯家，命令他们在太阳升起前1小时到上游的教堂见，并带上能用4天的完备武装。

1775年4月20日，昨晚和今早整个镇的人都惊魂未定，这是因为昨天在康科德发生的战斗。这个镇的3个兵团在上游的教堂集结，钟声敲响，人们从四面八方会集至此。我们在那里停留到午后，然后我们行军到河流下游的教堂，我们在那里设防驻军。暗号是"检测"，这里有40人的大规模防守，在奥提斯上尉的指挥下，沿途巡逻到第三断崖。他们抓了五六个托利党人，即查尔斯·斯多克布里奇博士、大卫·利特尔、以利沙·柯蒂斯、小贝尼亚·吉姆斯等。我睡了一个半小时，今早感觉生病了，现在依然感到身体很不适。我们听说，他们的兵团已行军到普利茅斯的科顿出口，并向马什菲尔德前进，去观察在那里的正规军。马什菲尔德大约有120名正规军。

4月21日，早上，我们等待俘虏到达迪肯贝利，我们大多数人去吃免费的早餐，我吃了巧克力。大约10点时，我们被召集武装。约翰·贝利上校与我们一起，带领威廉上尉的突击队员（名字被抹去了，但很可能是特纳）和在小山姆·斯多克布里奇指挥下的我们的民兵团（很可能突击团是在托马斯上校的指挥下，而托马斯上校这次授权贝利上校来指挥）。贝利上校指挥我们的突击团和伽林·克拉普上尉的兵团一起行军到威尔士的部队，守卫即将送去马什菲尔德的大炮。我们非常不情愿去，因为那里有几个投标者在挑衅，并瞄准我们的海岸。但我们不得不去。所以，我们行军到上游的教堂并加入伽林·克拉普上尉的兵团，我们行军到威尔士并对加农炮加以保护。我们从威尔士行军到彭布罗克的耶利米·霍尔斯博士那里，我们在那儿听到一个传言，说有500名正规军登陆斯基尤特。我们送信给中校，要求行军回到斯基尤特，然后当我们行军超过了霍尔斯博士所在地一英里时，长官来命令我们行军回到斯基尤特，那时太阳还有一小时高。我们行军到上游的教会，在那里我们听说传言是假的，没有人登陆，但正规军上了煤水车并离开了。我们今晚在上游教堂驻扎，并设防，暗号是"汉考克"。我睡了一个半小时。今早，我们听说昨晚正规军放火烧我们的防卫兵，并杀了其中一个人，带走了其余的人。这个消息在几小时后就被证明是不可靠的。但是，我们还是听说有 2 个人昨晚被带走了，并于今早被放了。

4 月 22 日，昨晚，我们的 3 个兵团在上游的教堂寄宿。今早我们集合去附近的人家吃早饭。我在霍克·库欣先生家吃早饭，吃了巧克力。饭后，我们武装集合，除了我们的兵团直到下午 4 点解散，其他兵团都解散了。我回家待了几个小时，接着我们回到教堂。我们从那里行军到海港，我们去了约书亚·奥提斯先生的家，我们在中心点设了两个防卫兵，在第三断崖设了 6 个防卫兵，在大门设了 100 个防卫兵。暗号是"彭布罗克"。我睡了 2 个小时。

4 月 23 日，安息日。我身体很不舒服，因为这已经是武装第 5 天了。丹尼尔上尉、我和其他人一起去伊莱·柯蒂斯先生家吃早饭。乔布先生和伊格内修斯·维纳尔今早给了我们一个鼓轮。今早，有一队人从伽林·克拉普上尉的兵团出来，归到我们这团，并把弗雷德里克·韩德森带过来看押。我们兵团的大多数人都武装集合了。奥提斯上尉的兵团把"美国中央军"也召集起来，我们的兵团坐在座位的西边，"美国中央军"坐在东北。我在安息日从来没见过这样的景象，我猜大概有 150 个武装的人。科黑瑟的约翰·布朗牧师为我们祷告，他读了第 123 诗篇，我觉得他在这个时机讲这个主题非常好。中午，我去海沃德·皮尔斯中尉家吃了一顿好饭，并刮了胡子。会议后，我们团有 20 个人去英克斯·克拉普先生家吃晚饭，团里其余人去海港，而去吃晚饭的那帮人在日落时去了海港，天气阴暗多雾。今晚，皮尔斯中尉、伽林·皮尔斯和我去巴克上尉家吃晚饭，并在他家寄宿。这是自从上周三以来，我第一次睡在床上，我在床上躺了 2 小时。我想我已经忍受了这段苦难，这是非凡的。

4 月 24 日，早上，我看见几艘船离开海港。我们把我们的营房从奥提斯先生家转移到奇滕登寡妇的房子，那里给了我们两间房和一个内室。我们按规矩找个地方过夜，我们锯了一块松木板，直到刚好可以穿过房间的长度，然后把它固定在离墙 6 英尺左右的地方。接着，我们放上稻草，借了一张旧帆，铺在上面。我们用一些填满稻草的窄带做枕头，使这里成为一个方便住宿的地方，我们还有毛毯和厚大衣做被子。斯多克布里奇上尉去马什菲尔德，贝利中尉派他去抓捕斯基尤特的所有托利党，并把他们押到马什菲尔德。今天的天气非常舒适，我在伊莱·柯蒂斯先生家吃早饭，晚饭吃我包里的食物——今晚我睡在稻草上。

4月25日，早上，斯多克布里奇上尉把他的兵团分为几个部分去追赶托利党人。我独自去查尔斯·斯多克布里奇博士家，并邀请他来马什菲尔德。他已经准备好出发了，所以我和他一起吃了早点，然后一起出发到马什菲尔德。我们的剩余部队抓到了三四十个托利党人，并把他们押到马什菲尔德，托利党人在那儿接受长官检阅。其中一些人因忠诚的誓言而被释放了，除非他们的审核延期，下周五有一些人一定会再次出现在那里。但是5个托利党人被命令押送到国会审核，这些人是弗雷德里克·韩德森、查尔斯·斯多克布里奇、伊利亚·柯蒂斯和大卫·利特尔，他们明天早上会被送走。今晚，他们被关押在查尔斯·斯多克布里奇家。因为我们从海港回来，我们碰见了以撒·巴克（他被叫作托利党人），他询问我们那些被叫作托利党的人是否想去马什菲尔德，我们告诉他，他们想去。于是，他继续往前走。我们的委员会长官在马什菲尔德待了整晚——我们晚餐有猪肉和大豆。

4月26日，早上（长官在马什菲尔德），我命令鼓手为军队击鼓。我操练了兵团后，就行军到沃特曼的商店，得到了一个鼓轮，我们游行了一段时间，然后去驻扎的地方吃早饭。我们有硬面包和巧克力做早餐，接着我们擦了明火枪，并召集操练。我们操练到中午，然后解散吃饭。我们有红烧猪肉和大豆做午餐。午饭后，我们休息了一会儿，接着我们召集操练，直到晚上。随后，上尉来了，问我们中是否有12个人可以从兵团出来做防守，其余的部队先到几户人家去，然后在下周六晚出现在海港。于是，包括上尉在内的我们12人留下来了，即斯多克布里奇上尉、我、阿特伍德·穆特、康斯德·梅里特、艾拉·布莱恩特、阿莫司·邓伯、以斯拉·海登、小以利沙·里奇菲尔德、乔纳森·霍罗威尔、贝尼亚·加内、巴克·库欣和小塞缪尔·布朗。我们听说，政府向波士顿的居民建议，如果他们解除武装，波士顿的大门就会被打开，而波士顿的居民有出入的自由，我们听说他们已经同意解除武装。

4月27日，上尉的踝关节肿起来了，实际上变跛足了。我们操练了一会儿，暗号是"彭布罗克"。巴克·库欣先生和艾拉·布莱恩特首先在让渡点站岗，他们站岗到半夜，接着阿特伍德·穆特先生和邓伯替换他们。贝尼特·加内先生和我于后半夜在第三断崖站岗。今天我病得十分严重。今天我们听到了很多流言蜚语。

4月28日，早上，我们看见托利党人的单桅帆船驶离港口，甲板上挤满了人。我们吃完早饭后，有8~10个人去了第四断崖，但是在我们到达那里以前，托利党人已经让他们的女人们和孩子们在那儿登陆了，他们几乎把船靠在了渡船上。当我们离他们登陆的地方还有半英里远时，我们看见托利党人的船驶来了。接着我们全员跑步过去，但是那艘船在我们抵达前登陆了。然后，我们坐渡船去马什菲尔德，托利党人的单桅帆船驶到河口南端，看样子他们要在那里登陆。斯多克布里奇上尉接到命令乘船到河流下游查看情况，有15~16个人与他同行。但是，当我们到达下游时，却没看见一个托利党人。在我们向河口南端行驶1英里后，东南风开始吹起来，托利党人的单桅帆船扬起帆来，并开炮，然后他们向波士顿驶去。接着，我们回到我们的船上，但是潮水涨得如此之快，我们无法阻止它。因此，我们等了2小时，然后经过一番艰难的摸索和挣扎，终于让渡船渡过河去，回到了海港。以斯拉·海登已为我们准备了一顿非常好的晚饭。

4月29日，昨晚，当第一个军士从雪松角返回时，小山姆·布朗正在睡觉，他本应该在看门的。有人悄悄来过房子，并拿走了8支枪。他们第一次集合，斯多克布里奇上尉和另外3个人前去站岗。然后他们第二次集合，当他们去查看枪支时，却找不到了。然后，布朗害怕死了，因为枪支是在他执勤时丢失的。他很害怕，因此余下整晚都站着，并且不让人替换他。今天，我们操练了一会儿，天气很舒适。我们听说，当托利党的单桅船驶过科黑瑟的岩石附近时，利瓦伊·贝茨、泽尔·贝茨和理查德·基尔比在靠近金壁架的一条船上，托利党的单桅船离他们很近，并朝他们开了10~12枪，他们看见枪弹击中了离他们稍近的水面。傍晚，我们兵团的大部分人在海港碰面，皮尔斯中尉和一队人向他们做了交接工作，我们 12 个留守的人回到我们自己的家。

4 月 30 日，安息日。我去教会，巴恩斯牧师祷告。他讲了《列王记》上卷第 20 章和下卷第 11 章。我看见乔纳森·皮尔斯先生和伊利亚·沃纳先生在教会，他们听说了本周五和正规军之间的战斗。50 多个民兵从切斯特菲尔德镇出发去波士顿，他们于周二抵达罗克斯伯里，皮尔斯说，那次行军太累了，他告诉我，我们在切斯特菲尔德的朋友都很好，他说，所罗门·里奇菲尔德因为上个冬天十分想家而受到谴责。

1775 年 5 月 1 日，昨晚，丹尼尔病得很重。今天，洛特、弗朗西丝和吉姆斯在科黑瑟加工。爸爸把犁头修缮了，又去了磨坊。上午，我去史蒂芬森寡妇家（她的丈夫前天下葬，死于肺痨）。我买了 4 码的细布做衬衫，每码我付了 20 先令旧纸币。我买了 6 瓶鼻烟，付了 2 美元。我买了一块墨，现在这行字就是用这块墨写的，花了 13.5 个铜板。墨是诺顿做的。

5 月 6 日，今天丹尼尔、弗朗西丝和吉姆斯一起加工。爸爸去磨坊了。洛特晒了一些鲱鱼……昨日，我在科黑瑟听说，盖奇长官把属于波士顿人的好用的军队派遣到威廉姆斯城堡。——我听说，爱尔兰发生了叛乱，但我不知道真相，我认为这需要证实。我还听说，诺斯伯爵被砍头了，但我怕没有可靠的消息可以证实。

5 月 7 日，安息日。我去教会，格罗夫纳牧师为我们祷告。他讲了《彼得前书》第 1 章第 8 节。

5 月 8 日，早上，我去山姆二世·里奇菲尔德先生家，买了一个旧的铜水壶，花了 1 美元。它重 7.5 磅。接着我去了亚伯尼哥·韦德士家，在那儿给钟面加工了一个表盘。傍晚，他和我去查尔斯·斯多克布里奇家。亚伯尼哥拔了一颗牙，付了 5 先令。晚上，我们去了福尔摩斯先生家，并在那里唱歌……我听说（这次我们非常确定），护卫队在海港抓了 4 个托利党人，其中一个是老丹尼尔·怀特。他们把托利党人从海港的船里面抓出来，船是昨晚到的。当我们的人登船时，托利党人正在高声谈论。我们的人问，他们是否持枪或船上是否有弹药，他们回答：什么也没有。但这个答案并不能让我们的人满意。所以，他们搜了船，并发现船上有 4 支已装弹的枪、4 个装满火药的角状火药桶和 2 加仑粉末。据说，火药的总量约为 40 磅。他们发现火药球的数量与火药粉几乎相当。他们把托利党人拘留了。

5 月 9 日，我和亚伯尼哥一起给钟面加工一个表盘，切黄铜做帽子。

恐怖的场面

波士顿港口已经布满了战船和煤水车，

镇上充斥着野蛮的正规军和越来越多卑鄙的指挥官。[1]

笔者选择 1775 年 4 月到 5 月这段时间的记录，是因为这部分日记使用叙述体，就像一个人在讲述他的经历，从他的讲述中我们可以看到，托利党人是他们的主要打击目标。说明当时的战争既不是两个国家之间的，也不是殖民者和被殖民者之间的，而是自由派和保守派之间的。自由派是新贵族、乡绅、城市工商业阶层利益的代表，支持自由贸易的"经济立场"，而现在他们在争取政治自由。

二 经历恐怖的战争场面和战时生活

在谈到家族成员参加战争的情况时，尽管是一种回忆，但里奇菲尔德的依据是家族保留下来的文献记载，笔者后来挑选了几页记录下来，因为这些记录在陈旧而且发脆的薄纸上的笔迹很多已经不太清晰，然而他们记录的内容却十分珍贵，显然这些第一手的田野资料对了解这一家族的成员在 200 多年前独立战争中的经历有独一无二的作用，真实地反映了他们当时在干什么：

5 月 10 日，下午，我去上游的教堂，有 5 个这个镇的团在那里聚会。斯多克布里奇上尉争取了更多志愿兵加入常备军，一个团有 56 名

---

[1] Wilford J. Litchfield, *The Litchfield Family in America: 1630 - 1900*, No. 22 Oaks Avenue, Southbridge, Mass., U. S. A., 1902, pp. 332-340.

中士。他四处招兵买马，人们蜂拥而至，很快组成了一个团。当斯多克布里奇上尉领到一个连队后，纳斯·温斯洛先生在民兵队长约翰·克拉普斯连队中担任副官，负责招募志愿兵，他手下约有4人应征入伍。上周一，佩内洛普和她的两个孩子来到这里。人们开始播种，有些人已基本完成了。

5月11日，根据国会的命令，这一天用来斋戒和祷告。哈佛大学的导师曼斯菲尔德先生做了祷告，格罗夫纳牧师讲道，他讲了《耶利米哀歌》的第1章的前两节——这座满是人的城市（暗指波士顿）如何孤立无援，女人如何成为寡妇等。集会上有新入伍的士兵，他们持有武器。格罗夫纳牧师的布道有非凡的效果，他流下了眼泪，他的听众也热泪盈眶。诺提斯准备参加托马斯·皮尔斯执事的葬礼，他昨晚去世了。我猜，他近80岁了。葬礼在周六下午3点举行。

5月12日，今天，我去拿但业·韦德士先生家。我切了黄铜，亚伯尼哥出发去坎布里奇处理军械事务。晚上，我走到卡德沃斯先生家。

5月13日，我在韦德士先生家为马什菲尔德的人加工黄铜帽子。

5月14日，安息日。我去教会，曼斯菲尔德先生布道。上午，他讲了《士师记》第6章第13节……下午，他讲了《创世记》第32章第9~13节。

5月15日，丹尼尔和我、约翰·姆斯、洛特、丹尼尔·卡罗一起，在岛上挖沟凿石。许多苹果树、樱桃树开满了花。

5月16日，吉姆斯、丹尼尔和我在岛上的田野上拉石头。

5月17日，我去拿但业·韦德士先生家，我在那里完成了黄铜帽子的制作，磨父亲的剃须刀，软化我自己的剃须刀并打磨它。晚上，我看见波士顿方向有强光，我们猜想可能波士顿着火了。光亮持续到晚上10点以后，接着我们去睡觉了，我睡到凌晨1点起床，月光依然皎洁，我已看不见昨晚的火光了。我回到家，并且留心每一个时刻，依然没有看见光或烟。我听说，斯多克布里奇上尉的团今天集合，我听说他们把乔纳森·霍罗威尔拘留了。

5月18日，吉姆斯、丹尼尔和我、洛特、弗朗西丝、约西亚在岛上开垦处女地。我们有8头牛和一匹马，其中一对牛是约翰·姆斯的。下午，当我们在耕地时，惠特柯姆叔叔过来告诉我们，一个人带信到科黑瑟，说昨天下午5点波士顿镇着火了，但出于某种原因，他没有听说。今晚8点45分，我出去看波士顿方向是否还有火光，但我没发现一点光，因此，我断定波士顿的火已经扑灭了。

5月19日，我们在岛上开垦处女地。我们早上6点左右开始工作，上午11点30分结束工作。下午，我们完成了处女地的开垦，当我们下午在耕地时，威廉·布鲁克斯先生来告诉我们，前天大火，波士顿有40座房子被烧了。

5月20日，他们在岛上的田野播种，在土豆园子里犁地和播种。我磨皮和把皮革收好。

5月21日，安息日。早上很凉，我骑马去教堂。我刚从马背上下来，正准备套上笼头，看见有两个人快马加鞭地从哈曼斯的方向朝教会奔来，他们和他们的马都大汗淋漓。其中一个人是小约翰·萨顿，另一个人是托姆·斯塔德利。他们告诉我们，欣厄姆有两艘船，登陆的正规军像蚱蜢一样多。他们告诉我们，科黑瑟的团已经向欣厄姆行军，当萨顿来到教堂时，格罗夫纳牧师还没有开始他的礼拜，所有的人都冲出教堂听新消息。因此，大家都警觉起来，回家拿枪。我们都希望斯多克布里奇上尉的现役兵团和在皮尔斯中尉领导下的我们的民兵团能够立刻向欣厄姆进军。所以，皮尔斯中尉命令我们这些不负众望的人回家，调整一下自己，向科黑瑟进发，如果有人被命令行军，他们就在那里加入我们的团。所以，丹尼尔和我、洛特、阿莫司、约翰·惠特柯姆回家拿枪、弹药盒、背包等，向科黑瑟出发。我们穿过了一个牧场，女人们坐在石头上瞭望。我们一直前行到约西亚·奥卡的家，我们在那里遇到了俄巴蒂亚·林肯先生，他从欣厄姆直接过来。他告诉我们，欣厄姆没有一个人登陆，但是，在葡萄岛，大约有20~30个正规军被发现登陆。他们在用大车拉干草，把干草放进两艘准备接它的大拖船，那里还有一辆煤水车停靠在那，来守卫他们。他说，从韦茅斯港来的人在驾马车时向马车夫开火，我们听说，两边都没有人伤亡。当潮水拍打着驳船时，我们的人搞定了三四艘船，并驶向葡萄岛，正规军看见他们上船。他们扬帆起航，并尽快航行。直到晚上9点45分，我都能看见火光，我听说，我们的人放火烧了一个大谷仓，里面装满了70吨或80吨干草。

5月22日，下午，丹尼尔和我去找约书亚·克拉普先生，他对老民兵团的好战分子很有好感，这部分民兵团的人是斯多克布里奇上尉留下来的，约书亚先生愿意与他们见面，以便挑选军官，重新组建队伍。但是，天色阴暗，只有很少的人来，所以我们推迟到下周一。

5月23日，我装上马鞍，把东西修好，准备明天早上出发去切斯特菲尔德镇。

前往切斯特菲尔德

5月24日，日出前半个小时，阿莫司和我出发去切斯特菲尔德。第一站是米尔顿（现位于美国马萨诸塞州诺福克县）的布朗兹镇，我们在那儿用袋子喂马，买半杯葡萄酒，花了旧纸币25先令。我们从那里出发到韦斯顿的斯密斯家，给马喂了一小时的干草。我们在那里买了半杯西印度鸡尾酒，花了2先令6便士。我们从那里出发到万宝路的豪斯，有12英里，买了半杯燕麦酒，花了2先令6便士。我们从豪斯去诺斯布的马丁斯，有0.9英里，买了半杯燕麦酒，花了2先令6便士。在到住在伍斯特的柯蒂斯上尉家以前，我们没有停，伍斯特距马丁斯8英里。我们的马花去了我们每人5先令6便士，住宿每人2先令，送牛奶花去15先令。我们今天走了70英里。我的母马的马鞍下汗流浃背，阿莫司的马比我的马流的汗还多，他十分累了。我骑的是大赤母马。天气十分干热。

赶路第二天

5月25日，日出前一小时，我们从伍斯特的柯蒂斯上尉家出发。第一站是距柯蒂斯家14英里，位于的斯宾塞的惠特莫尔，我们喝了半杯苹果汁（10便士）。我们在布鲁克菲尔德的韦特饭馆吃早饭，吃了烤牛肉，花了（9先令），用燕麦喂了马，喝了半杯苹果汁（1先令3便士）。我们在布鲁克菲尔德的帕卡德家停下喂马，并买了半杯苹果汁（1先令3便士）。我们在韦尔的罗杰斯停下喂马，买了半杯苹果汁（1先令3便士）。我们下午3点在贝尔切尔镇与约翰·尤厄尔见面。

我们停下并和他聊了一会儿。我们把马放在贝尔切尔镇的德怀特家，让它们吃半小时的干草（旧纸币2先令6便士）。我们在那儿买了2/3杯苹果汁，花了2先令1便士。我们在埃默斯特市怀特街停下来，喂马，买了半杯苹果汁（1先令3便士）。我们从那里骑马到哈德利的好人家，在那及时地睡了一觉。晚餐我们喝了1夸脱（0.946升）牛奶，花了1先令3便士，给马花了10先令。

赶路第三天

1775年5月26日，早上，太阳有点高，我们在河上摆渡，摆渡花了4先令2便士。早上8点，我们在爱德华兹的寡妇家停下。阿莫司和我各自买了一大块面包和牛奶，一人2先令6便士，我们从伯斯坎姆斯山脚赶马到雅各布（他哥哥）家。我们于9点和10点之间到达他家。我们两人的费用总计已达3英镑4先令8便士旧的十元纸币。雅各布的妻子病得很重，但雅克布很健壮。我们在那儿待了一天，天气比较舒适，但有些闷热。我们这趟总花销达3英镑5先令10便士。

5月27日，我们去艾德蒙家，看见他把这些植物种子给本杰·皮尔斯，又回到雅各布家。我今晚和艾德蒙住，阿莫司在雅各布家住。天气干热，玉米很便宜，每蒲式耳比法定价格低2先令，黄油每磅6便士，糖每磅6便士，干活一天2先令。其他的价格，我认为也是适当的。[①]

后来的官方统计文件显示，当时战争导致财政状况艰难。殖民地居民反对议会征税，反对任何税收。当时货币匮乏，城市里的工人痛苦不堪，物价崩溃，黑市兴旺发达。大陆会议总共发行了大约4.5亿美元的"大陆币"；1779年"大陆币"崩溃后，部分纸币以40比1的折旧率收税，并被销毁。"一文不值"成了流行的说法。6000万英镑的欧洲大陆纸币被用来购买欧洲大陆的债券，这些债券最终被赎回。近800万英镑是从国外借来的，国外的赠款总计约200万英镑。战后债务进一步增加，主要是在荷兰的贷款。

---

① Wilford J. Litchfield, *The Litchfield Family in America: 1630 - 1900*, No. 22 Oaks Avenue, Southbridge, Mass., U. S. A., 1902, pp. 344-346.

5月28日，安息日，我去教会。牧师、执事都不在，他们可能去祷告或读一篇布道了。中午，我去沃纳先生家。见面后已到晚上了，我去了乔纳森·皮尔斯先生家，在那儿住了一晚。

5月29日，乔纳森·皮尔斯和我去拜访约翰·弗森夫人、伊卡博德·达曼、珠宝商伊丽莎白·佩雷和史蒂芬森船长。接着，我们回到皮尔斯家用晚餐。晚饭后，我回到艾德蒙和雅各布的家，我和雅各布住。天气炎热。

5月30日，我在雅各布家待了一整天，阿莫司和我在那住宿，波尔（皮尔斯的老婆）和乔纳森·皮尔斯来拜访雅各布。

5月31日，我给雅各布做了一个箱子的盖子。

6月1日，我制作并组装了一些架子，雅各布骑着我的母马去了安普敦。

6月2日，雅各布和阿莫司去拜访乔纳森·皮尔斯，我准备把莎拉·尤厄尔夫人和艾德蒙的妻子送到雅各布家。

6月3日，我带艾德蒙的妻子去本杰·布莱恩特女士家，考虑到布莱恩特一家、约书亚、玛利希·尤厄尔，我们去本杰·布莱恩特女士家吃晚饭，我们吃了三文鱼，艾德蒙与我们走路去的。

6月4日，安息日，雅各布和阿莫司去了教会，我去了加勒·达蒙家。

从切斯特菲尔德镇到斯基尤特

6月5日，我从雅各布家出发，日出后大概半小时，我在皮尔斯家和贝利家停下，摆渡花了我们3先令1便士（记住我和芭丝谢芭、阿莫司在一起）。我们在怀特家停下，买啤酒花了10便士，我们在柏赤镇的豪斯家停下，买半杯苹果汁花了1先令3便士。在查德威克大杂院，我们让马在外面吃草，花了2先令6便士，我们晚餐去吃了炒牛肉，花了13先令3便士。我们在布鲁克菲尔德的韦茨家寄宿，寄宿费6先令，马吃草花了7先令6便士。

第二天

6月6日，我们从怀特家出发，太阳已升起，阿莫司和我喝了牛奶，花了1先令3便士，我们在李斯特的萨金特家停下，给马喂了燕麦。买了半杯苹果汁，花了1先令3便士。又在诺斯布鲁克的马丁斯家停下，买了2/3杯苹果汁，花了1先令8便士。又在威廉姆斯的迪托停下，喂马，买了一杯苹果汁，花了1英镑10先令5便士。我们在萨德伯里的本特过夜，我们和马的住宿费是14先令。

第三天

6月7日，太阳刚升起，我们从本特出发。我们在那儿吃了一些咸菜，花了5便士。我们骑马到沃尔瑟姆的卡廷家，喂马，买了吉尔樱桃，花了1先令8便士，我们在罗克斯伯里的肯特寡妇家停下，喂马，吃晚餐，花了18先令。我们在布朗家停下，喂马，买了一杯啤酒，花了10便士，我们在（破损）家停下，喂马，买了一杯苹果汁（2先令6便士）。我们在这里用掉了从切斯特菲尔德镇带来的最后一部分燕麦。我们出发时，从雅各布那里给两匹马准备了19~20夸脱的燕麦，我们在这里和肯特家都找不到草料了。我们在怀特·马什家停下，喂马（2先令6便士），我们买了1及耳蛇根草（2先令）。我们在日落前回家，中途都没有再停下，十分疲惫，我们的总花销是4英镑3先令8便士。

6月8日，我今天没怎么工作，我们的人开始给玉米除杂草。

6月9日，我在谷仓旁边的田里帮忙给玉米地除草，以法连·里奇菲尔德和我们一块儿工作，他昨天就和我们一同干活了。

6月10日，我在谷仓旁的田里帮他们锄地，我们完成了除草。岛上的新田里虫子最多。

6月11日，今天是安息日，我去教会。牧师讲的是《传道书》第9章，从第14节到第18节。

6月12日，我帮吉姆斯和丹尼尔在怀特柯姆家的田里锄地，锄了一半。

6月13日，上午，我们完成了珍妮家田的锄地，下午，丹尼尔和我去科黑瑟，他们旧的民兵组织在那儿见面。

6月14日，我开始做一个东西来磨剃须刀。丹尼尔做鞋。

6月15日，我做同样的活。上周六晚约翰叔叔从卡布里奇来到这儿。

　　6月16日，我加工我的转轮。

　　6月17日，我找了几个人来帮我加工转轮，我们听说波士顿全天被突然袭击，下午，战斗没有停止的意思。我们看见波士顿上空有巨大的烟雾。[①]

　　根据以上田野文献记录，我们发现殖民地的民兵组织几乎没有规则，处于参军年龄的人几乎都是有家室的男人，他们要努力工作以维持生计，要自己照料庄稼，同时，他们要准备马匹枪械和弹药。由于没有收入来维持家庭生活，他们经常不辞而别去帮忙播种或收割。殖民地没有常备军，他们认为常备军是对自由的威胁，因此，美国独立战争期间组织的军队是由征召的民兵组织发展壮大的。

三　士气大增

　　美国历史文献记载，在6月16日晚上，民兵组织的指挥官阿尔特马斯·沃德派遣了3000名士兵去占领并加固查尔斯顿半岛上的邦克山，从北边望向波士顿，以此迫使英国人采取行动。英国人除了进攻别无选择，威廉·豪将军率领2000名正规军在海滩登陆，向山上冲去，结果遭到了大规模的屠杀。因为美军的弹药用完了，不得不放弃阵地，致使英国人的进攻成功。但英军伤亡1054人（美军411人），超过了参战人数的一半。美军自然认为这是一场道义上的胜利，这种胜利助长了美军对严密军事准备的蔑视。自邦克山一战以后，美军比以往任何时候都不愿意屈服。这一史实并没有出现在日记里，说明以色列·里奇菲尔德没有参加这场战斗，但他在日记里提到他听说了这件事：

　　6月18日，安息日，我去教会。格罗夫纳牧师祷告。他讲了《约翰福音》第16章第21节，格罗夫纳先生为一个叫伊丽莎白的孩子施洗。

　　6月19日，我给斯多克布里奇上尉做了两三个子弹盒，还做了一

① Wilford J. Litchfield, *The Litchfield Family in America: 1630 - 1900*, No. 22 Oaks Avenue, Southbridge, Mass., U. S. A., 1902, pp. 346-351.

些其他活。丹尼尔在家里安了一个喷水口。我们听说，上周六在查尔斯顿，帕特南将军的士兵与正规军之间发生了一场战斗。我们的人在查尔斯顿山上已经开始了防守，正规军把他们攻打下来，并占领了山头。我们的人死伤了150~200个，其中有25个被带到波士顿做俘房。根据我们能得到的最好的情报，正规军损失了1000人，其中有很多军官。

6月20日，我加工剃须刀的磨齿轮。

6月21日，吉姆斯、我和洛特、阿莫司一起去港口看斯多克布里奇上尉。洛特和我一人领了一件大衣和一条用蓝色布做成的马裤，是以利沙·拉普先生剪裁的，我们付了20先令。

6月23日，我加工剃刀的磨轮。丹尼尔开始在伯恩的土地上割草。洛特和父亲开始在半山上劳作。

6月24日，上午，丹尼尔和我在伯恩的土地和高地上割草，下午在家里加工。

6月25日，安息日，我去教会。格罗夫纳牧师祷告，他上午讲了《约伯记》第38章第28节。下午，他讲了《申命记》第23章第9节。

6月26日，两个斯基尤特的团（在小塞缪尔·斯多克布里奇上尉和纳特·温斯洛上尉的指挥下）向罗克斯伯里进军，我听说他们去了布朗家。

6月27日，我和吉姆斯、丹尼尔在他们的半山上的田地里一起劳作。

6月28日，29日，30日和7月1日，我不记得干了什么……

7月2日，安息日，我骑小马去教会，把它拴在卡德沃斯先生家的栅栏里。它摔了两三次，头上摔了两个洞，洛特中午把它骑回家。今天讲的是《申命记》第23章。

7月3日，季度会议休会后举行了一次会议：他们投票雇佣9个人在海岸防守，在诺亚·奥提斯上尉的指挥下选了一个委员会来招募人手。休会直到下周一。今天，我给劳伦斯·里奇菲尔德做了一个木工手推。

7月4日，今天我用我的刀做了一把锯，并掸去兽皮上的灰尘。

7月5日，凌晨5点，劳伦斯·里奇菲尔德、索弗尼亚·卡德沃斯、扎克·达曼和威廉·斯塔德利出发去罗克斯伯里。我们大概11点时到达了斯多克布里奇上尉的驻扎点，在那儿吃了晚饭，散了步，回到堡垒，下到了地下层。我们看见有很多火药球留下的痕迹，这是从波士顿海峡上正规军的防护墙里打过来的。我们晚上在斯多克布里奇上尉的营地留宿。

7月6日，凌晨2点，全体人员被召集起来，被命令立即带着武器进入战斗状态，因为预料到敌军会来，但是他们没有来。大概早上7点，我们出发去坎布里奇，我们看见了帕特南将军在视察他的堡垒。我们回到保龄球客栈（Punch Bool Tavern）①，在那儿吃了晚饭。除了卡德沃斯，我们都回到罗克斯伯里的营地，他回塞勒姆了，在那儿待了一会儿就回家。我大概晚上10点到家，我从科黑瑟过来。

7月7日，我没做什么大事，只是从旅行的疲惫中恢复过来。昨天，港口和小湾里的船只都挂上了帆，这些帆船驶向罗克斯伯里，去给士兵搭帐篷。

7月8日，我做了一点工作……

7月9日，安息日，我去教会。牧师格罗夫纳先生祷告，他讲了《彼得前书》第2章第7节。

7月10日，我在石头干草地帮助锄了一会儿地。

7月11日，我的生日。今天我没有做什么事，只洗了皮革短裤。

7月12日，下午，我们去以利沙·吉姆斯执事家操练。皮尔斯上尉的兵团有20号人，他们在长岛上捉了托利党人。

7月13日，我为母亲做了一件手工制品，还做了一点其他工作。

7月14日，上午，丹尼尔、洛特、我在门前的地里收割，收割了1/3。下午，我帮他们在谷仓旁边的田里培土，然后去以法连·奥提斯医生家，买了4.5磅脱脂棉，每磅付16先令6便士。我还为做夹克买了2码红色长毛绒。

---

① 布鲁克莱恩一个有名的客栈，位于现在的华盛顿街，离旧的罗克斯伯里街不远。有一些建筑仍处于破旧的状态。

7月15日，我们完成了培土，在爸爸的田里、丹尼尔和吉姆斯的田里锄地，收割了51捆黑麦。

7月16日，安息日，我去教会，讲的是《以赛亚书》第58章第6节。

7月17日，我磨皮，把皮革收好。

7月18日，丹尼尔、我、洛特和弗朗西丝收割门前的田地，还收了科里家的冬麦。

7月19日，他们收了麦子，还有些干草，今天我们的代表们选举顾问。

7月20日，今天是北美所有英国殖民地斋戒和祈祷的日子。格罗夫纳牧师祷告，他讲了《约拿书》第3章第10节。大约早上9点，楠塔基特的士兵在灯塔放火，他们从岛上带来了一些人和物品，还有一桶火药。大概5点时，那里来了两三辆煤水车，目的是让人们上岸，把我们的士兵从楠塔基特赶走，他们疯狂地开火了1小时。没有人上岸，虽然他们开火又快又猛，我们的人没有伤亡，除了一个年轻的普理查人摔断了腿，另一个人受了轻伤，故我双方互相隔得很远。

7月21日，丹尼尔、我和弗朗西丝在果园收割，收获了79捆干草。割麦子，种些大麦。我们听说，我们的邮差几天前已从英国返回，她是4月24日出发去英格兰的。

7月22日，我在室内加工，给希西家·丹尼尔磨剃须刀，弗朗西丝在低处牧场的沼泽地里割草。

7月23日，我去教会，大卫·巴尔内斯牧师先生祷告，他讲了《马太福音》第12章第12节。

7月24日，上午我干了一些活，下午我去了海峡。

7月25日，我和威廉·科利尔一起加工，在那儿待了一晚上。

7月26日，我帮科利尔叔叔收割，待了一晚上。

7月27日，下雨。我待在比尔叔叔家。

7月28日，我帮科利尔家收割，待了一晚上。

7月29日，我和科利尔先生等人一起收割和捆黑麦。

7月30日，安息日，我去教会，科黑瑟的约翰·布朗牧师先生上午祷告，他讲了《罗马书》第 8 章第 35~39 节，唱歌 5 次，下午讲了第 29 赞美诗第 7 节。

7 月 31 日，我和威廉·科利尔先一起收割麦子。

8 月 1 日，今天早上，科利尔家的男孩子们和我去钓鱼，我们毫无收获。在太阳约 2 小时高时，我们钓鱼回来，用上午剩下的时间帮助男孩们拿黑麦。下午，我回家，洛丝罗普的妻子带着一个男孩上床睡觉。

8 月 2 日，我在皮革店旁边的沼泽帮助割草，装载了 3 次。

8 月 3 日，我磨羊皮，他们收获了新鲜的干草。

8 月 4 日，我和丹尼尔给阿莫司做了一双小山羊皮的平底鞋，给我做了一双羊皮鞋。他们会穿多长时间，我不知道。

8 月 5 日，洛特、弗朗西丝去钓龙虾，我去邓恩先生家买了一把虎钳，我给他 2 美元。还去科黑瑟，从库欣·基尔比那里买了一块焦炭磨刀石。

8 月 6 日，安息日，我去教会，讲的是《约伯记》。

8 月 7 日，我把我的剃须刀磨刀石挂了起来。

8 月 8 日，丹尼尔·约翰·姆斯和以利沙·斯托德去罗克斯伯里，我去找房东福斯特，同意给士兵做 20 双鞋。

8 月 9 日，我磨了两三把剃须刀，丹尼尔从罗克斯伯里回家。

8 月 10 日，我在修理过的车上到处找活干。

8 月 11 日，我们安装了苹果汁机，我加工了一些钟表。

8 月 12 日，我加工钟表。下午下了一场大雨。闪电把门前牧场里的树劈成了碎片，离霍罗威尔家不远。

8 月 13 日，安息日。我去教会，鲍尔温牧师先生祷告，他上午讲了《传道书》第 8 章第 8 节，下午，他讲了《诗篇》第 84 章和第 94 章的第 12、13、14 节。斯多克布里奇上尉的血量很少，丹尼尔、约翰·姆斯今天或昨晚也患上了同样的疾病。

8 月 14 日，我加工钟表，吉姆斯榨了四五桶苹果汁，（破损）丹尼尔在上面胡思乱想，（破损）去吉姆斯家拿了点（破损）核桃，下午，我们用卡车（破损）把沼泽里的木头运出来，我去科黑瑟（破损）买了3个（破损）鼻烟，旧纸币2英镑5先令6便士。

8月16日，姆斯和我加工钟表，丹尼尔和约翰·姆斯病得很重，活下来的希望很渺茫。

8月17日，上午我帮助烧木头，下午，我加工钟表，丹尼尔的病情好转，医生在那儿。

8月18日，我忙于钟表的事务，丹尼尔病得很重。

8月19日，洛特和我磨长柄大镰刀，为了在盐渍草地上割草，吉姆斯不能帮我们忙，因为他不得不去巴瑞特家帮忙，今天早上2点，（破损）约翰·巴瑞特去世了。——（破损）丹尼尔确实病得很重，医生几乎把他的病（破损）治好了，我今天去科黑瑟给他买了一些白兰地和洋苏木。父亲杀了一只羔羊，煮了羊头和肾脏等。

8月20日，我去教会，格罗夫纳牧师祷告，有许多人因为血液病请假，丹尼尔也写了一张假条。他看上去并没有好，约翰·姆斯也没好起来，今天讲的是《箴言》第27章第1节。上周，派黎思家有几个人因血液病去世了，伊莱·柯蒂斯的妻子上周下葬，吉姆斯·特纳上尉的妻子（破损）还在等待下葬，小约书亚·奥提斯的孩子（破损）今天下午埋葬，以利沙·里奇菲尔德的两个孩（破损）子今天下午下葬，男孩子叫（破损）"勋章"，女孩子叫夏洛特。

8月21日，我和吉姆斯、洛特、弗朗西丝在草地上割草，丹尼尔看起来很虚弱。

8月22日，我和吉姆斯、洛特、弗朗西丝、丹尼尔在草地上割草，天气很热，丹尼尔病得很重。

8月23日，我和吉姆斯、洛特、弗朗西丝在草地上割草，我们完成后，丹尼尔似乎好了点，约翰·姆斯的病情还是很严重。

8月24日，我和洛特在海滩边割草，父亲、弗朗西丝在草地上搂草。

8月25日，吉姆斯和我给他榨苹果汁，这是第二次。父亲和男孩儿们在草地上搂草，我们都希望丹尼尔能好起来。约翰·姆斯他们找不到更好的医生了，他康复的希望很小——约翰的妻子也生了同样的病，但不是很严重；丹尼尔的妻子和叫亚锁都的最小的孩子病得很重，生同样的病；诺亚·奥提斯上尉失去了一个孩子，他这个星期死于同样的血液病（破损）。①

从以上真实的日记中我们可以看到以色列·里奇菲尔德这几天的生活内容和心情，这是美国独立战争期间一个人生活的真实写照。据此，我们大概可以做出如下判断。

一是美国独立战争从 1775 年持续到 1783 年，分为三个阶段：第一阶段是列克星敦战役后至萨拉托加战役，激进分子战胜了温和派，控制了各殖民地，并通过了独立的决议；第二阶段是战略相持阶段；第三个阶段是1781 年 4 月起的战略反攻。而日记主要记录的是第一阶段内容。

二是美方的将军和政治家们几乎没有受过训练，领导着没有历史或传统的军队，领导着一个不是政府的政府，领导着一个地方主义比爱国主义更强大的移民族群。英国军队有训练，有传统，有政府，但是他们被战争、债务和腐败削弱了，沉闷的等级制度和破产的公共福利计划，使得英军士气大减。

三是北美殖民地在战争刚开始的时候只有不到 300 万人口，并没有能力培养出一支既庞大又优秀的军队。虽然有 23 万人应征入伍，组织得很好，也很可靠，但装备很差。美军的战斗没有规则可言。由于他们只短暂地服役，而且不具备组建正规军的装备，他们只好用情报来代替兵书。只要被逼得太紧，他们就会毫不犹豫地逃跑，而不留下来受死。他们理想的战争是快速的辉煌胜利，较少的艰难困苦，尽快回到母亲身边种玉米，沐浴荣耀，鼓动奖金颁发和促进国会调查。华盛顿不断被民兵的不可靠惹恼。

四是在当时的北美殖民地，大约有 1/3 的人满怀热情地革命，有 1/3 的人积极或暗地里支持国王，而另外 1/3 的人则希望按时去收割庄稼。有许多托利党人加入了英国军队，他们曾在正规和辅助机构中服役。但多年来，英国人不信任和侮辱他们，很晚才认识到他们的价值。托利党是被长期征召和充分训练的，所以不会像美军士兵那样几周或几个月后就从军中消失。

---

① Wilford J. Litchfield, *The Litchfield Family in America: 1630 - 1900*, No. 22 Oaks Avenue, Southbridge, Mass., U. S. A., 1902, pp. 376-381.

五是英国士兵装备更好，吃得更好，薪水更高，但训练有素的军队天生喜欢按照兵书指挥战争。虽然不列颠群岛有将近1000万人口，但政府难以征召充足的兵马。英国的一些辉格党人甚至想要输掉这场战争，因为他们不在乎保守党失败。

正如托尔斯泰在《战争与和平》中，把俄罗斯的胜利归结于一种命运，或者说历史必然性。[①] 同样，美国独立战争的命运也只能是胜利。英国人在北美所犯的错误是缺乏对大空间的重要性理解。他们从来没有过这样糟糕的交通条件，当他们被拉到远离他们的基地时，他们就受到了限制。英国舰队的优势一向是海战，当他们登上北美洲这片广袤的大陆时，就像上了岸的鲸鱼，在无用的行军中把自己累垮了。法国人的参战暴露了英国军队的弱点，几乎毁灭了帝国。

里奇菲尔德的先辈能够直接参与到这场战争中，并留下自己的战争日记。直到拿到它们并记录在此，海外民族志让笔者第一次感受到民族学田野调查的确是民族学研究的基础，田野调查和记录为民族学提供了鲜活的第一手资料。

第二节　法国军队的到来与参战记录

一　法国军队的规模

拉尔夫·里奇菲尔德说，1931年4月18日，里奇菲尔德家族收到了一封来自华盛顿特区（战争部）副参谋长办公室的信件，里面是第58届国会的第77号参议院文件，题为《1778～1783年法国在美国独立战争中的战斗》。我翻看了这个文件，其中第283页显示："（S. 13 Fevr. 1779）诺曼底的弗朗索瓦（1754年出生）是苏瓦松旅圣勒杰连的上尉，该旅由圣迈梅上校指挥。"[②] 弗朗索瓦·艾萨克·莱巴斯的名字出现在第250页第3栏，从上往下数第2个。弗朗索瓦1754年出生在法国诺曼底，他来北美后

---

①　〔俄〕列夫·托尔斯泰：《战争与和平》，刘辽逸译，人民文学出版社，1997，第1574页。

②　Adjutant General's office, *Les Combattants Francais De la Guerre Americaine, 1778–1783*, Published by the National Society D. A. R. , 1903, p. 283.

更名为弗朗索瓦·艾萨克·莱伯，他是理查德·里奇菲尔德的祖母的祖先。文件记录如下。

1780年，法国政府决定派遣一支由12000人组成的部队，分为两个师。第一个师由罗尚博伯爵指挥，有6000名陆战队员，包括表4-1的船只。

表4-1　罗尚博伯爵的舰队

船舰名	枪炮（支/门）	人数（人）	指挥官
勃艮第公爵号	84	1200	特内海军上将
海王星号	74	700	德图什
征服者号	74	700	格兰迪埃先生
苏醒号	64	600	特里比安
普罗旺斯号	64	600	梅茜尼
灼热号	64	600	谢尔河的伯纳德·德·马里尼先生
杰森号	64	600	让·艾萨克·蒂莫西·沙多
幻想号（医疗船）	24		谢尔河的沃多尔先生
监视号（护卫舰）	40	300	德凯莱特
昂朵马格号	36	250	德鲁埃瓦尔
西比拉号	36	250	克鲁格尼男爵
法国护卫舰赫敏号	36	250	拉托齐
美国鹈鹕船	29	160	
棕熊号（武装）			德斯·阿罗斯
康普拉斯号			德努尔茨
总计	689	6210	

资料来源：Adjutant General's office, *Les Combattants Francais De la Guerre Americaine, 1778-1783*, Published by the National Society D. A. R., 1903, p.286.

这段历史在里奇菲尔德家族中代代相传，理查德·里奇菲尔德从小听父辈们讲述它，其家族的法国血统来自里奇菲尔德的祖母，她把这个故事带到了里奇菲尔德家族。

理查德：罗尚博伯爵的舰队于1780年4月5日开始登船，首先是苏瓦松旅；8日是波旁旅，10日是圣奥日旅，11日是炮兵，他们是最后一批上船的。舰队于5月2日凌晨5点起航。罗尚博伯爵手下有4

个旅：波旁旅、圣东戈旅、苏瓦松旅和皇家德邦的日耳曼旅，由 67 名军官和 1148 名士兵组成，这些军队不是法国军队中最负盛名的，但罗尚博伯爵认为他们经过了严格的训练并有很好的纪律，他们在 1 月打了胜仗。苏瓦松旅是最古老的军队之一，于 1598 年由精挑细选的绅士们组成。圣迈梅伯爵是苏瓦松旅的上校，诺亚子爵是中校，弗朗索瓦·艾萨克·莱伯是苏瓦松旅圣勒杰连的上尉。

笔者： 士兵们的装备如何？

理查德： 4 个旅共有大约 5500 名士兵，大多数人都是 20 多岁，正在服第一个 8 年的兵役，也有年纪大一些的。各团的指挥官们是最古老、最显赫的法国家族成员，他们的目标是攻占约克镇，帮助北美殖民地独立。士兵们穿着 1 英寸高跟的鞋子，有 24 个扣子的绑腿和紧身的白色制服。头上戴着一顶白色帽徽的黑帽子，头发向后奔拉着，用丝带扎着，每只耳朵前面都垂着一绺头发，这是当时的"标准"发型。法国政府有预付的钱来完成士兵的装备，所以每个士兵的背包里有鞋刷、额外的衣服、螺丝刀、针和线、发粉等等。由于装备齐全，法国士兵的负担有些过重，制服、背包、子弹盒、滑膛枪和刺刀，总共超过 60 磅重。这些装备导致法国军队在北美的行军速度减慢了许多。步兵的火力是 1777 型火枪，士兵将采用演习中的战术：士兵们站成三排，从第二排开始射击，最后排的士兵将滑膛枪向前递送。

笔者在《1778~1783 年法国在美国独立战争中的战斗》一书中，也找到了法军装备负担过重的记载：

> 7 月 11 日，罗尚博伯爵的军队到达罗得岛的纽波特。这支人数不多但装备多的军队有各式各样的细节需要打理，为了挑选一个合适的露营地，我们直到 7 月 13 日才真正上岸。[①]

[①]　Adjutant General's office, *Les Combattants Francais De la Guerre Americaine, 1778-1783*, Published by the National Society D. A. R., 1903, p.286.

二 法国军队的行军路线

克劳迪·罗宾神父是一个法国教士，他和巴拉斯伯爵一起来到美洲，在新港加入了苏瓦松旅。他写日记很有趣，但他不是一个经验丰富的老兵。他佩服官兵们艰苦行军的勇气，自己却常常抱怨。只有不能骑马时，他才和苏瓦松旅一起行军。后来罗宾神父出版了《1781年安妮的美洲之旅》一书，书中记录了罗尚博伯爵的军队在1781年战役中的行军路线（见表4-2）。

表4-2 1781年法国军队从新港到罗德岛行军路线

	扎营地	行军距离（海里）
6月		
11日	普罗维登斯	30
11~19日	原地休息	
20日	沃特曼	15
21日	平原镇	16
22日	温厄姆	16
23日	波士顿	16
24日	东哈特福德	12.5
25~26日	原地休息	
27日	法明顿	12.5
28日	男爵小酒馆	13
29日	断头岭	13
30日	牛顿市	15
7月		
1日	原地休息	
2日	里奇伯里	15
3日	纽约北堡镇	20
4~5日	原地休息	
6日	菲利普斯堡	22
8月		
20日	纽约北堡镇	22
21日	克朗蓬	14

续表

	扎营地	行军距离（海里）
22 日	金斯费瑞	18
23~24 日	原地休息	
25 日	纽约斯托尼波恩特村	5
26 日	纽约西沙芬	16
27 日	波普顿	14
28 日	惠帕尼	16
29 日	原地休息	
30 日	巴利翁酒馆	16
31 日	夏暮岛	17
9 月		
1 日	普林斯镇	13
2 日	特伦顿	12
3 日	狮子酒馆	15
4 日	费城	15
5 日	原地休息	
6 日	切斯特	16
7 日	纽波特（新港）	18
8 日	埃尔克顿	18
9 日	萨斯奎汉纳	16
10 日	伯克酒馆	14
11 日	怀特马什	15
12 日	巴尔的摩	12
13~15 日	原地休息	
16 日	斯普瑞尔酒馆或滑铁卢酒馆	16
17 日	斯科特的种植园	18
18 日	安纳波利斯（马里兰州首府）	8
19~21 日	在切萨皮克湾航行，到达詹姆斯敦	
25 日	詹姆斯敦	178
26 日	威廉斯堡	6
27 日	原地休息	
28 日	前面就是约克镇	12

续表

	扎营地	行军距离（海里）
总计		756
法里总计		252
驻扎地总数		39 个

资料来源：Adjutant General's office, *Les Combattants Francais De la Guerre Americaine, 1778-1783*, Published by the National Society D. A. R., 1903, p. 286.

关于这段行军经过，理查德做了如下补充：

1781 年 6 月 9 日，罗尚博伯爵才正式下达了第二天出发的指令。军团分为两个部队，由原来的波旁旗兵旅和皇家德邦日耳曼旅组成新的波旁旅，由原来的苏瓦松旅和圣东戈旅各营组成新的苏瓦松旅，新苏瓦松旅紧随新波旁旅后。6 月 10 日凌晨 5 点，在新港驻扎了 11 个月的法国军营撤离了。新波旁旅和新苏瓦松旅乘船前往普罗维登斯。那时他们来不及搭帐篷、找稻草铺床和找木材生火，于是维奥姆斯尼尔男爵请求市政当局的许可，住进了几幢空的大房子，士兵们就在那里过夜。第二天，部队在"西部墓地"旁的平地上建立了一个临时营地，军队在那里驻扎了一周。

罗宾神父在日记中写道：

各师在哈特福德逗留的两天，全部用来修理大炮的弹药箱和运货车。到目前为止，皇家德邦日耳曼旅已经损失了 3 名队员，索森队损失了 9 名队员。在我们逗留期间，部队、大炮、动物、装备和行李都用渡船渡过了河。6 月 18 日，"闪耀的波旁旅"离开营地。19 日，皇家双桥旅离开营地。20 日，苏瓦松旅离开营地。21 日，圣东戈旅离开营地。彼此之间总保持着一天的行军距离。[①]

---

① Adjutant General's office, *Les Combattants Francais De la Guerre Americaine, 1778-1783*, Published by the National Society D. A. R., 1903, p. 286.

三　法国军队参战

令理查德·里奇菲尔德印象最深刻的，是父辈们向他讲述的法军进入费城的那一天：

9月2日，奉指挥官急令，华盛顿麾下的重装纵队踏着漫天尘土，在费城街衢间辗转前行。第二天，法国人到了，法国士兵在城门外停下来，往头发上搽了粉，穿着白色的绑腿。9月4日和5日，在国会和狂热民众的目光中，法国军队在美国首都费城接受了检阅。苏瓦松旅的行军给人深刻的印象：苏瓦松旅的士兵穿的是玫瑰色的外套，戴的是玫瑰色和白色羽毛的法国军帽，威武笔挺，英俊潇洒。城里的美女们为之惊讶和倾倒，在场的老人们相对克制，他们说："费城人对法国军队的壮观场面感到满意，这支军队穿着华丽的服装，有6000人。他们沿着前街走，穿过藤街，在中心广场的公地上扎营。他们都是穿着白色制服的英俊男子，在罗尚博将军的指挥下，正在前往约克镇的路上。"

《1778~1783年法国在美国独立战争中的战斗》一书对法军的部署做了如下记载：

诺亚子爵，拉斐特将军的妹夫，是苏瓦松旅的第二上校。苏瓦松旅在整个战争中与波旁旅并肩作战，就像在大陆军中，特拉华营总是与马里兰营并肩作战一样。联合部队以单列纵队开始行军，他们向约克镇推进了大约4英里，在分岔路口，两支军队分开了。美国军队占领了右边，法国军队占领了左边。9月30日晚，约克镇完全被包围了。这条线呈半圆形，延伸到离敌人工事2英里远的地方，两翼都架在约克河上。

1781年9月28日，约1.7万名法美联军（美军约9500人，法军约7800人）从陆海两面包围了约克镇。康沃利斯共有8000人。在陆上作战中，法美联军发挥强大的炮火优势，动用各种火炮，包括法国的格里博瓦尔的野战炮，采用欧洲盛行的沃邦攻击法，以构筑平行壕和火力袭击相结合的方式对英军主阵地步步进逼，逐步缩小包围圈。康沃利斯被迫将部队撤进内层工事固守待援，这就使联军得以乘胜推进，将康沃利斯的整个阵地置于围城火炮的有效射程之内。在联军猛烈的炮火袭击下，英军逐渐支撑不住。[①]

10月，战争形势已经有利于美国。在《1778～1783年法国在美国独立战争中的战斗》中记载：

10月6日，波旁旅和苏瓦松旅接到了在战壕中执行任务的命令，四个非战壕中的兵团（图兰纳兵团执行特殊任务）各有250人奉命投入战斗。所有部队于下午5点在战壕的起点集合，战壕总指挥维奥姆斯尼尔男爵立即将兵团部署在需要掩护的地方。工程师们在夜幕降临后安置工人，晚上8点开始挖战壕。他们要把第二条平行线推到威廉·德·德奥克庞茨伯爵的棱堡那里去。在多尔将军有条不紊的指挥下，这项任务顺利开展，离敌人很近，也很迅速。

10月9日，波旁旅和苏瓦松旅攻占了战壕，下午4点，一组由两门迫击炮和18门大炮（18磅大炮和24磅大炮）组成的美国炮兵连开始射击，图兰纳的炮兵连也开始射击。

10月19日，英军投降，伤亡总数为11800人，其中包括2000名水手、1800名黑人、1500名托利党人和80艘船。放弃的军用箱子里有2113磅面值6英镑的旧纸币。军械清单包括：75门青铜火炮、169门铁值火炮，以及大量实心弹、榴弹和葡萄弹，并配套炮架、擦枪杆、弹药等炮兵器材。报告中还提到7794支火枪、266274颗子弹、2025把军刀、83桶全桶和89桶半桶火药，29箱每个重100磅的火枪子弹，34200个火枪火石。此外，还有24个团的团旗、4面英国国旗、73面营旗、大量的军需和医院用品、至少1000人的服装和相当数量的给养。

围攻期间英国人死了309人，受伤120人，被遗弃和俘虏123人，

---

① Adjutant General's office, *Les Combattants Francais De la Guerre Americaine, 1778-1783*, The National Society D. A. R., 1903, p. 287.

总共 552 人；法国人阵亡 50 人，受伤 127 人，总共 177 人；美军死亡 27 人，受伤 73 人，总共 100 人。[①]

在访谈中，理查德也介绍了相关情况：

> **理查德：**战争结束后，苏瓦松旅、掷弹兵和圣东戈的猎骑师仍留在约克镇，在河对岸的格洛斯特还有几排大炮。在威斯特切斯特山的郁金香树下休息了几天后，法军师团准备沿着一年多前南下行军时走的那条路继续向普罗维登斯进发。当天傍晚，一个当地的警察，也是民兵的队长，提出以 1.5 万法郎作为报酬，给苏瓦松旅的营火添柴。
>
> **笔者：**战争结束后，法国人想留在美国这片土地上吗？
>
> **理查德：**当时严寒刺骨，我的祖先有义务昼夜守卫他们的人。在这个新的国家，自由的前景呈现在士兵们面前，这使他们中的许多人产生了留在美国的愿望。许多法国军官和普通百姓一样，都渴望把美国作为他们未来的家。在军队向波士顿进军之后，相当多的人留在了普罗维登斯和新港，最后决定不返回故土。

法国是当时资产阶级革命思想和行动的中心，法国对美国独立战争的直接支持是美国独立后奉行资产阶级自由民主精神，甚至有过之而无不及的重要原因。从亲历者的记录中可得知，有些法国军人在战后希望留在美国，这些法国人也认为美国是他们实现自由主义梦想的地方，这也从侧面证明美国独立革命对当时西方资本主义的刺激和促进。无论如何，一个新生的美国毕竟在后来的世界历史中扮演了重要角色。

第三节　约翰·麦吉尔弗拉与里奇菲尔德家族的人生交错

麦吉尔弗拉是一个苏格兰姓氏。约翰·麦吉尔弗拉和新婚妻子珍妮特·

---

① Adjutant General's office, *Les Combattants Francais De la Guerre Americaine, 1778-1783*, The National Society D. A. R., 1903, p. 287.

麦吉尔弗拉是美国的麦吉尔弗拉姓氏的祖先，这是拉尔夫和理查德·里奇菲尔德母亲的姓氏。拉尔夫·里奇菲尔德对这一段家族历史了如指掌，他的曾祖父这样告诉他：

> 我们出生在苏格兰西海岸外的斯凯岛，斯凯岛是内赫布里底群岛的一部分，大约占苏格兰高地的一半。麦吉尔弗拉家族属于斯尼泽特教区。我是一名佃农，住在一个 15 英亩的小农场上，我租赁了这块地，有一个小居所，农场附近的山上我还有额外的放牧权。这片土地实际属于一个英国人，他让一个苏格兰人监管。佃农每年都要向这个英国人交一笔钱，如果佃农没有缴纳年费，或者不服从土地监管人的意志，就可能被赶出农场。

> 1777 年，麦克唐纳勋爵正在监督苏格兰农场上的庄稼，一封来自伦敦的信放到了他的案桌上，信中命令他必须在苏格兰高地和斯凯岛上建一支部队，要求所有佃农必须服从麦克唐纳勋爵的征召。斯凯岛的部队被命名为第 76 步兵团，也称为麦克唐纳高地团，士兵的妻子被允许随军当护士、做饭和缝纫。我的妻子珍妮特申请了随军，并被录取。妇女们必须自己照顾自己，除了军队供应的食物，别的什么也没有。高地人说盖尔语，但部队中的少数非苏格兰人听不懂盖尔语的指示。因此，我们在因弗内斯被组织起来，然后被派往乔治堡进行为期一年的训练。此后，我们从英国朴次茅斯登上了去美国的船。英格兰人对被征服的苏格兰人一点也不仁慈，在与美国人的战斗中，苏格兰人真的没有理由同情乔治三世。

> 1780 年 8 月，我们抵达纽约，前往斯塔滕岛，在那里驻扎到 1781 年 2 月。3 月，我们抵达弗吉尼亚的朴次茅斯，5 月，我们加入了康沃利斯勋爵的英国军队。如果不是拉斐特侯爵急于在他的美国同盟中证明自己，我们麦克唐纳高地团几乎不用与敌人交战。1781 年 7 月 6 日，从属于英军的苏格兰第 76 团和第 80 团与拉斐特侯爵交战。康沃利斯勋爵从后方命令苏格兰军队冲锋，苏格兰军队速战速决，在拉斐特侯爵指挥下的美国人彻底溃败了。

> 1781 年 10 月 19 日，第 76 步兵团与康沃利斯将军率领的军队在

约克镇被美军和法军包围，康沃利斯投降。1781 年 11 月 9 日，第 76 步兵团被押往弗吉尼亚最北端，雪兰多河谷下游的温切斯特镇。那里曾有一座监狱，但我们只是被安置在一些旧建筑里，由当地居民提供食物。随军的妇女们另找地方安置，但珍妮特说当地居民对她们很好。当时大约有 1/4 的美国人属于保皇派，他们可能小心看护了随军妇女。1783 年 4 月《巴黎和约》签署之后，我们才获得自由。

1784 年，乔治三世规定，不想返回英国的士兵都可以在新斯科舍获得 100 英亩土地。约翰·麦吉尔弗拉也获得了这份土地，于是我和珍妮特乘船去了哈利法克斯。然而，清理和耕种这 100 英亩土地异常困难，有很多英国士兵和保皇派都在新斯科舍省的这片土地上谋生，但经济状况很糟糕。我们在新斯科舍省有了第一个孩子克里斯蒂娜。

1786 年，我们放弃了这片土地，去了苏格兰朋友所在的纽约奥尔巴尼县，并在此定居，我们的住址就是现在州议会大厦所在的地方。我们在奥尔巴尼县生活了 8 年，生了 4 个孩子，分别是凯瑟琳、亚历山大、安娜、丹尼尔。1794 年中期，我们带着 5 个孩子从奥尔巴尼搬到了纽约州华盛顿县的阿盖尔，生活了 8 年，并有了第 6 个孩子约翰·F. 肯尼迪。1802 年，我们从阿盖尔搬到普林斯顿。约翰是普林斯顿的一个农民，在农场上工作并纳税。

托尔斯泰在《战争与和平》的末尾，认真思考了是什么推动了各民族的运动。这既不是某个帝王将相的意志，也不是某位思想家的智慧，而是参与事件的所有人的共同力量。[1] 这种力量并不是瞬间爆发的，而是在日复一日的日常事务中所积累起来的。正如以色列·里奇菲尔德的日记中对自由的渴望和约翰·麦吉尔弗拉口述故事中对压迫的仇恨，它经过了几代人的酝酿和发酵，在一个适当的时机爆发。我们研究历史，不能只研究大人物的传记，从而仅仅得到自由、平等、进步的抽象概念，真正的历史是千百万人迁徙、抛家舍业，甚至互相残杀的历史。家族史的意义就在

---

[1]　〔俄〕列夫·托尔斯泰：《战争与和平》，刘辽逸译，人民文学出版社，1997，第 1574 页。

于它是从个人生命史的角度去观摩这场巨大的历史盛宴，每一个时代的个体矛盾都表达了历史时代性，它更接近当时真实的生活和心理。历史其实是无数个人的生命史，正是在所有人的具体行动中，逐渐产生了历史的必然性。

第五章 危险的旅途：里奇菲尔德家族的幸运之神

　　1893 年，在芝加哥举行的世界哥伦比亚博览会上，弗雷德里克·杰克逊·特纳宣讲了一篇题为《边疆在美国历史中的重要性》的论文，他提出了著名的边疆假说。该假说认为，殖民地边缘丰富的自由土地不仅导致了太平洋边疆的快速发展，而且有助于发展美国的民主和民族主义，并赋予美国人性格特征，如个人主义、创造性、自由的机会、活力、平均主义和繁荣。他的假说产生了巨大的影响，从历史领域蔓延到社会学、文学领域。

　　这个观点影响了美国整整一代人，他们把开拓西部看成美国制度最重要的缔造过程。东部和南方也开始重视西部的政治、经济、社会和文化方面的影响。但是，特纳的追随者把他的观点极端化，宣称"从西边吹来的风比从东边吹来的更清新，更有生气，他们的翅膀上插着政治、经济和社会的所有美好礼物"。[①] 这是美好的想象，实际上，西部的民主最初只是基于人们在经济层面上的平等，但西部人依然拒绝彻底的改革，没有给妇女、黑人或印第安人投票权；西部一直践行资本主义，其目的是通过削减东部的特权，来将资本主义的福祉延伸到他们自己身上，东部资本能抽干他们的盈余，因此西部以发放货币引发通货膨胀来争取利益，而不是改进机械技术来提高生产；西部人开拓了荒野，他们比东部人更少受规则的束缚，他们嘲笑东部贵族的奢侈和举止，对东部的贵族文化不屑一顾，可是他们在文化教育方面是相对贫瘠的，拓荒者时代的贫困使人们难以支持大学、教堂、图书馆、福利机构的运转，在定居初期，他们的产品也没有为他们提供足够的发展资源。

　　西部真正丰富的正面品质是从 1812 年战争以后体现出来的，美国人认

---

① Leland D. Baldwin, *The Stream of American History*, Pittsburg：University of Pittsburg Press, 1952，p. 166.

为，前杰斐逊时代的美国人是懒惰和冷漠的，但1812年战争结束后，这片充满机会的大陆给美国人带来了希望和憧憬。他们的智慧、精力、主动和冒险精神都被激发了，整个国家兴起乐观主义和唯物主义，如果冒险失败，他们一定会振作起来，再试一次。他们虽然继承了东部的教会制度，但他们的目的不是建造一个新的耶路撒冷，而是更好地开发定居区。从当时世界局势的角度来看，西进运动因开垦土地、种植棉花和谷物而延缓了工业的发展，而当工业发展成熟后，西部又为美国提供了巨大的国内市场；在英法联军用大炮轰开中国和日本的大门，企图开辟亚洲市场时，美国经历了一段孤立而自给自足的平静发展期，也正是这个原因，延缓了美国人对国际事务的兴趣。

1812年战争以后，西进运动主要有两条线路：较老的一条是俄亥俄河，宾夕法尼亚人和北弗吉尼亚人从上游匹兹堡顺流而下，来到肯塔基河岸，建立了首批定居区；另一条是田纳西河，弗吉尼亚人和北卡罗来纳人经坎伯兰岬口，前往肯塔基州。很快，东部和老西部的移民沿着密西西比河蔓延，开发了很多城镇，并沿着密苏里河继续前进。

第一次移民西进是1815年从匹兹堡或威灵顿开始，沿着俄亥俄河到了密西西比河地区。在1820年，肯塔基州有56.5万居民，田纳西州的人口增加到42万，俄亥俄州有58万人口，印第安纳州有15万人口，路易斯安那州有15万人口，密西西比州有7.5万人口，亚拉巴马州有13万人口，伊利诺伊州有5.5万人口，即将成为新州的密苏里州有6.5万人口。23个州中有8个州在西部，美国近1000万人中，约有1/4生活在西部山区。

交通工具的改善带来了第二次移民西进浪潮，大批新英格兰和纽约的移民定居在俄亥俄州北部、印第安纳州和伊利诺伊州。伊利运河开通后，他们又西迁至现密歇根州、威斯康星州、艾奥瓦州和明尼苏达州。国家公路的修建鼓励了宾夕法尼亚州的移民西进。南部不蓄奴的弗吉尼亚人和北卡罗来纳人西迁至了肯塔基州和田纳西州，而乔治亚州和南卡罗来纳州的移民则直接迁至亚拉巴马州。有许多小农场主成了棉花种植者。新英格兰的社会制度影响了纽约和宾夕法尼亚北部，其制度特点是强调镇民大会和镇区职能。当新英格兰人和纽约人跨越俄亥俄州北部、印第安纳州和伊利诺伊州，在现密歇根州、威斯康星州、明尼苏达州、内布拉斯加州和南北达科他州定居下来时，他们把镇民大会的制度和功能也植根到了西部。南方更强调县制，也把县制延伸到了遥远的西部。因此，现在西部各州通常以县制为主。

第三次移民潮发生在 1840 年前后，阿肯色州和密歇根州加入了联邦，西部 11 个州有 600 多万人口，占全国人口的 1/3 以上。拥有 150 万人口的俄亥俄州仅次于纽约州、宾夕法尼亚州和弗吉尼亚州。伊利运河的开通促进了威斯康星的崛起，1848 年，威斯康星州加入联邦，1858 年，明尼苏达州被联邦承认。到此时，阿巴拉契亚山脉和大平原之间的地区已趋向成熟，过去的边疆变成了西部或中西部，虽然农业依然是主导产业，但东部的工业特征已逐渐明显，城市内有肉类加工、面粉加工、木材加工、皮革加工，纺织和金属制造业也遍布各个城镇和村庄。绝大多数人都属于中产阶级，他们事业心很强，为经济发展和社会稳定奠定了基础。与此同时，汽船、公路、运河和铁路大大改善了运输条件，西部和东部开始互通有无。

第一节　俄勒冈的第一批来客

一　穿越大平原

弗朗西斯·艾萨克·莱伯于 1779 年入伍，成为参加美国独立战争的法国战士，他在罗尚博将军麾下的法国陆军苏瓦松旅服役。1781 年 10 月 18 日，美法联军在弗吉尼亚的约克镇包围英军，英军投降，美国独立战争宣告结束。莱伯在战后随大军回到法国，但 1784 年，他又来到了美国，并在弗吉尼亚迎娶了萨拉·詹宁斯。

理查德说：

> 弗朗西斯和萨拉在弗吉尼亚生活了一小段时光，1786 年有了第一个孩子，诺亚。然后他们搬到肯塔基，再搬去田纳西的诺克斯县，在 1795 生了第 5 个孩子。后来又搬到了印第安纳的拉波特县，在 1802 年生了第 10 个孩子。

从他们的迁徙路线可知，他们走的是第二条路线，即沿田纳西河经坎伯兰岬口来到肯塔基和密西西比河流域的。

拉尔夫·里奇菲尔德向笔者讲述了莱伯家族的迁徙史：

> 弗朗西斯的大儿子诺亚·莱伯，自 1800 年至 1820 年生活在印第安纳的门罗县，在那里他遇到了自己的妻子尤妮希·吉列，他们于 1812 年结为连理。1815 年 10 月 13 日，第二个孩子艾萨克在门罗县出生，他们在门罗县生活了几年。接着，诺亚和尤妮希搬了好几次家，他们在田纳西生了第 6 个孩子，在印第安纳生了第 7 个孩子，在艾奥瓦生了第 8 个孩子。19 世纪 20 年代后期，他们又搬回印第安纳的布恩县，19 世纪 40 年代，他们搬到内布拉斯加的塞勒姆，与密苏里的艾奇逊县隔河相望。

> 第二个孩子艾萨克·莱伯从 14 岁到 21 岁一直在布恩县和亨德里克斯县从事修路的工作，亨德里克斯县就在印第安纳波利斯（印第安纳州首府）以西。1836 年 7 月 21 日，艾萨克·莱伯 21 岁时，与玛丽·波莉·刘易斯在布恩县结婚，在亨德里克斯县居住。婚后不久，他们就搬到了密苏里河畔的艾奇逊县，那是密苏里最西北的一个县。他们住在那里，当然见证了西部移民，1846 年，他们带着 4 个孩子来到俄勒冈小道和阿普尔盖特小道。

汉娜·玛格丽特·莱伯·法尔，1841 年 7 月 17 日出生于密苏里的艾奇逊县。1843 年，在密苏里的日子很艰难，猪肉和其他家畜的价格跌得很低，拿到市场上卖不起价。汉娜的父亲艾萨克·莱伯听说俄勒冈的海边有大量的鱼，于是，他决定带着妻子玛丽·波莉·刘易斯以及 4 个孩子，于 1846 年乘马车经俄勒冈小道和阿普尔盖特小道来到俄勒冈。汉娜 71 岁时写了一本自述，以文字的方式保留下一些值得我们研究的资料，访谈人把这些资料借给笔者，通过阅读和筛选，笔者把其中一些珍贵的叙述整理了下来，这些资料讲述了他们在穿越美国新西部的危险和艰辛：

> 1846 年初，我的父亲带着我的妈妈和 4 个孩子离开了密苏里，带着一个牛队穿过平原来到俄勒冈。那时我还是个小孩子，但我仍然清

楚地记得迁徙开始的那一天。即将离开爷爷奶奶了，我觉得很难过，哭了起来。我们乘马车穿过一条小溪，小溪上有一座桥。我们来到第一个露营地，我记得，爷爷和我的叔叔站在那里等待我们的到来。那天晚上他们和我住在一起，叔叔说要和我们一起走几英里，帮我们把散货运走。车队中有很多马车，有些人有两辆，一辆家用马车和一辆粮食车。有许多单身男性身无分文，根本无法渡过难关，走到终点，他们只能依靠有家眷的男性的帮助。几天后，我们终于找到了一个平衡的方法，让单身男性驾驶粮食车。所以，我父亲才找了一个单身汉来开粮食车。

我还清楚地记得我们来到印第安人地盘的时候。妇女和孩子们偶尔会步行去休息，当我们累了的时候，父亲告诉我们，现在必须待在马车里，因为是在印第安乡村。但是我们有一段时间没有被印第安人打扰，直到有一天我们看到一群印第安人骑着马向我们走来。我们赶紧把车队停下来。我父亲、叔叔、一个商人和另外几个人出去迎接印第安人。我父亲一直用手示意印第安人停下来。他们停下来谈话，后来印第安人终于明白我们只是想穿过领地，而不是停下来休息，他们不会让白人停下来露营或生火。印第安人日夜盯着我们，直到我们穿过印第安人的地盘，印第安人才离开。

还有一次，因为印第安人，我们不得不整夜赶路，可以看到印第安人在周围燃起的大火，就在那一天，印第安人向我们开火，但是印第安人射得太高了。马车的篷布上布满了洞，有几枪打到了孩子们睡觉的位置附近，把锅盖和锡盆打了个洞。

接着，我们来到当时被称为"挖掘者"印第安人的地盘。他们的房子就像蒙上了一层泥土，里面有一个小空间，大小刚好可以让他们的手和膝盖通过。那些印第安人跟踪了我们好几天。印第安人性情温和，但当妇女们做饭时，他们会爬上马车，把手伸进车厢里。他们光着身子，蹲在锅碗瓢盆中间。当妈妈准备把肉放到锅里炸时，一个又老又脏的印第安人蹲在旁边，他拿起一块放在鼻子边，然后又把它放回锅里。正当他又拿起另一块时，妈妈用切肉刀割破了他的手。他一跃而起，从他的包袱里抓出一排箭放进弓里，但他没有射箭。有些女人哭了起来，说妈妈会害得她们全部被杀掉，但妈妈说她宁可被杀，也不愿那个脏东西把她的食物贴在他的脏鼻子上。

印第安人跟了我们好几天，不停爬上马车。牛群越来越瘦弱可怜，它们拉起货物来已经足够吃力了，更不必说让那些赤身裸体、脏兮兮的印第安人挤在马车里。一天早晨，我的父亲告诉队员把印第安人赶出马车，但我们担心印第安人会开枪。父亲就说印第安人不愿坐他的马车走，话刚出口，一个老印第安人就跳上马车，准备坐在母亲和孩子们的中间。父亲用牛鞭狠狠地抽了他一下，差点儿把皮割破。他一声大叫，纵身一跳，拔出箭来，张大嘴巴，把箭搭在弓上，但他想了想，又跳到另一辆马车上，坐上马车继续赶路。牛群变得越来越虚弱，有一段时间水很匮乏，草也被烧掉了。有一阵子，我们长时间缺水，觉得似乎注定要灭亡。孩子们都在哭，大部分妇女也在哭。车队里的年轻人为了找水先头而行。他们带着酒桶和水壶，晚上出发，走了整整一夜，月亮很圆。他们说他们一路上都能看见水，但直到第二天晚上才能到达水边。当他们回来时，我们几乎疯了。

马车一直在行驶，当队员们看到河岸时，马开始奔跑，而男人们所能做的就是把缰绳拖得足够长，好把马从车上卸下来。我们在那里宿营了好几天，让牛有机会休息，因为草长得很好，可以让它们增加一点体力。妇女们洗她们的衣服，她们用马车床作为渡船，载着家人和货物，让牲畜游泳。一天晚上，我们来到一座很高的山上（记得这里没有路，鼠尾草丛很茂密）。男人们必须分成两队或三队轮流上山，以便抬一辆粮食车上山。我们家的马车那天在最后面赶路（第一天领先车，第二天就会向后位移，以此类推——这是他们制定的规则，轮流打排头）。妈妈和我们这些孩子被落在了后面，我妈妈担心印第安人会看到我们，就带着孩子们爬进了灌木丛，躺在那里，直到我父亲和其他几个人带着队伍回来，叔叔带着其他马车在山上停下来等他们。当我们上山时，天已经快亮了。①

---

① 2019 年 4 月 13 日访谈于理查德·里奇菲尔德家。

　　看来他们的车队有一个习惯，即任何一天领头的马车，会在下一天回落到马车队的最后面，这样做的原因是，领头的马车走在从未有马车走过的小道上，总是会被路上的石头磨伤，那些坐在领头马车上的人必须做更多的工作来清除路上的石头。走在马车队后面也有不便之处，例如有灰尘、泥泞；如果靠近后面，还更容易被印第安人袭击。这应该是长期迁徙形成的习惯法。西进马车队如图5-1所示。

The Elijah White Train on the way to Oregon in 1842.

The evening camp—bacon, mountain biscuit, coffee.

From The Dalles some of the White party followed the trail on the north side of the Columbia.

图5-1　西进马车队（家族资料）

汉娜说在穿越大平原的马车队上，只有一人被印第安人杀死。这似乎也发生在俄勒冈南部。那里的印第安人可能怀有敌意，他们通常更喜欢躲在暗处开枪，经常向牛射箭，使牛残疾或生病，导致牛群被留在后面。

她的自述中还讲了一个真实的故事：

迁徙的马车队上有一个病人，他轮流坐不同的马车，在他想走的时候就下来走。可是第二天早上，他们爬上山后，有人问："有没有人见过那个病人？"但是从他下车走路的那天起，就没有人记得见过他。于是有几个人回去找他。母亲告诉他们，前一天晚上她在和他们一起躺着的地方附近，她听到了草的窸窣声。他们就去那儿找他了，在离他们 20 英尺的地方发现了那个可怜的人，死了，身上插着 15 支箭。虽然我们看到了许多印第安人，但那是我们车队上唯一的死者。有一次，当他们的牛被分发出去的时候，我父亲雇了几个印第安人帮他们赶马车。我叔叔有两匹马，他和妈妈骑着它们，印第安人把我和一些背包绑在一匹老白马上，就好像我是一袋面粉。我被吓得要死，一直哭到生病。母亲示意他们让我骑到她身后的马上，他们照做了。那天晚上，我们来到了一条河，父亲回去找一头误入歧途的牛。在卸下其中一匹马上的行李后，印第安人把母亲和叔叔从马上抱下来，放在床上，因为他们俩都得了高山热。然后，印第安人和马一起游过河，带着他们所有的东西离开了，只留给他们一张小羽毛床、一床被子、一个枕头、一个长柄锅和盖子、一个水壶、一个锡盆、一个锡盘、一副刀叉、一个茶杯和一个盘子、一个清根机、一个木桶、一个木搅拌器和筛子，还有我们身上的衣服。我父亲和一个男人赶着马车回来，接着父亲牵了几头最强壮的牛，我们又出发了。当我们来到有水的草地时，我们露营了几天，让疲惫的队伍休息。妈妈让孩子们上床睡觉，她洗衣服，把衣服挂在帐篷后面的灌木丛里（印第安人给我们留下了一个帐篷）。有人偷走了他们最后的衣服。冬天快来了，我们四个小家伙在外面的平原上一丝不挂，但妈妈用帐篷的一部分给我们做衣服蔽体，有点像睡袍。

几个星期后，冬天就要来了，印第安人偷走并杀死了我们的牲畜，我们被困在那里。于是他们决定分批行动，我的父亲、叔叔和一个名叫奥尔布赖特的人赶着一辆马车走在前面，母亲和大哥以及婴儿跟在后面，我们先来到了威拉米特河，在尤金现在所处的地方，砍了一棵大树，造了一个大约 50 英尺长的独木舟，花了宝贵的三个星期。他们除了一把斧头和一双手，什么也没有。我和弟弟被留给另一对夫妇，这对夫妇一直坐在他们的粮食车上。我们所坐的粮食车在三周后才到达营地，对我们这些孩子来说，那是漫长的三周。到达后，我们把木桩松了下来，把家当和家人都装进这艘简陋的独木舟上。正要出发时，印第安人来到河岸，劝父亲上岸，我们说父亲过不去，会被淹死的。有几次，我父亲不得不蹚过河去拉独木舟（这是在 1846 年 12 月）。终于，他们开始了这条未知的航行。我们就这样成了第一批在尤金和塞勒姆之间的威拉米特河上航行的白人，当他们快到独立镇的时候，看见一棵大树横在河流上。我们太累了，感觉钻不过去了，但父亲用坚定的目光量了量那一小块地方，让他们全都躺下，然后从横木下方不到 8 英寸的空间内钻了过去。

当我们到达大草原时，父亲找到了一份清除灌木的工作，他以每英亩 31.25 英镑的价格清理土地和砍柴。这时一个人走过来问他在干什么。当父亲回答他以后，他说，住在附近的一些传教士把他们的麦子储存在谷仓里，如果父亲能把麦子筛干净，他就可以得到一半，还可以住在谷仓里，这样他就可以在谷仓里生火做饭了。父亲把手里的锄头扔进灌木丛，带着我们所有的东西去了谷仓，去打麦子。1846~1847 年，我们在俄勒冈的第一个冬天，住在一个好像猪圈的地方。我们煮小麦吃，因为没有面粉，也没有盐。叔叔是一个出色的猎人，他杀死了熊和鹿，由于没有盐，吃起来很糟糕。我们用毛皮铺了好床，多少个夜晚，我睡在兽皮做的床上，身下铺的是熊皮，身上盖的也是熊皮，我从来没睡得这么好过。

这是艰难的时期，无论冬天还是夏天，孩子们都光着脚。1851 年 12 月，我 10 岁的时候，父亲卖掉了他的农场，父亲申请了 DLC（捐赠土地申请），我们搬到了一个养牛场，在威拉米特河上游的马里昂县，有将近 1 平方英里（约 2.6 平方千米）的土地。我们有了更多的生活用品。1866 年，父亲获得了该土地的专利，获得专利的条件是，他必须证明他在那块土地上生活了一段时间。

孩子们开始上学，因为没有路，父亲在树林里为我们开辟了一条路。从我们家到学校有 5 英里，树林里到处都是野生动物，几乎每天我们都会看到狼，有时还会看到黑豹。我们去学校的第一天，老师下午 4 点钟就放学了，当时天很黑，雾很大，我们在这个陌生的地方，离家有 5 英里。在大雾中走了好一会儿，又转回了校舍。哥哥说："我们迷路了。"我们没办法，只好又出发，却是往家的反方向走，但我们经常和路人打招呼。大约晚上 11 点钟的时候，远处的狼在叫了。我们来到一所房子前，给房主人讲我们的遭遇。房主收留了我们，为我们提供了一顿丰盛的晚餐和一张舒适的床。凌晨 4 点左右，父亲找到我们。他很高兴见到我们，因为他从来没有想到我们还活着。在我们去学校之前，他砍了一棵大树，取了一根圆木，把它拖到学校的房子里，然后又拖回来，为我们留下了一条明显的路印。

我 14 岁那年，父亲在离塞勒姆 12 英里的威拉米特河上游买了一个农场和一艘渡轮。我们一直住在那里，直到 1858 年夏天，父亲卖掉了农场，同年 11 月 18 日，他买下了波尔克县的另一个农场。我 18 岁的时候在那里结婚了，我的丈夫是一个来自印第安纳的年轻人，名叫查尔斯·H. 法尔，我们买下了父亲的农场，在农场一直生活到 1863 年。我的父母搬到了俄勒冈的塞勒姆，他们在塞勒姆市中心经营着一家小旅馆，1859 年，我的妹妹，我父母的倒数第二个孩子，萨拉·伊丽莎白·莱伯在塞勒姆出生。[①]

艾萨克·莱伯一家穿越大平原的故事在家族中被反反复复地讲述，他们会坐在厨房门边的长凳上，边削土豆边谈论这些故事。后来经过反复讨论和证实，他们把口头传统故事转化为书面历史，存放在家族资料里。笔者有幸在访谈时获得了这些资料，以及家族成员讨论此故事的来往信件，

---

① Autobiography of Hannah Margaret Leabo Phar, 17 July 1841 to 31 July 1914, 由 Ralph Litchfield 整理保存。

十分钦佩和欣赏这个家族成员在对待家族历史时的细致和认真。他们把每一个事件和照片都保存得这样完好，并且做了相关考证，这在美国家庭中是少有的，这些资料也是非常珍贵的。

二　莱伯夫人和印第安人的"切手事件"

拉尔夫·里奇菲尔德从一位远房亲戚的口中获得了这个故事，他在信件中把它逐字逐句地记录下来：

> 在到达布里杰堡之前，这列车队从未受到苏族印第安人的严重骚扰。但是，虽然印第安人看起来很友好，他们偶尔还是会偷一些他们喜欢的小玩意儿。1846 年 7 月 28 日至 30 日，他们在怀俄明的布里杰堡休息。大约在这个时候，玛丽·波莉·莱伯正在煮一些肉，一个年轻的印第安人想偷肉吃。就在那一刹那，他的手挡住了她的刀子，她把他的一个手指削掉了。印第安酋长很生气，要求把玛丽交给他们。马车队的一些成员认为他们应该让她走。莱伯一家不愿让他们的女儿遭受这样的命运，因此被勒令离开马车队。

> 争吵和小的分歧是灾难降临到唐纳车队头上的根本原因。在布里杰堡的一个贸易站，车队分裂了。87 人取道黑斯廷斯捷径，成了命运多舛的唐纳车队、加利福尼亚先烈。其余的马车，包括莱伯家的马车，都经过霍尔堡，安全抵达加利福尼亚小径。莱伯一家最终离开了洪堡河小径，沿着阿普尔盖特小径来到了俄勒冈。

这个"切手事件"之所以重要，是因为在家族内部讨论的信件中，提到了这一事件导致了莱伯一家与西进大部队的分裂，最终导致一部分人走向加利福尼亚，另一部分人来到俄勒冈。这封信件来自汉娜·玛格丽特·莱伯·法尔的孙女海蒂·法尔·里尔，她出生于 1892 年，从小就从外曾祖父艾萨克·莱伯口中听闻了很多穿越西部的故事，在她 80 多岁的时候，她把这段传奇经历写了下来，关于"切手事件"的描述是这样的：

> 在旅途中，一个裸体的印第安人打扰了所有的队伍。他会跳起

来，骑在车辕上。外曾祖父说他不能忍受这个，当印第安人跳上他的马车时，他用鞭子抽那个印第安人的屁股。那个印第安人骑着牛跳了大约 20 英尺，他再也没有打扰外曾祖父的马车。那个印第安人有在炉灶旁窥探的习惯，有一天，他把手伸进曾祖母的煎锅里，曾祖母挥舞着一把长长的切肉刀，差点把印第安人的手剁掉。不久之后，印第安人袭击了他们，把他们的马车围起来。有一枪穿过水桶，打中了马头。

拉尔夫·里奇菲尔德认为远方的亲戚信件中的记录很糟糕，但是与海蒂·法尔·里尔的故事有相似之处，即马车队与印第安人起了真正的冲突，信件中的记录认为这个冲突是唐纳马车队分裂的根本原因。笔者在访谈理查德·里奇菲尔德时，他也相信正是这个冲突，使莱伯一家与大部队分开了。但他的哥哥拉尔夫给出了另一种解释：

> 我不相信波莉用刀把印第安人的手指割了下来，但我相信伤口很严重。我们不知道事件发生在什么地方，但如果那个印第安人真的赤身裸体，我相信他可能是一个"挖掘者"印第安人，生活在经过内华达州的阿普尔盖特小径上，就是马车队遇到的一些非常贫穷的印第安人。我认为这些住在地洞里的印第安人可能很穷，所以在她准备食物的时候就去偷，而且，波莉也许只是给了他们一刀，而不是比一个印第安人更勇猛。我不相信这一事件真的对马车队造成了很大的震动，我也不相信这造成了莱伯一家与唐纳车队的分离，唐纳车队本来打算穿越大盐湖沙漠走一条捷径，最终被困死在了内华达山区。

笔者认为这个说法是正确的。因为"挖掘者"印第安人生活在内华达州，布里杰堡在内华达州以东的怀俄明州，如果唐纳车队在布里杰堡就已经分道扬镳，那么在内华达州所发生的"切手事件"就在车队分道扬镳之后。因此，车队分道扬镳其实另有他故。

第二节　幸运之神

一　永远不要走捷径

上述资料中多次提及了"唐纳车队"，这是由若干家庭共 87 人组成的队伍，在布杰里堡与其他车队分开，取黑斯廷斯捷径向加利福尼亚西行，在跨越内华达山脉时，遇到了罕见的暴风雪，87 人中只有 48 人生还。

在海蒂·法尔·里尔的信件中，有关于这一事件的回忆，1993 年，拉尔夫·里奇菲尔德对此进行了整理和完善：

> 1846 年 7 月 19 日，在今怀俄明州西南部的小沙河附近，一大队马车分道扬镳。规模较大的一组沿着布莱特县和格林伍德，往西北方向去俄勒冈。规模较小的一群人继续向西南方向布里杰堡前进。
>
> 这时，他们刚刚选举乔治·唐纳为队长，车队就这样成立了。艾萨克·莱伯和他的家人现在加入了唐纳的车队。
>
> 唐纳车队和莱伯一家起初仍打算前往俄勒冈，但他们也许需要维修马车，或希望到布里杰堡去获得一些补给。总之，在距离布里杰堡最后 100 英里的地方，唐纳车队收到了一封来自兰斯福德·黑斯廷斯的信，讲述加利福尼亚如何不再是墨西哥的领土，讲述加利福尼亚的机遇，以及黑斯廷斯为前往加利福尼亚而发现的伟大"捷径"。疲惫的西进者确实喜欢"捷径"的故事。一行人在布里杰堡休息了几天，1846 年 7 月 31 日，一些马车继续向北驶向爱达荷东部霍尔堡（Ft. Hall）。而剩下的，后来被称为唐纳车队，则转向大盐湖盆地，前往黑斯廷斯所说的加利福尼亚。当艾萨克和唐纳车队一起转向黑斯廷斯捷径时，玛丽·波莉·莱伯和艾萨克的兄弟詹姆斯·莱伯，在马车上患了高山热（伤寒）。一两天后，波莉从神志不清中醒来，意识到他们要去加利福尼亚。她哭了，她想去俄勒冈。最后，外曾祖父（艾萨克）回到了分道扬镳的地方，在那里他们落后于其他车队三天。
>
> 故此，莱伯一家避免了被困于雪山的遭遇，这座雪山在今加利福尼亚州和内华达州边界的太浩湖附近。从 10 月 28 日开始下雪，成为

该地区有记录以来最深的积雪，深度超过 20 英尺。唐纳车队在匆忙建造的避难所扎营，试图度过冬天。他们起初以吃牛、马和一些稀有的猎物为生。然后他们在雪地里吃了他们的几只宠物，几只啮齿动物，最后他们把同伴冰冻的尸体找回并吃掉了。甚至有几起团队成员被谋杀和自相残杀的事件。

那么，唐纳一行在路途中到底发生了什么？为什么取道兰斯福德·黑斯廷斯所说的捷径会惨遭厄运？

乔治·唐纳当时是伊利诺伊州的一个富裕农场主，他的家族在当地是个旺族。乔治·唐纳西进的主要原因是响应约翰·苏里文在 1845 年提出的"大使命"（Manifest Destiny），强调美国价值观的优越性，认为美国人有责任以当时美国的农业社会为样板，向西发展。一些早先移民加利福尼亚的美国人也大力宣传加利福尼亚是人间天堂并印发书籍，给出种种移民西部的方法、途径，在美国中西部引起不小反响。使那些嫌自己周围人口太多，想为后代寻找发展机会的人跃跃欲试。美国西部开拓精神的实质内容是强烈的个人主义和土地资本抢占意识，当然，掌握先进的农业生产技术和拥有一定资本也是西部开拓者们的必备条件，更关键的条件是军事力量的强大。

组织马车队的初步准备工作在伊利诺伊州的萨加蒙县进行。1846年 4 月初，这个马车队从伊利诺伊州的斯普林菲尔德出发，行程开始时虽然慢点儿，但还算顺利，他们走在已知的路径上，在 5 月的第一个星期到达密苏里州的独立县。在这里，车队人数增加了，约有 100人。原车队的队员有 90 人。那时独立县是在边境上，所以他们为长途旅行准备了充足的食物。离开独立县不久，车队就增加到两三百辆车，行驶时队伍有 2 英里长。

又用了两个多月的时间，于 7 月底走到了布里杰堡。大约在 1846年 7 月 20 日，乔治·唐纳在小沙河被选为车队队长，从那时起，这个车队被称为唐纳车队。过去，移民去加利福尼亚都是从这里沿着已有的俄勒冈小道，先向西北走大约 200 英里，然后再掉头转向西南，翻过内华达山脉，最后到达现在加利福尼亚州的萨特堡（Sutter Fort）。按这个走法，唐纳一行9月初可以到。

但部分队员认为，这条路太绕，他们相信一个叫黑斯廷斯的探险者，他印发的小册子说有一条近路，从布杰里堡出发，不向西北，而是向正西方向，先直接翻过沃萨奇岭（Wasatch Mountains），再从大盐湖南边的沙漠穿过去，这样可以少走300英里。而且，黑斯廷斯保证，会在途中接应他们一起前进。通过商议，大家决定抄近路。但是在到达和黑斯廷斯约定的会合地点时，却没有发现他的身影。只收到黑斯廷斯留下的一张便条，上面写着他会一路留下标记，鼓励众人继续前进。

唐纳车队沿着新路出发后不久，就发现他们几乎无路可走。路上荆棘丛生，怪石嶙峋，他们几乎是拿着斧子劈出了一条道路。在碰到陡峭的山崖时，队员们往往要用十几个人，才能把笨重的牛车抬过去。但固执的队员们仍然选择相信黑斯廷斯，在新路上缓慢地前进着。在耗费了半个月后，这伙人只前进了50英里。如果此时唐纳车队改变路线，回到老路上，或许能抓住最后一线生机。但他们放弃了，这时已经到了8月初。

在横穿大盐湖沙漠时，唐纳车队损失惨重。渴死和跑丢的牛达到30多头，随车携带的给养也被迫丢弃了一半。6个体弱之人命丧荒漠。终于，9月底的时候，他们总算走完了这条所谓的"捷径"，重新回到了正路上。可是，这耗费了他们将近一个月的时间。更要命的是，浪费的食物远远超过了预期。原本一个月的路，他们走了两个月，成了1846年西进路上的最后一队人马。

10月底，他们来到水草丰美的特拉基草原（Truckee Meadows），其西面就是行程中最后一座大山（内华达山脉）。这时，本应该尽快赶在大雪封山之前翻过去，这队人马却决定在这里休息几天。等几天后他们再次出发时，山里已经下了大雪，他们中的几家人曾尝试冒雪翻过山，但雪太厚，没有成功，只好退回来。他们在雪山脚下现在叫唐纳湖（Donner Lake）的地方，发现了几个先前移民留下的简陋小棚子，决定暂时安顿下来。唐纳一家则落在后面，在8英里外的一条小河边停下来，准备过冬。这时候吃的东西已是非常少了，但还有最后一些牲口。

随着携带的食物消耗殆尽，唐纳车队的队员们陷入了绝境。他们杀掉了仅有的牛和狗，但很快就吃光了。时间已经到了 11 月底，这时，唯一的方法就是派人前去搬救兵，其余人原地待援。

一支由 15 个人组成的队伍出发了，他们只带了 6 天的食物。但当这组人艰难跋涉了 10 天后，仍然没能翻过内华达山，他们迷路了。最后，食物已经全部耗尽，虚弱的队员们饥寒交迫，绝望的情绪蔓延开来。如果没有食物，他们绝对挺不过 2 天。

这时，有队员提出一个匪夷所思的建议——吃人。但是，第一个成为食物的人该是谁呢？有人又接着提议，抽签决定。但这个建议遭到一致的强烈反对，一是没有人愿意抽，二是不幸抽到签的人怎么个死法呢？自杀，抑或被大家打死？

最终，大家默契地达成了一致意见，谁先死去，谁就成为活着的队员的食物。就这样，惨剧发生了，他们陆续吃掉了最初冻死饿死的几个人。但到后来，一连好几天都没人死去。大家把目光盯在了两个印第安人身上。两个印第安人似乎有所察觉，逃离了队伍，后来还是冻死在了雪地里，被众人分食了。

当这伙人最终翻过内华达大雪山，找到一个印第安人村庄时，已经过去了整整 33 天。而 15 个人的队伍，只有 2 个男人和 5 个女人活了下来，其余的人，都不幸成了同伴的食物。逃出的这几个人来到了加利福尼亚萨特堡，向人们报告了唐纳车队的悲惨境遇。于是，当地善良的人们陆续组织了 3 次救援。

当第一批救援队翻过雪山，来到唐纳车队队员搭建窝棚的湖边时，已经找不到当初的窝棚，在四处寻找并大声呼喊后，留守的人终于从雪洞中钻了出来，原来大雪已经把窝棚完全淹没了。救援活动分 3 次进行，共持续了 2 个月。令人痛心的是，在救援期间，由于食物供给不上，又发生了分食同伴尸体的现象。最终，唐纳车队的 87 名队员中，被成功救出的人只有 48 人，39 人死掉，其中大多数成了同伴的食物，包括唐纳兄弟和他们的家人。

一位幸存者后来去世时，留给家人的临终遗言是："不管前方的路有多遥远，永远都不要抄捷径。"

拉尔夫·里奇菲尔德在故事最后说：

> 因为我的外高祖母波莉哭了，我的外高祖父艾萨克也哭了，所以莱伯族人并没有经历这场自相残杀，无论是吃同伴的尸体，还是被同伴吃掉。但他们也没有完全摆脱太平洋风暴所带来的痛苦，唐纳车队被太平洋风暴困在了内华达山区，莱伯一家虽穿过了较低海拔的西斯基尤山，却也经历了狂风暴雨。雨把小径变成了险恶的泥浆，把所有的溪流都涨成了洪水……

如果不是这声哭泣，笔者也许永远遇不到受访者——里奇菲尔德一家，也永远没有机会讲述他们的故事了。在开拓西部的路上，这样的人间惨剧并不少见，特别是与印第安人的冲突，更暴露了西部边疆开拓过程中的残酷性。

二　阿普尔盖特小道

唐纳车队在美国西进运动史上是一次特殊事件，主要原因在于队长缺乏领导能力以及决策的失误。那么，当莱伯一家离开唐纳车队回到原路以后，在落后于其他车队3天车程的情况下，他们又经历了什么？

海蒂·法尔·里尔的故事中有这样一段：

> 在阿普尔盖特的建议下，他们选择了一条短途路线，许多人扔掉了补给。阿普尔盖特承诺走这条路线只需3个月，但事实上花了更多时间。在某个地方，阿普尔盖特和他的人与车队会合，并试图以150美元的价格卖掉一头公牛。他问车队上是否有人有150美元，没有人回答。外曾祖父说，阿普尔盖特需要为他们在路上耽误这么长时间而负责，等他们到了俄勒冈，他们会付钱的。然后他就开枪打死这头牛，并告诉车队上的人把它剥皮。牛的尸体还没落地，就有6把剥皮刀插进去了。这是阿普尔盖特家最后一次露面。

　　阿普尔盖特三兄弟林赛、杰西和查尔斯于 1843 年带着全家沿着最初的俄勒冈小道来到了俄勒冈。这条路线是沿着蛇河穿过爱达荷南部，然后进入今天的淡水河谷，翻越蓝山到达哥伦比亚河。哥伦比亚河水流湍急，乘木筏运送货物和人员非常危险，河岸是一条非常狭窄的路，携带家眷和大量物资的马车队几乎无法通行。1843 年，阿普尔盖特兄弟从密苏里前往俄勒冈，他们的两名家人在哥伦比亚河中丧生。这场悲剧让这对兄弟决心去拯救其他人，找一条更安全的路线。

　　1846 年春天，三兄弟在威拉米特山谷定居下来，种庄稼，盖小木屋，查尔斯留在家里照顾家人和土地，林赛和杰西，以及利瓦伊·斯科特和其他 10 个人组成了一个童子军，被称为“南路探险队”。1846 年 6 月 20 日，他们开始了南下之旅。他们沿着威拉米特山谷走过现在的科瓦利斯和尤金，向东越过喀斯喀特山脉、克拉马斯湖、莫多克火山高原、到达鹅湖，从那里，他们穿过加利福尼亚的拉森峰和荒凉的黑岩沙漠，到达内华达的洪堡，一部分人停在这里休息。杰西·阿普尔盖特继续向东，于 8 月初走到霍尔堡，他在这里拦截马车，并鼓励马车沿着一条小径前进——这条道路很快就以他的名字命名。

　　实际上，当时这条路并没有马车的踪迹，只有印第安人和早期白人探险队的足迹。其中大部分路几乎没有标记，更不用说清理路上的荆棘，行进缓慢而艰难。拉尔夫·里奇菲尔德说：“在 1846 年，我们的祖先不得不设法使马车能在路面行驶。”1846 年 8 月 9 日，100 辆马车从霍尔堡出发，穿过新的阿普尔盖特小道。9 月，第一辆马车离开洪堡河，穿过黑岩沙漠，这段路相当艰难和危险，不仅酷热难当，缺乏水源和草料，而且随时可能遭遇印第安人的袭击。接着，马车驶进了古斯湖和图勒湖，他们在一座天然石桥上渡过迷失河，这座桥位于俄勒冈的梅里尔附近。后来，阿普尔盖特小道的向导利瓦伊·斯科特在他的日记中说：“莱伯夫人在俄勒冈的梅里尔以南救出了她那辆失控的马车。”随后，马车队转向西南方向，绕过克拉马斯湖，朝杰克逊县东南角的绿泉山驶去。当马车到达胭脂谷时，暴风雨已经开始了，灌木和乔木使小路变得十分泥泞，但为了保证后面的移民能够顺利通行，先行者们首先完成了道路的清理工作。

第六章　最后的边疆：里奇菲尔德家族
定居俄勒冈

第一节　西进运动中的土地政策

一　运河与铁路的发展和家族的西迁

1786 年，老约翰·麦吉尔弗拉一家从新斯科舍省搬到奥尔巴尼县，1802 年后生活在奥尔巴尼县的普林斯顿。他们是美国独立战争后的一批新苏格兰移民，在弗吉尼亚北部监狱的俘虏生涯结束后，约翰·麦吉尔弗拉抛弃了新斯科舍省贫瘠的土地，来到了纽约州哈得孙河边的大片沃土上。老约翰在普林斯顿的农场上干活，是普林斯顿苏格兰小教堂的常客。他养育了 6 个孩子。当时要在哈得孙河和伊利湖之间开凿一条运河，此时，他的儿子们正值青年。拉尔夫·里奇菲尔德说：

> 开凿运河需要工人，每天工作 10~12 小时，每日工资 75 美分。由于劳动力非常匮乏，老五丹尼尔·麦吉尔弗拉参与了运河船闸的手工挖掘。那段时间，大约有 7.5 万人从事了开凿运河的工作。

1825 年，伊利运河全线开通，连接了大西洋和五大湖，西起哈得孙流域的奥尔巴尼，穿过阿巴拉契亚山区莫霍克河谷地的山峡，跨越安大略湖南部的低山地和沼泽，在布法罗注入伊利湖。运河河道窄而浅，只能让骡子拉的驳船通行，蒸汽轮船无法在运河上航行。尽管如此，伊利运河仍获得了巨大的成功，短短几年，它所创造的利润就为纽约州带来了可观的财政收入，麦吉尔弗拉一家清楚地感受到了工业时代的来临。

伊利运河开通以前，穿越阿巴拉契亚山脉的交通极其不便，生活在中西部和大平原的农民基本靠自给自足。由于没有航运，农民会在小溪附近建造一艘平底船，当春天洪水来袭时，他们在船里装上面粉、玉米、猪肉、苹果酒等农产品，从俄亥俄河顺流而下到密西西比河，再漂到纳齐兹或新奥尔良。这种习惯一直延续到了汽船时代，直到被铁路运输取代。伊利运河修通后，中西部农民把谷物卖到纽约，再从纽约买回农具、家具、服装以及其他商品。东海岸和中西部的商品交换和人口流动频繁，大平原上的耕地如雨后春笋般地出现。很快，美国的经济转向以消费者为主导。

丹尼尔·麦吉尔弗拉（1794~1874）是约翰和珍妮特的第 5 个儿子，婚后，他搬到纽约市的赫尔基摩县斯凯勒镇，生育了 9 个孩子。赫尔基摩县位于伊利运河的沿线，由村庄发展成了城市，在熙熙攘攘的街道上，一切都是崭新的、现成的，那些新房子好像是顺着河流从纽约漂过来的一箱箱货物，倒了这片清理了一半的土地上。麦吉尔弗拉一家通过运河把农产品运送到东部人口更稠密的地区，他们为蜂拥北上至纽约的移民提供生活必需品，为运河沿线的旅行者提供服务。五大湖和河流上每日都响彻汽船的鸣笛，伊利运河使纽约取代巴尔的摩和新奥尔良，成为交通要道，也成为通往中部大平原的捷径。许多大帆船和蒸汽船满载着定居者从伊利运河的起点布法罗市出发，开往西北部的农场，再满载着小麦和玉米返程。由于乘客和货物运输比以往任何时候都便宜和方便，西进人数出现惊人的增长。克利夫兰和托莱多是伊利湖沿岸另两个发展迅速的港口城市，它们借着运河向南延伸到俄亥俄河流域的农村地区。1860 年，运河沿岸的底特律、密尔沃基和芝加哥跻身美国大城市之列，芝加哥成了最大的湖港城市。

随着人口大量流入中西部大平原，美国各地都陷入了土地潮，企业家把城镇分成小块，然后将土地以高利润卖给狂热的投机者，投机者都希望地产之后还能升值更多。有一些投资冒险成功了，有一些失败了。很多乐观的东部投机者带着一纸契约书来到西部，却发现买的地块在一片蚊子肆虐的沼泽地中。① 与此同时，土地再次凸显了定居者与投机者之间的矛盾，

---

① 〔美〕霍华德·丘达柯夫、〔美〕朱迪丝·史密斯、〔美〕彼得·鲍德温：《美国城市社会的演变》，熊茜超等译，上海社会科学院出版社，2016，第 40 页。

这几乎成了各地的通病。

　　土地问题对美国历史进程的影响广泛而深远，首先，对土地的贪得无厌形成了强大的政治压力，成为早期印第安战争的起因。其次，对土地的投机、过度定居和过度开发直接影响了美国经济的繁荣和萧条，进而影响了民主进程、移民、种族关系、公司和技术的发展，以及美国人的心理和后来的地缘政治格局。

　　美国土地开发的第一步是在西部推行以土地产权为基础的土地制度。1785 年，大陆会议出台了第一部土地法令。1787 年，又颁布《西北法令》，确定了西部土地政策的三个步骤：将土地收归国有；废除英国"贵族式"土地制度；以城镇为单位，按地段出售国有土地。1800 年，《哈里森土地法》出台，它规定在西部的各个城镇建立土地办事处，最低购地面积 320 英亩，以每英亩 2 美元为最低价格拍卖出售，部分公共土地可以分成两半出售，其中一半先支付 175 美元，另一半以 4 年分期付款，这是对农民定居者的宽松政策。尽管如此，农民还是很难完成付款，1804 年，一项法案将最低购地面积减至 160 英亩。1820 年，另一项法案将最低购地面积减至 80 英亩。在 1820 年土地法被彻底修改以前，国会通过了一长串的救济法案：取消信贷，最低拍卖价格降到了每英亩 1.25 英镑，保留 80 英亩的最低购地面积。

　　定居者与投机者之间的冲突，本质上是东西部在土地问题上的矛盾。东部倾向于将公共土地作为投资收入来源，从而减缓人口向西部的流失；而西部却主张自由而免费的土地。双方较量的关键在于，谁的出价更高。但是，把新土地作为商品出售，最终受损失的往往是定居者。其一，法律规定土地价格可以被抬高到任何数目，但当购地者离开时，他以高价购买的土地就被悄悄还给了政府，后来者们可以用最低的价格把这块土地抢回来；其二，先驱者早在公共土地出售之前就已定居在那儿了，他们通常是穷人，他们的财产经常在不知情中被投机者买走。为了解决这些问题，国会在 1841 年出台了《优先购买权法》，赋予擅自占用土地的先驱者以最低价格购买土地的权利，但购买面积不能超过 320 英亩，也不能反复使用此权利。

　　《优先购买权法》还提出拨给新州 50 万英亩土地的政策。因为内战的逼近使西部土地问题逐渐演变为政治问题，如果不实行《优先购买权法》，西部很可能会把自由土地政策作为政治支持的交换条件。为了笼络西部，联邦政府对各州进行补贴，各州政府可出售一些土地，并把资金用于教育或基础建设。其中有些土地被归还给联邦政府，联邦政府相应给予少量赠款，这些赠款为各州经济和文化发展带来了不可估量的收益。

实施土地产权的时期，土地买卖达到了空前繁荣。在 1812 年战争以前，土地的年销量不到 100 万英亩，1818 年，西进运动使土地年销量迅速增长到 350 万英亩，直到 1828 年，年销量才开始降低。但 19 世纪 30 年代土地价格暴涨，1836 年达到顶峰，土地销售量达 2000 万英亩，随后下降到不足 300 万英亩。另一次繁荣是 19 世纪 50 年代中期，1855 年出售了近 1600 万英亩土地，1862 年《宅地法》颁布后，公共土地投机再也没有达到这个高度。

19 世纪，城市发展的狂热催生了"城市推进主义"，也推动了城市工业化的开始。工厂不再使用手工工具，取而代之的是机械设备，大部分工人不需要掌握全套技艺，也不需要为产品的质量负责。学徒不再被视为主人的家庭成员，他们成了在家庭范围之外开展生产活动的培训生。主人和熟练工把彼此的关系定位为雇主和雇员，城市工薪阶层和富人的利益冲突急剧增大，美国城市急剧增加的财富更多地被富人掌控。在纽约，1828 年 4% 最富有的人掌握了 49% 的财富，1845 年，富人掌控的财富比例达到 66%。全国性的经济恐慌和经济萧条几乎定期出现，1819 年、1837 年和 1857 年都出现过。① 其中，1837 年的金融危机中第一次真正形成了杰克逊所害怕的西方金钱势力，危机过后出现了严重的经济衰退。

1820 年至 1860 年，城市的薪水有了些微上涨，但和物价相比，仍是杯水车薪。拉尔夫·里奇菲尔德说：

> 丹尼尔的三儿子塞斯·特里·麦吉尔弗拉（1824~1901）似乎感受到了经济增长放缓的到来，1853 年秋，他乘火车去威斯康星州的索克县巴拉布镇（Baraboo），买了一个 310 英亩的农场。第二年春天，

---

① 〔美〕霍华德·丘达柯夫、〔美〕朱迪丝·史密斯、〔美〕彼得·鲍德温：《美国城市社会的演变》，熊茜超等译，上海社会科学院出版社，2016，第 45 页。

他回到纽约，准备把家人也带到威斯康星州的巴拉布生活。1854 年 4
月，塞斯和家人乘火车到达伊利诺伊州的埃尔金（芝加哥以西 25 英
里），并把行李也托运到了那里，然后北上前往威斯康星州的巴拉布。
同年，铁路延伸到了距巴拉布 40 英里的麦迪逊（威斯康星州的首
府），当时麦迪逊是一个集市，塞斯每两周就用马车把粮食运送到那
里，同时在那儿购买货物。

塞斯·麦吉尔弗拉的第二个孩子叫乔治·布埃尔·麦吉尔弗拉（1853 年
6 月 26 日至 1931 年 12 月 27 日），出生在纽约州的赫尔基摩县。他 1 岁时，
随家人搬到威斯康星州的巴拉布。1874 年 3 月 18 日，他与伊迪斯·珍
妮特·特尼结婚，生育了 8 个孩子：老大克拉伦斯·特尼，老二亚瑟·
乔治，老三埃格伯特·艾伯特，老四贝茜·伊迪斯，老五埃塞尔·露丝，
老六爱丽丝·艾娃，老七珍妮特·阿维斯，老八拉尔夫·亚历山大（见
图 6-1）。除了老七珍妮特，其他孩子都出生在巴拉布。乔治·布埃尔·
麦吉尔弗拉不是一个很会持家的人，因而家庭的经济相当拮据。乔治夫
妇在巴拉布的房子如图 6-2 所示。

图 6-1　乔治·布埃尔·麦吉尔弗拉的一家（家族资料）

图6-2　乔治夫妇在巴拉布的房子（家族资料）

威斯康星州树木葱郁，可生产松木、橡木、枫木和其他木材，而且湖泊和运河可将木材运送到东部和南部，成为该地区居民的收入来源。正如芝加哥的《西北伐木者》1880年所报道的：

> 肥沃的草原每新增一个定居者，就意味着庞大的木材消费群又添加了一名成员，意味着又要建一所新房子、一处新粮仓，还有40英亩土地的围栏，以及一座或十几座玉米仓库。但还不止这些。它还意味着铁路线的延伸，以及随之而来的大量木材消耗；意味着激励其他有计划的定居者在先期到来者附近再建立新的农场；意味着教堂、学校、商店、人行道、平整的街道和工厂；意味着企业不断开放的新渠道，这也使木材需求量日益增长。①

乔治·麦吉尔弗拉也参与了伐木工作，每年11月和12月，伐木队就来到威斯康星州东北部森林地带，在树丛间一直劳作到春耕时节，4月至5月，当湖水开始重新流动时，他们就将五针松木沿河运至伊利诺伊、艾奥

---

①　"Where the Lumber Goes," *NWL*, March 27, 1880, p. 1.

瓦的草地以及西部站点。当时的人们都相信"松树林在几百年内是不会耗尽的"。然而，铁路扩张加速了木材贸易的发展，木材很快被贪婪的市场消耗殆尽。大湖区的木材生产在 19 世纪 90 年代初达到顶峰，之后开始急剧下降，密歇根州的五针松木首先用完了，其次是威斯康星州，最后明尼苏达州的松树也耗尽了。[①] 在无情挥舞的铁斧下，森林变成了荒野。发黑的老树桩就像被遗弃的墓地上的灰色石头，它不断地提醒人们：美国人从大自然的财富中攫取了让人富饶的资本，新城市从田野、牧场和森林中积累了巨量的财富，然后将其消耗和转化，为人类所用。美国的强大很大程度上来自上帝的恩赐，上帝赐予他们森林、矿山、沃土和各种气候。

接着威斯康星州又开始种植小麦，土壤肥力也很快耗尽了。拉尔夫·里奇菲尔德说：

> 1887 年，乔治·麦吉尔弗拉一家试着在南达科他地区的布鲁金斯县开垦新牧场。他们拥有一个 320 英亩的牧场，牧场上有 20 匹马和 20 头牛，牧场的半山腰上有一个谷仓。这块牧场方圆几百英亩的草地上都没有篱笆，为了避免牲畜误入禁区，乔治在夏天替邻居放牛，能赚 1.5 美元。孩子们也时常帮着放牧，沿着河床有几个小水坑，埃格伯特和贝茜把牛赶到那里去喝水。冬天，他们要把牲畜赶到 1.5 英里以外的大溪边，那时溪水大部分都结冰了。

乔治的大儿子克拉伦斯是理查德和拉尔夫的外祖父。在他的记忆中，成长过程总是贫困而艰辛的。克拉伦斯生前给后代讲述了许多自身经历，在访谈中，拉尔夫把这些故事都告诉了笔者。他说，外祖父印象最深的是 1888 年 1 月 12 日的那场暴风雪。大雪持续了 3 天，许多地区都受到暴风雪袭击，很多人失去了生命。那时候，每家每户都相隔遥远，马是唯一的交通工具。他的外祖父是这样告诉他们的：

> 1 月 12 日那天，我在离家不远的峡谷里，帮父亲把干草从垛里拉

---

① 〔美〕威廉·克罗农：《自然的大都市：芝加哥与大西部》，黄焰结译，江苏人民出版社，2020，第 287 页。

出来。这时，10 岁的亚瑟、8 岁的埃格伯特和 6 岁的贝茜正在放学回家的路上，他们要赶牛去小溪边喝水。那本是晴朗的一天，阳光明媚，下午 2 点 30 分时，山里开始下雪，西北风呼啸，峡谷突然昏暗下来。我劝父亲回家，但父亲却说："我必须把这堆干草清理干净，否则永远都清不干净了。"所以，父亲依然设法让马拉着干草走出峡谷。那时，暴风雪还没有完全遮蔽山路，我们很快就找到了通往谷仓的路。

我们快到达谷仓时，看见了一些移动的身影，我们以为是赶牲畜的孩子们，后来发现是老师们，他们见到我们的第一句话是："孩子们已经安全了。"我们和老师躲进谷仓，我试着关闭仓门。门位于谷仓西南侧，呈上下两半。大雪在西北风中漫天飞舞，雪花被风刮进谷仓，我以最快的速度把雪铲到门口，绝望中，我钩住下半扇门，但底部仍有 6 英寸的缝。第二天，门口的那匹马已经被雪埋到肚子了。

回家的路更加艰难，大雪纷飞，我们看不到路，只好翻过山顶。父亲几乎要失去理智，他走在外面大喊大叫，大声祈祷。最后，父亲和狗跟着一些足迹走，当足迹消失时，父亲凭着感觉回到了家。

我的弟弟妹妹是在一个老移民家被发现的。亚瑟、埃格伯特和贝茜从学校回家时，经过了老移民的房子。老人催促他们快回家，因为暴风雪快来了，但几个孩子嘲笑他，因为在孩子们看来这天很美好。还没等到孩子们走到第一个路坡，暴风雪就来了。老移民一边喊一边冲向他们，把他们救了下来。

在雪天给牲口喂水十分不易，开始我们铲起雪，一点一点喂给它们吃。后来，有一个叫安丁的老人在 2 英尺厚的冰层上挖了一个洞，洞有 2 英尺见方，牲口可以从洞中饮水。挖开的冰洞可持续一周左右，然后老安丁会再挖一个。我至今也难以忘记他那把锋利的斧子，如果他还在世，我会给他写一封感谢信。

在南达科他的土地开垦没有成功，麦吉尔弗拉一家又回到了威斯康星州。为了节省开销，母亲用鸡蛋给克拉伦斯换来了一些打补丁的衣服。物质的匮乏在克拉伦斯年少的心灵上打上了痛苦的烙印。在晚年的回忆中，这一部分仍然记忆犹新：

> 我在威斯康星州上高中时，去学校必须走 3 英里。母亲在镇上叫卖黄油、鸡蛋、白干酪和甜玉米，顾客有时给她一些旧衣服，作为交换。我就穿着这些旧衣服去高中。有一天，班上的一个同学看见我打花补丁的裤子，说："这一定是减价出售的。"那时我爱上了几个暑期女老师，但在这份情感中，我最大的感受是嫉妒，嫉妒坐着马车来看望她们的男性朋友。我从未试过和她们好好相处，我非常害羞，没有钱花，没有好衣服穿，住在乡下。
>
> 旧衣服里还有一些别人不要的领带，有一块总露在外面，被磨损得很旧，还沾上了肉汁。我第一次戴时，一个热心的男孩说："克拉伦斯，你的领带反了。"从此我再也没戴过它们。我只有一件很讲究的衣服，但袖子和裤腿都短了几英寸。离开高中时，我是唯一没有新衣服穿的人。
>
> 这些故事在你们年轻人看来或许很糟，我不确定这是否暴露了我的弱点。那时，我已经尽最大的努力克服它了，但后来的事情让我更加痛苦。高一结束后，父亲不支持我们继续读书。亚瑟已经准备好上学了，但父亲希望我们都去农场干活。亚瑟对农活没有兴趣，我说："我们其中一个去农场。"于是我去了，亚瑟次年进入高中并完成学业。我知道我想上大学，但家里这么多弟弟妹妹，需要衣服、食物和上学。我不得不留在家里。
>
> 我还记得，当老八快出生时我的感觉。那时，我正在南达科他的布鲁斯金县帮忙收割庄稼，我把收割赚来的钱寄回家，并写信希望添置一些新衣。当我向父亲要新衣服时，父亲说："我必须把钱用来缴税。"于是，我砍了一些木头，把它们拖到镇里换了一套西装。当我讲述这件事时，我感到越来越痛苦，为自己，也为受过同样苦难的人感到难过。[1]

---

[1] 克拉伦斯·麦吉尔弗拉 1943 年的口述回忆录，由拉尔夫的母亲弗朗西丝·麦吉尔弗拉整理，拉尔夫保存。

1860~1900 年，美国的农场数量差不多增加了两倍，但农民的日子很不好过。机械化提高了生产力，主要农作物超产，价格不断下滑。农民们掉进了一个怪圈：因为供大于求，所以他们生产得越多，价格反倒卖得更便宜。只有农场主有足够资金可以置办昂贵的机械化农具，有条件进行专门化耕作以及薄利多销。同时，交通、仓储和手续费仍居高不下，种子、肥料、工业制品、税收、贷款利息等开支让很多家庭深陷债务之中。

二　在南达科他的宅地

"麦吉尔弗拉"在苏格兰的名字是"麦吉利弗雷"，在盖尔语里的意思是"审判仆人的儿子"，它很可能是一个世袭的职位，类似"法官"或"法庭宣判人"。"麦吉利弗雷"家族曾是苏格兰查坦氏族联盟的重要成员，其历史可以追溯到 14 世纪。查坦氏族由三个古老的支系组成，分别来自苏格兰高地的洛哈伯、马里湾和马尔岛，他们共同的首领是麦金托什五世。查坦氏族有自己的皇家特许状、委员状、债券、合同和纹章。1609 年，麦金托什、麦克弗森、戴维森、肖、麦比恩、麦吉利弗雷、麦奎恩、史密斯、麦金太尔、麦克菲尔等部落联合为查坦氏族，三位麦吉利弗雷酋长在联合契约上签了字。在那个野蛮的时代，弱小的部落有必要与强大的部落联合起来，保卫自己不受侵犯。

麦吉利弗雷的家族信件显示，1715 年，麦吉利弗雷家族退出了查坦氏族联盟。1746 年，麦吉利弗雷家族的族长在卡洛登战役中阵亡。卡洛登战役是为詹姆斯七世之孙——英俊王子查理（查尔斯·爱德华·斯图亚特）而战，是詹姆斯党人在不列颠岛上的最后一次挣扎。查理王子指挥失误，导致苏格兰起义军几乎全军覆没。相传，麦吉利弗雷族长牺牲在自己家族的井边，他的族人也在他身旁就义。从此，查理王子四处流亡，在麦克唐纳家族的弗洛拉小姐的帮助下，逃到斯凯岛，再逃亡国外。著名的苏格兰民谣《斯凯岛船歌》就取材于这个故事。

理查德的舅舅休·麦吉尔弗拉[①]说："由于麦吉利弗雷家族跟随了错误的君主，战败后的他们失去了土地。在封建制度下，如果一个氏族或家庭

---

① 克拉伦斯·麦吉尔弗拉和桃乐茜·狄金森的儿子。

没有土地，就没有财富和安全的来源，更没有政治影响力。"出生在斯凯岛的约翰·麦吉利弗雷成为自己土地上的佃农，而土地的主人是英国人。这对于曾经显赫的麦吉利弗雷家族而言，是一种羞辱。也许这是第一个麦吉利弗雷族人"违背自己的意愿"踏上美国大陆的原因。1780年，他被一纸军书征召入伍，被迫为他痛恨的英国皇室服役。他显然没有全心地投入战斗，在决定性的约克镇战役中，他协助输掉了战役，也许是因为这样，他不用回到故土，而是作为战俘被留在了北美大陆。

在100多年的辗转岁月中，麦吉利弗雷家族成员都没有打破佃农命运的循环，或者仅仅拥有非常小的土地。直到不屈不挠的克拉伦斯抓住了在南达科他建立宅基地的机会。照片里的克拉伦斯总是紧抿着嘴唇，他的眼神和下巴透露出决心改变命运的坚定。他和妻子桃乐茜（见图6-3）深知，如果想要逃离租住农场的现实，就必须获得一些"资本"，而且为了抚养孩子和为子孙后代创造机会，他们必须付出代价。

图6-3　克拉伦斯和桃乐茜夫妇（家族资料）

在19世纪、20世纪之交，克拉伦斯·麦吉尔弗拉和桃乐茜·狄金森在南达科他的扬克顿市结婚了。1893年高中毕业后，克拉伦斯就离开了威斯康星州的家，一方面为有 8 个孩子的家庭减轻负担，另一方面也在南达科他寻找新的机遇。他先在南达科他大学布鲁斯金学院就读一年，辍学后在乳品店工作，然后成了一名旅行推销员。1900 年前后，他曾住在南达科他哈里森市的公寓里，在那里他遇见了桃乐茜·狄金森。桃乐茜当时在哈里森市教书，她和姐姐范妮 1899 年毕业于扬克顿学院，专修希腊语、拉丁语和数学。1900 年夏天，姐妹俩与扬克顿学院的法语老师去欧洲参加巴黎世界博览会，顺便游览了英国和法国。令她们失望的是，她们听不懂英国人说的英语（虽然她们自己也说英语），而法国人也听不懂她们说的法语。她们唯一能做的就是在欧洲的那几天尽可能省钱，尽可能看到更多的东西。

克拉伦斯被桃乐茜欢快的笑声吸引住了，1902 年，他们在桃乐茜的家中举行了婚礼。大约在这时，有传言说要在南达科他州的张伯伦造一座横跨密苏里河的大桥，并允许铁路穿过张伯伦向西延伸。许多人申请并搬到了张伯伦西部的宅地，希望能从即将到来的铁路建设中获益，克拉伦斯就是其中之一。1904 年，他和妹妹贝茜·麦吉尔弗拉、范妮·狄金森、瑞典女子英格丽·约翰逊，四人一起申请了位于南达科他州莱曼县①西部的 4 个毗邻土地（地契见图 6-4）。这是莱曼县 "T. 1S，R. 30E" 的第 28 号土地，② 共 640 英亩。克拉伦斯分占西北的 1/4，范妮分占东北的 1/4，贝茜分占西南的 1/4，英格丽分占东南的 1/4。他们在每一块份地上建造了一座约占地 10 平方英尺、高 8 英尺的棚屋，克拉伦斯和桃乐茜的棚屋稍大一点。棚屋的四壁用木板、木条和沥青纸建成，并盖上单坡屋顶。棚屋底部堆上粪肥，防止下面漏风。四个棚屋紧挨在一起，成为他们最早的栖息地（见图 6-5 至图 6-7）。

在里奇菲尔德的家族文献中，笔者发现克拉伦斯在他晚年时写下在南达科他定居早期的回忆，这段回忆录相对完整：

---

① 1917 年莱曼县改名为琼斯县。

② 据美国公共土地测量系统，参见 https://web.gccaz.edu/~lynrw95071/Township%20Range%20Explanation.html，最后访问时间：2020 年 4 月 28 日。美国政府从 1785 年开始实施出售公共土地的制度，整个国家按照平方英里细分为巨大的网状地块，目的是将土地以最经济、有效的方法转化为地产。

APPLICATION TO MAKE PROOF. SETTLER PRINT, Iona, S. D.

NO. 1.--HOMESTEAD.

LAND OFFICE AT CHAMBERLAIN, SO. DAK.,

August 12 1903

I, Clarence T. McGilvra, of Mussman South Dakota, who made Homestead Application No. 5509 9/12/04 for the N.W. 1/4 - Sec 28, T. 1 South R 30 E. B.H.M. do hereby give notice of my intention to make final proof to establish my claim to the land above described, and that I expect to prove my residence and cultivation before the ~~County Judge of Lyman County~~ Register & Receiver, at his office in ~~Oacoma~~ Chamberlain, South Dakota, on NOV. 16 1905 1905, by two of the following witnesses:

Bessie E. McGilvra, of Mussman, So. Dak.

Sigrid Johnson, of " , So. Dak.

Will Griffith, of " , So. Dak.

Fannie E. Dickinson, of " , So. Dak.

I have been advised that the taking of my proof by an officer other than the Register and Receiver may cause delay in the completion of my claim as it may require examination by a special agent.

UNITED STATES LAND OFFICE,
CHAMBERLAIN, SOUTH DAKOTA.

Clarence T. McGilvra
(Signature of Claimant.)

Filed AUG 16 1905 M
Chas. L. Brockway, Register

LAND OFFICE AT CHAMBERLAIN, SO. DAK.,

Oct 4 1905

Notice of the above application will be published in the Republican printed at Mussman, South Dakota, which I hereby designate as the newspaper published nearest the land described in said application.

Chas. L. Brockway

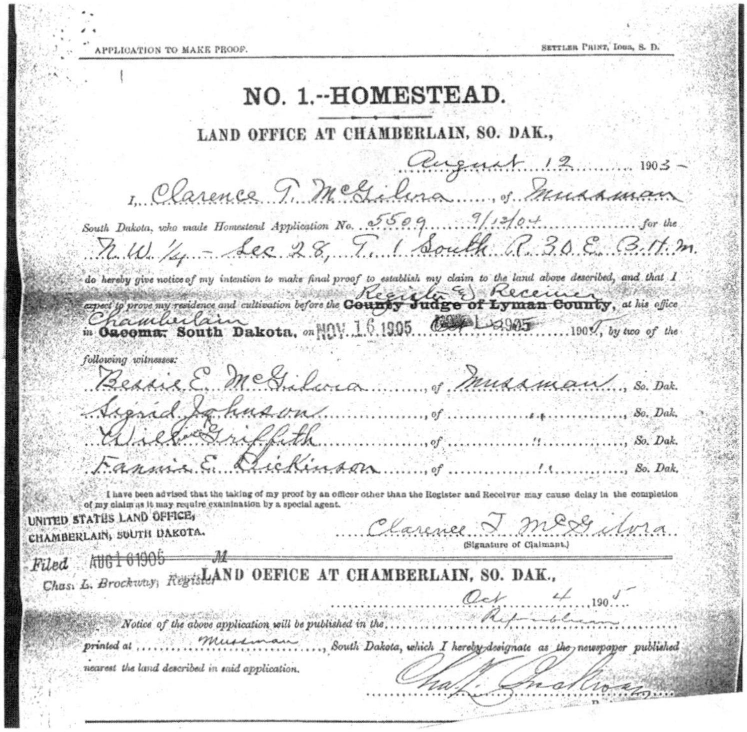

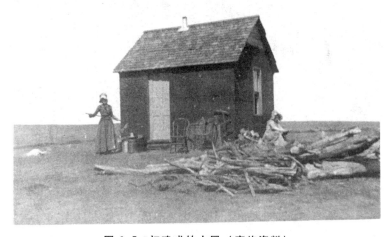

图 6-4　土地申请的地契（家族资料）

图 6-5　初建成的小屋（家族资料）

图 6-6　克拉伦斯和桃乐茜的棚屋（家族资料）

图 6-7　4 个毗邻的棚屋（家族资料）

　　焦急地等待了 6 个月，我还是迫不及待地坐火车去了皮尔。那里离我的土地只有 35 英里，我想确认棚屋是否完工。在皮尔，我雇了一辆弹簧马车，一路南行，驶到了密苏里河口，发现这片土地几乎荒无人烟，只有我们 5 个人的棚屋孤零零地立在旷野中央。好不容易我看到一个有铁丝网的栅栏，是这里为数不多的人工痕迹，这个栅栏修在路边，用来防止马匹乱跑。旷野上风很大，幸好我穿了一件厚实的毛皮大衣，有很宽大的领子，翻领立起来可以到头顶。我正准备离开，走回马车旁时，马匹突然从栅栏里冲出来，其中一匹冲着我的脸踢了一脚，大翻领替我挡住了马蹄，但我的眼镜被踢碎了，头上也划了一个小口子。车上套的马也被这些冲出来的马匹影响了，径直向栅栏奔去，在接近栅栏时突然左转，带翻了马车。此时，马挣脱了一切束缚，只剩下脖子上的辔头，消失在了密苏里河口。

我被扔在了旷野里，但我放弃了追马，当地的马应该知道如何回家。幸运的是，我的棚屋旁出现了一辆大卡车，把我带回了皮尔。由于马车和套马没有跟我一起回来，老板很生气，因此我咨询了律师，付了 10 美元。律师建议我先乘火车回阿墨尔的家，再派骑手去寻找马车队。马车队最后被找到了，但有一匹马死了。

终于等到了搬家的时候！这是 1905 年的 2 月，我买了一个小雪橇和一辆弹簧马车，卸下了马车的轮子，换上了雪橇滑轨。我载了整整一车的物品，向西行驶 165 英里到达张伯伦。每天早上的温度都在零下 35 度，但我的心却是热乎乎的。我在张伯伦雇用了莫伊先生和他的建筑团队，把物品往他的马车上放了点，然后自己又购买了更多的谷物。在冰天雪地的寒冬中，我们又出发了，由于雪很厚，每天只能行走 25 英里。

第三天上午，天气转暖，阳光明媚。吃完午饭后，天又开始下雪，风向转为西北风。我和莫伊经过一个牧羊场，我们恳请留宿，但被拒绝了。牧羊场的主人看见定居者源源不断地涌入，他不敢开这个先河，否则他的牧场生产会受影响。于是，我让莫伊打头往前走，但莫伊在风中迷失了方向。他用颤抖的声音承认自己迷路了，我说："那我们就让马顺着风向走吧！"我其实一点也不害怕，我穿得很厚实，感觉不冷。老天总是眷顾我，马儿突然向左转，我们看到了一线微弱的亮光。我们喜出望外，一边叫着一边奔去，看见一个牧羊人正提着灯笼在屋外照看他的羊群。牧场主免费收留了我们，这再好不过了。

第四天晚上，我们借住在离棚屋 2 英里的牧场主那里。我从皮尔邮购了大约 300 磅的主食。我的妻子桃乐茜，还有贝茜和英格丽·约翰逊也从皮尔过来了，我们载着满满一车的物品前往棚屋所在地。棚屋连一块地板都没有，天花板上也没有天窗。我们在其中一间棚屋搭起一个两孔的荷兰小火炉，简单地用了餐。外面依旧飘着雪，晚饭后我和桃乐茜躺在床上，贝茜和英格丽睡在床脚的地板上。正当我觉得暖和的时候，一摊水泼到了床上，原来屋顶的雪已经积得很厚了，从木板上渗下来。我立即熄了火炉，第二天一大早，我走路去 2 英里外的牧场主家里，借了一把手摇曲柄钻和一把钢丝锯。这天还算暖和，我们把雪铲了下来，锯了木头，搭了一个杆子棚，棚顶上铺满干草，作为牛棚。我还在谷仓的角落安置了一个钉桶，我笑称那可能是最便宜的厕所。

然而，这片宅地仅能勉强维持生计。我深知贫穷的滋味，也不想让自己的家庭陷入贫困。我常常告诫别人，一个男人生太多孩子却负担不起是一种罪过。桃乐茜在家里经营农场，我当时在皮尔的盖瑞投资有限公司工作，时常出差在外。我们有点像现在的"双收入家庭"，生活还算富裕。我的主要工作是销售鸡蛋、黄油和手摇式奶油分离器，以及建立奶油购买站。我自己从公司买了鸡蛋和黄油，桃乐茜、范妮和贝茜用甜牛奶搅拌黄油，使其更方便食用。除了在收获季节或宰杀牲畜的时候，我大约每月回家一次。整整 3 个月里，我只有 3 天的时间陪伴我的新婚妻子。

转眼间到了 5 月，莱曼县遭遇了一场不寻常的暴风雪，到处都被雪覆盖，牲畜的情况很糟。牛的冬毛掉了很多，而且没有地方吃青草，体质相当弱。5 月也是羊的产犊期，羊羔在瑟瑟寒风中诞生。在斯科蒂·菲利普斯的大牧场上，成千上万的羊被暴风雪赶到了陡峭的土墙边，在起跳的时候，后面的羊群推着前面的羊，摔到土墙下面被压死了，羊的尸首高高地堆起，后面的羊踩着尸首走到了安全的地方。多年后，羊的白骨被卡车运往了制糖厂。

不久，芝加哥铁路公司和圣保罗铁路公司把线路从张伯伦延伸到拉皮德城。土地投机因此非常猖獗，铁路自芝加哥向西延伸，铁路所达之处，边疆即成为城市的腹地，农产品随之进入以芝加哥为中心的市场。每一个人都希望自己的土地能靠近铁路，因为有显而易见的经济效益。克拉伦斯是幸运的，芝加哥铁路经过了莱曼县“T. 1S，R. 30E”的第28号土地，铁路对地产投资的刺激与铁路开通后货物运输的利润一样大，因此，与铁路相关的密尔沃基土地公司买下了第28号土地西南1/4的地段，并将其作为原德雷伯镇的地址。西南1/4地段原本属于贝茜，由于她爱上了附近的一个叫威尔·格里菲斯的农场主，想与他结婚并搬去他的农场住，于是她把自己的西南1/4地段部分开路权卖给了密尔沃基土地公司，剩下的部分以900美元的价格卖给了克拉伦斯，克拉伦斯又转手把这一部分卖给了该铁路公司。《宅地法》规定，登记人在宅地上居住和耕种满5年，就可获得土地执照，成为该项宅地的所有者。而居住不满5年者，可于占有土地6个月后，以每英亩缴纳1.25美元的费用优先购买土地。所以，他们在1905年11月16日提交了土地证明，证明他们从1905年2月14日至1905年11月16日连续居住在该宅地上。由于贝茜很少在宅地上居住，她必须向政府缴纳每英亩1.25美元，才能获得土地。而克拉伦斯和桃乐茜已占有该土地14个月，并出租土地给邻居放牧，因此他们只向政府缴纳了80美元（每英亩50美分）便获得了宅地（宅地证明见图6-8）。

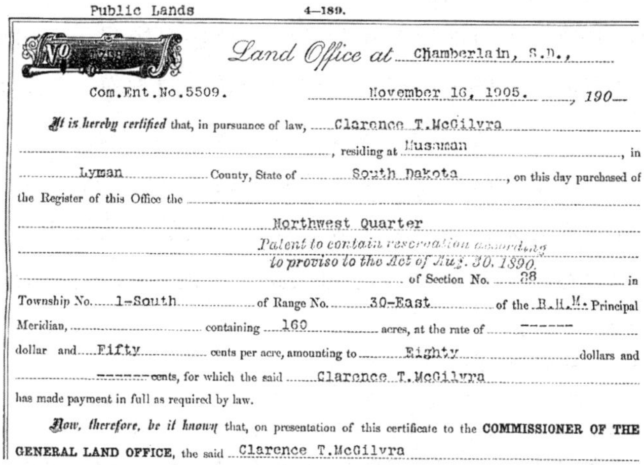

Public Lands　4—189.

NO

Land Office at Chamberlain, S.D.,

Com.Ent.No.5509.　November 16, 1905., 190

It is hereby certified that, in pursuance of law, Clarence T.McGilvra, residing at Mussman, in Lyman County, State of South Dakota, on this day purchased of the Register of this Office the

Northwest Quarter

Patent to contain reservation according to proviso to the Act of Aug. 30, 1890.

of Section No. 28 in Township No. 1-South of Range No. 30-East of the B.H.M. Principal Meridian, containing 160 acres, at the rate of ------ dollar and Fifty cents per acre, amounting to Eighty dollars and ------- cents, for which the said Clarence T.McGilvra has made payment in full as required by law.

Now, therefore, be it known that, on presentation of this certificate to the **COMMISSIONER OF THE GENERAL LAND OFFICE**, the said Clarence T.McGilvra

图6-8　宅地证明（家族资料）

1908 年，英格丽将她的东南 1/4 土地卖给制鞋商，制鞋商把这 1/4 土地作为德雷伯镇的一个附属城进行开发，并将其分割为 5 英亩的大片土地出售。因此德雷伯镇占据了第 28 号土地的西南 1/4 和东南 1/4，西北 1/4 和东北 1/4 仍然属于克拉伦斯和桃乐茜的姐姐范妮①。德雷伯镇西南有"密尔沃基土地公司"，西北 1/4 地段上修建了名为费尔蒙特的建筑，但建筑群并没有延伸到该地段的东端，因为该地段其余部分仍属于克拉伦斯·麦吉尔弗拉，而东南西北地段交会的十字路口，正是棚屋的所在地。

1906 年 7 月 11 日至 12 日，密尔沃基土地公司举行了一次土地拍卖，克拉伦斯买下了他认为最好的两块地，即主街左侧的二号地（Original Town 的部分），并在这两块地上建造和经营了德雷伯商品公司。图 6-9 是站在德雷伯主街和铁路的交叉点向北望去，在街道左侧的坡顶上，可以看见一座两层楼的建筑，上面写着"商品公司"的字样。在商品公司下方有一间酒吧（Saloon），克拉伦斯的外孙拉尔夫·里奇菲尔德说："外祖父不太喜欢那家酒吧，因为他投了决定德雷伯镇禁止饮酒的关键一票，他为此一直很自豪。"受"社会福音派"的影响，南北战争后，禁酒运动在美国城镇获得了新生动力，又因为本土出生的新教妇女的力量投入而变得格外热火朝天。禁酒运动的改革者无一例外地打着"保护家庭"的旗号，目标是改善劳工健康状况、社会风气、政治和教育。在有的城市，主张禁酒的改革者帮助当地人制定可由本地人自主选择的法律规定，即允许单个的大小选区决定本选区是否彻底禁酒②。

铁路的蔓延改变了西部的景观和社区，很快就掀起了人口的浪潮，村庄、小镇与城市如魔术般地涌现。也许对于现在的人而言，火车再普通不过，但对于 19 世纪的许多美国人来说，火车确实有神奇的魔力。铁路几乎改变了一切。密歇根湖以西几乎所有的新铁路线都以芝加哥为中心，像车轮的辐条一样辐射开来，将整个地区分成一块块的楔状馅饼，每一块或多或少都有一部分在以芝加哥为中心的铁路网之内③。铁路的崛起意味着贸

---

① 此处 Miss McGilvra 实指范妮·狄金森，应属笔误。
② 〔美〕霍华德·丘达柯夫、〔美〕朱迪丝·史密斯、〔美〕彼得·鲍德温：《美国城市社会的演变》，熊茜超等译，上海社会科学院出版社，2016，第 70~71 页。
③ 〔美〕威廉·克罗农：《自然的大都市：芝加哥与大西部》，黄焰结等译，江苏人民出版社，2020，第 97 页。

图 6-9　德雷伯镇主街（家族资料）

易的增长，使城镇成为极具吸引力的市场。西部的农产品被源源不断地运往东部，当芝加哥开始成为西部贸易的通道时，广大的西部农村地区就越来越成为其腹地的一部分。随着资本主义新的地理扩张，大西部越来越多的地区被卷入其地理范围之内，而西部自然界也越来越资本化，越来越多的自然物被明码标价。[①]

边疆变为内地的条件之一是交通便利，交通现代化的标志是铁路，铁路成本降低是边疆继续延伸的客观条件，铁路修到哪里，投资就会出现在哪里，投资使工厂不断被建设出来并不断生产产品，移民便不断被驱使到那里。美国的西部开拓史就是这样，而生活在这块土地上的印第安人，似乎从来就没有引起人们的重视，就像他们无声无息地消失了一样。

三　土地、自由和资本

范妮成了克拉伦斯的合伙人，他们共同经营商品公司。范妮和桃乐茜用她们母亲给她们的钱，又在范妮的土地上修了一栋两层楼的建筑，并在东北1/4 地段上建了一个更大的棚屋（见图 6-10），克拉伦斯还在棚屋周围建了 5个附加部分。棚屋用 1 米×12 米的粗糙木板修成，木板外盖一层柏油纸，克拉伦斯每年秋天都在木板底部堆积马粪保暖。每一个新生儿降生，就增加一

---

① 〔美〕威廉·克罗农：《自然的大都市：芝加哥与大西部》，黄焰结等译，江苏人民出版社，2020，第 70 页。

个棚屋房间。克拉伦斯说："在这些简陋的棚屋里，我们的孩子诞生了，他们给父母带来了欢乐，也给自己在世界上建立了一个真正的归属地。"

图 6-10　在东北 1/4 地段上扩建的棚屋（家族资料）

他们的棚屋非常原始，没有电，只能使用煤油灯；女人必须去池塘里挑水，但水质很硬，于是他们用桶接屋顶上的雨水来洗头。缺水，是西部困境的核心，西部的年降水量不足 20 英寸，不到东海岸或欧洲的一半。西部的河流也很少，河流之间相距甚远，许多河流在夏季结束之前就干涸了。西部有大量的石头和矿产，景观壮阔，但土壤贫瘠。然而，在这样一个干旱缺水的环境下，为什么诞生了西部人在大自然中幸福成长的梦想？其实，本质上这是一个获得无限个人自由的梦想。这个古老的梦想远在美国诞生之前就有了，并被百万移民带到这片大陆。东部自然资源丰富，但视野不够开阔，像弗吉尼亚的大沼泽，虽然盛产鸟类、龙虾、柏树，但阴暗曲折，无法进入，人们需要披荆斩棘、开辟道路去征服它。而西部就不一样了，这儿树木极少，没有成片的森林阻挡视线，一切尽收眼底，似乎所有的限制都荡然无存。[1] 对于进入西部的旅行者来说，这里才是真正的自由之乡。这是东部居民无法得到，只有西部的干燥空气、矮草和遥远的地平线才能提供的自由。

克拉伦斯离开威斯康星，离开有 8 个孩子的大家庭，要的就是这种自由。对许多人而言，自由就是逃离他人对自己的种种期待和无理要求，逃避义务以及与他人在感情和经济上的纠葛。无论来西部寻求自由的动机高尚还是卑微，深刻还是肤浅，西部干燥空旷的土地都净化了许多人的心

---

① 〔美〕唐纳德·沃斯特：《在西部的天空下：美国西部的自然与历史》，青山译，商务印书馆，2014，第 92~94 页。

灵，给了他们舒适的生活，让他们重获自信。

在克拉伦斯的西部故事里，有许多与大自然斗智斗勇的情节，充分表现出了美国西部人不屈不挠的个性。如他遇到的响尾蛇：

在南达科他州成立之前，草原上有许多响尾蛇。割草机投入使用后，许多草被割下制成干草。当咔哒咔哒的割草机开向草地时，蛇先生和蛇太太会抬起头来，接着蛇头就掉了。第一年，相邻的牧场主租赁了我们的土地。一天，我和妻子沿着干草堆散步，我持一根手杖，在其中一个干草堆上挥舞了一下。接着，我听见了一个奇特的声音，于是掀翻干草，果然有一条响尾蛇。我把它打死了，在与蛇最后搏斗时，我攻击了蛇的上颚，那是一层带血的薄膜。接着我感到一阵刺痛，信不信由你，一个弯曲的蛇牙卡在我右手拇指关节里。我用小刀切开指关节，挤了挤血，血没流多少，因为我太胆怯，不敢切太多。现在我看着自己的拇指，想象自己看到了疤痕。我不指望大多数人相信我，如果别人告诉我这个故事，我是不信的。

又如他在雪地里驾车的冒险：

我们在玫瑰花蕾印第安保留地南边一个叫伍德的镇上也有一家商店。如果从德雷伯直接乘马车南下伍德，而不是绕道默多，多走20多英里，就得渡过白河。我们一般同时驾两辆马车，每辆马车套4匹马。我们经常在冰上旅行。我记得最后一次旅行，我们负载了很重的货物，南边的河岸也十分陡峭。车夫小心翼翼地驾着马车穿过沙洲来到冰面上，但沉重的车轮使冰面裂开了缝。8匹马掉进了冰窟窿里，陷了4英尺深，其中一匹漂亮的母马被另一匹马挂住了脖子，淹死了。幸好一名车夫及时赶到，经过一番艰难的努力，救下了其余7匹马。河岸附近有一个老农场，那里有电话，我在那儿打电话买了一匹新马，又走了20英里路，把新马带回河边。这时车夫们已经把马车拉出来了，只有马车的前轮掉进了窟窿里。当晚我们就在老农场休息，第二天我们还是回到了原路线，绕道默多，这样更安全。快到伍德时，一个年轻的印第安人跳上我们的马车，掀开帆布想找地方躲起来。我们的马车上装有很多店里的零碎物品，其中有一个假人模特，当印第安人看到这个像无头人一样的"模特"时，他大叫一声，然后向草原跑去，再也不想搭车了。

有一次在伍德，克拉伦斯用 1000 美元的债务换了一辆二手的凯迪拉克，它有一个真正的发动机。当时休 6 岁，弗朗西丝 4 岁，他们难得在伍德小住，于是克拉伦斯决定开着凯迪拉克，带着孩子们回德雷伯镇：

> 我是一个新手，犯了许多错误。我们离开伍德时还没有下雪，但到达河边时，河面已经结冰了，路上的积雪有一英尺深。我没有防滑链，水泵也磨损了，在我爬山的过程中，散热器里的水几乎用完了，我没有带备用的水。雪上结了一层冰壳，凯迪拉克突然熄火，这时离附近的牧场只有 5 英里，但 1 英尺深的雪让前行变得很艰难。弗朗西丝在风中瑟瑟发抖，我用一条毛毯盖住她和我，让她站在挡泥板上，把手绕在我的脖子上。她是我的小仙女，我是多么可怜她啊，我对她说："接下来的路程将会很艰难，哭是没有用的。"这是我一生中最累人的工作，冰壳十分坚硬，每走一步我都谨小慎微。我时而把弗朗西丝放下来，但她从来没有像那样颤抖过，于是我尽可能少停下来。终于到达牧场，我打电话给我的雇员，他们带来雪橇。那晚，我浑身是汗，全身发抖，尽可能往牧场主的火炉边上靠。回到家后，我倒头就睡，幸运的是，我的肺排出了大量黏液，没有得重感冒。

来到西部的人把征服自然作为自信的来源，无论是危险的物种还是恶劣的天气，克服并战胜它，就意味着个体不受客观条件的限制和约束，意味着个体获得了足够的发展空间。受法国哲学家卢梭的影响，西部人认为自己的独立性大于集体性，认为先有"我"，后有"社会"，而且多数情况下，这个"我"都是一个"好我"，[1] 一个在辽阔的西部让自己尽善尽美

---

① 〔美〕唐纳德·沃斯特：《在西部的天空下：美国西部的自然与历史》，青山译，商务印书馆，2014，第 187 页。

的"我"。他们想摆脱人群、沉浸于个人事务，然后重获希望。

来到南达科他以前，克拉伦斯依旧背负着贫穷和自卑的枷锁。他非常努力地创业，购置土地、开办商店，终于摆脱了苏格兰的麦吉利弗雷家族失去土地沦为佃农的命运。他的儿子休·麦吉尔弗拉说："达科他平原上的土质对这个家庭是有好处的，他们证明了自己的实力，花了十多年的时间积累金融资本。"而这些资本在他们搬去俄勒冈以后，继续发挥着重要作用。根据这些资料，可以做出以下几点归纳。

第一，"贫困"是克拉伦斯·麦吉尔弗拉内心深处的恐惧。这一恐惧可以追溯到他的苏格兰祖先，也可以追溯到整个欧洲近代早期。人口增长对土地产生的压力和资源的减少促使欧洲人发动了一场技术革命。通过科学技术获得无穷财富的梦想，被早期英国、法国、意大利的资产阶级企业家表达了出来。他们把任何东西都当作潜在的商品，在全球范围内寻找尚未开发的原材料以维持自己的工业机器，比旁人加倍努力地工作，以占有原材料和工业机器。卡尔·马克思指出："以前的一切社会阶段都只表现为人类的地方性发展和对自然的崇拜。只有在资本主义制度下自然界才不过是人的对象，不过是有用物；它不再被认为是自为的力量；而对自然界的独立规律的理论认识本身不过表现为狡猾，其目的是使自然界（不管是作为消费品，还是作为生产资料）服从于人的需要。"[1] 对人类来说，自然已成为一种纯粹的商品，一种纯粹的实用品，一旦自然成为纯实用性的商品，我们就和自然分离了。

第二，资本主义精神鞭策欧洲人拼命聚集个人财富，相信技术是达到富裕的唯一可靠途径，只要努力工作，就会像国王一样富有，再也不受贫困之苦。而新教伦理正是这一资本主义精神的不竭动力。16世纪的欧洲商业革命促使商业阶级兴起和新思想勃发，诞生了符合新的经济体系和新的生活方式的新教教义。加尔文把资本、信用、银行和市场中一切需要的行为和精神变成宗教美德，与天主教寄托于死后得救的克己论不同，新教认为获利赚钱、竞争和强调理性精神都是顺从上帝的意志。新教徒克己寡欲，过有规律的生活。宗教改革和迫害是迫使欧洲移民踏上北美大陆最重

---

[1] 《马克思恩格斯全集》第46卷（上），人民出版社，1979，第393页。

要的原因之一，经过了美国独立战争的革命洗礼，新教思想自然进一步地指导了西进拓荒者的追求。这种精神追求促进了美国农业资本主义价值观和企业家文化的形成，使人们认为土地唯一真正的价值，是作为可以使用、买卖并给人类带来利益的商品。土地被当作财产，成为投机的目标，这是大自然被商品化的第一步，紧接着便是土地产品的商品化。[1] 企业家文化将追求个人财富视为一种社会美德，其背后是一个由银行家、加工商、铁路公司老板和政府官员组成的歌颂团，他们不厌其烦地歌颂企业家对人类的贡献，从而使美国民众也期待从中捞取一份财富。

第三，事实上，西部所追求的控制自然而获得财富的梦想正是全世界所追求的东西，从资本主义经济全球化的那一刻起，自然就成了资本的牺牲品。例如，在 19 世纪 60 年代后半期，芝加哥交易所形成了一种新型的粮食期货市场，将粮食作为抽象的所有权进行买卖，完成了古老食物向资本符号的嬗变。通过签订期货合同，一个人买卖的不是小麦、玉米或燕麦，而是这些货物将来的价格。[2] 投机性的交易越来越多地成为交易所大厅的主导交易，为了操控市场，垄断出现了。垄断组织贪婪无度，如血吸虫一般吞噬着勤勤恳恳的耕牛与农民，农作物价格的提高引发了一次又一次的逐利浪潮，人们为了生产更多的农作物而破坏数十种本地物种的栖息地，腾出空间种植经济作物。每一次逐利浪潮过后都有新一轮的沙尘暴出现，正如"经济大萧条"一样，"沙尘暴"是一场人为制造的危机，是现代美国文化中极具破坏力的企业资本主义一手炮制的。[3]

第四，谷物市场引入了一种新的象征性秩序，将市场与田地、农作物和农场自然的实体隔开，谷物被视为商品，而不是一种生物体。同样，土地也失去了它的自然属性，成为抽象的商品。土地作为人类生产生活所需物资的来源，本应最容易与人类建立不可分割的情感联系。在欧亚大陆的文明中，有许多代表土地的自然之神，她们往往也是女性的化身，如希腊

---

① 〔美〕唐纳德·沃斯特：《在西部的天空下：美国西部的自然与历史》，青山译，商务印书馆，2014，第 115 页。

② 〔美〕威廉·克罗农：《自然的大都市：芝加哥与大西部》，黄焰结等译，江苏人民出版社，2020，第 178 页。

③ 〔美〕唐纳德·沃斯特：《在西部的天空下：美国西部的自然与历史》，青山译，商务印书馆，2014，第 116 页。

神话中的众神之母盖亚，中国道教神话中的大地之母后土皇地祇①，都象征着孕育、生命、丰收；在美洲的印第安文明中，墨西哥的阿兹特克人、中美洲的玛雅人、安第斯山脉中段的印加人、美国的普埃布罗人等，全都崇拜土地神、雨神、玉米神。这是资本主义时代以前的世界观，反映了人类和自然相互依存的共生关系，也反映了人对自然的敬畏。在自然神灵世界观的影响下，人们愿意把土地看作孕育万物和负载万物之母，认为人类只有对自然保持一份敬畏，才能珍惜脚下的土地和有节制地获取，因此与赖以生存的土地建立真正的联系。当人们狂妄地认为资本和技术可以征服自然，并不计后果地利用土地时，往往遭到自然的报复。把土地当成商品的价值观，正是导致人与土地分离割裂的罪魁祸首，在持有这一价值观的人眼中，土地只是没有生命、可以随时抛售的资本符号而已。

南达科他的黑山之争是这个问题的最好例证。黑山本是印第安拉科塔人的圣地，1877 年，美国国会非法夺取了黑山的一大部分。虽然后来法院判决以金钱的形式偿还印第安人，时隔 100 年，赔偿金加利息，总计 1 亿多美元，但是没有一个印第安人去取这笔钱。1985 年，印第安人要求美国政府归还这片土地，以"重新怀揣对地球母亲的敬意去生活"。然而，南达科他州的白人居民难以接受这个土地归还法案。最让南达科他州政治家以及州内外商人担忧的是，拉科塔人对黑山附近地区未来的经济发展可能不会像以前的林业局或土地管理局那么热情；拉科塔人可能会拒绝那些大公司、农业企业家或者是旅游开发商。② 拉科塔人在法院听证会上及会后一再指出："黑山是万物的中心，即'瓦玛卡·奥格那·卡奥那基辛'，翻译过来就是'生命之圣坛'。黑山是我们的家园之心，又是我们的心之家园。把它划为白人的财产，变成生产木材、矿石、风景的商品是一种亵渎，而这正是 1877 年白人掠夺黑山的本质。"③ 对传统的拉科塔人来说，要求归还黑山从来不像一个公司出于法律权利和经济利益的考虑而保护自

---

① 是中国农耕民族在原始宗教中对土地的崇拜而所信仰的大地女神，是大地之母、万物的生灵，在人们心目中非常亲切和崇高，被视为"万物之母、大地母亲"。

② 〔美〕唐纳德·沃斯特：《在西部的天空下：美国西部的自然与历史》，青山译，商务印书馆，2014，第 131 页。

③ 〔美〕唐纳德·沃斯特：《在西部的天空下：美国西部的自然与历史》，青山译，商务印书馆，2014，第 152 页。

己的专利那样简单。对他们来说，黑山有一种难以形容但又非常强大的情感魅力，这种魅力很难通过白人律师在白人法庭上表达清楚。正如耶路撒冷对基督教徒和犹太教徒的意义一样，真正虔诚的信徒不会把它拿到市场上出售。它的价值无法估量，所以不能出售。卖掉黑山无异于出卖自己的父母，出卖自己的神，出卖自己和自己的灵魂。[①]

第五，新教信仰使信徒失去了神圣体验。自欧洲中世纪以后，信徒观察世界的窗口就被搬进了室内，教堂建筑成了人们唯一拥有的神圣中心，而且关上教堂的大门后，信徒就将神性的自然扔在外面。随着时代变迁，教会所代表的集体信念已经变得非常陈腐，教会过于僵硬地理解神话故事，逐字逐句地去解释圣经，很容易与现有的知识发生冲突。教会不再是以信徒自己的内心体验为基础，而是建立在无法反思的信仰之上。一旦人们开始思考，这些信仰就会烟消云散。信仰无法充分代替人的内心体验，实际上，信仰是一种次生现象，它产生的原因是先前发生在我们身上的事情向我们灌输了信任和真诚。[②]然而，自科学革命和资本主义革命以来，现代西方文明中很多人丧失了这种体验，从而生活在一个完全世俗化的世界中。那些相信科学能够帮助我们了解所有外部现象的人，或是那些用功利的眼光看世界的人，都不会有这种体验。[③] 尤其是在美国这样一个人口混杂的国家，教育体系影响最深远的就是科学观念以及统计学，人们很难在这片实际上并没有历史的土地上扎根。对这些人而言，世界的神圣性因其怀疑主义而消退；而对于视黑山为圣地的拉科塔人而言，他们已经和这片土地血肉相连，这种感受很少有白人能体会到。

正因为如此，很多拓荒者只是成为西部的匆匆过客，他们占有土地不到几年，就利用土地投机转手卖掉；一战后，更有甚者采用批量生产的模式开垦脆弱的矮草地区，一季作物的收入就能让他们买下整个农场，然后再高价转卖给下一个想快速致富的人。德雷伯镇的土地就在这样的逐利浪

---

① 〔美〕唐纳德·沃斯特：《在西部的天空下：美国西部的自然与历史》，青山译，商务印书馆，2014，第153页。

② 〔瑞士〕卡尔·古斯塔夫·荣格：《文明的变迁》，周朗等译，国际文化出版公司，2011，第195页。

③ 〔美〕唐纳德·沃斯特：《在西部的天空下：美国西部的自然与历史》，青山译，商务印书馆，2014，第155页。

潮中很快消耗殆尽了，沙尘暴席卷而来，移民纷纷变卖土地离开。据人口统计，1911 年，德雷伯镇有 600 多人，而 2020 年，只有 66 人。[1]

克拉伦斯说：

> 我曾经营 800 英亩的牧场，并从没有现金支付商店账单的人那里收了一些牛和马。当时大多数人都想摆脱他们的土地，我是镇上唯一有能力帮助他们把土地兑现的人。我当时仍乐观地估计人口会继续增长，并以每英亩 10 美元的价格收购土地，但事与愿违，几年后，我以 275 美元的价格卖掉了一块 160 英亩的地，其他几块 160 英亩的地也以 300~500 美元的价格处理掉。所幸的是，我把土地拆开租给佃农耕作，获得了大约 800 英亩的谷物，有一定的利润空间。

随着移民的离开，克拉伦斯没有足够的生意来维持 3 家杂货店了，于是他卖掉德雷伯的商店，并把存货搬到了南达科他州的伍德市。1913 年，德雷伯镇的商店失火，全城一半以上的地方都化为灰烬。1914 年，克拉伦斯带着全家乘火车去了俄勒冈州。

特纳把边疆定义为"自由土地"，还称之为"文明与野蛮之间的交点"。在他看来，"自由"意味着"免费的""征服的"，是白人用文明征服野蛮的奖品。特纳的种族中心主义多遭到后人的诟病，但威廉·克罗农指出，特纳的边疆学说最有价值的一点，即"自由土地"是"未开发的丰裕自然之物"，意味着它的丰饶所带给人类的劳动奖励与人类付出的努力不相称。"自由土地"的吸引力在于，在这里人们将自然财富转变成资本所付出的劳动力可能比在别处要少。[2] 美国人从大自然处攫取了财富，获得了让人类丰饶的资本，并利用资本建立了城市。这也造成了美国人自以为的自己很强大的假象，而当没有更多的"自由土地"可以占有和索取时，更大的矛盾便出现了。

---

① https://worldpopulationreview. com/us-cities/draper-sd-population/，最后访问时间：2020 年 5 月 16 日。

② 〔美〕威廉·克罗农：《自然的大都市：芝加哥与大西部》，黄焰结等译，江苏人民出版社，2020，第 213 页。

第二节　在俄勒冈州的命运交汇

一　乔治·里奇菲尔德和亚查茨印第安人保留地

理查德的曾祖父乔治·潘恩·里奇菲尔德1840年出生于东海岸康涅狄格州的伍德斯托克（其旧居见图6-11）。他的哥哥吉尔伯特是家族里第一个来到俄勒冈的人。1844年，12岁的吉尔伯特从报纸上读到有关西部先驱者的故事。传教士和冒险家把俄勒冈地区描述成一个"仙境"：俄勒冈边界群山环绕，有最美丽的山谷，河流、小溪蜿蜒其间（见图6-12）；山谷中生长着低矮的树木和藤蔓，枝繁叶茂，百花盛开，果实累累，散发着芬芳，令人心驰神往。只有海边的热带岛屿才有这样的美景。威拉米特河谷的空气十分纯净和清新，如果站在大龙德的山丘上，可以看清楚25英里外的树。这一画面一定深深地留在了吉尔伯特的脑海里，使他从此无法遏制对西部的想象，在25岁那年，他实现了梦想，乘轮船来到美国西海岸俄勒冈州。他先在希尔县大龙德的杂货店当雇员，接着，他开了自己的店铺。不久，他在海岸低地的西莱茨发现了更大的商机，于是搬到那里，与人合作经营更大的商铺。后来，合伙人和他闹了不愉快，他便独立买下整个店铺，但他发现店铺里的杂事一个人应付不过来，就写信邀请弟弟乔治·潘恩·里奇菲尔德来俄勒冈一起经营商铺。

图6-11　伍德斯托克的房子（家族资料）

图 6-12　1845 年的俄勒冈城（家族资料）

　　年仅 21 岁的乔治还在新泽西州的学校教书，他受哥哥之托，带上哥哥急需的领结、皮带，买了一张船票，于 1861 年乘船来到俄勒冈城，该城位于现在的波特兰附近。湛蓝的大海，清澈的河流，远处的胡德雪山和幽静的威拉米特河谷，这片新土地令乔治很是兴奋。俄勒冈西部有一条海岸山脉，山上森林密布，山谷土地肥沃，包括三个农业区：海岸低地哥伦比亚流域、威拉米特河谷和俄勒冈西南部。西部冬季降水较多，夏季日照长，全年气候温润，作物生长期长，林地资源、草地资源、耕地资源和水资源丰富，盛产土豆、小麦、玉米、豌豆、大豆和萝卜，适宜种植苹果树、桃树、梨树、李子树、杏树和油桃。威拉米特河自南向北汇入哥伦比亚河，河谷是一条狭长的走廊，两边的山脉像翠绿的羽翼一样展开，因此得名翡翠谷。山谷每年冬天都会降雪，雪化后，番茄、南瓜、黄瓜和蚕豆就都熟了；俄勒冈葡萄和草莓也在冬季开花；家畜在冬季几乎不需要饲料，仅靠大自然的提供足矣。乔治乘船到达俄勒冈城后，沿河谷骑马到达西莱茨，兄弟二人在这里生活了几个月，又迁回城东边地势较高的大龙德。他们幸运地躲过了 4 个月后西莱茨河发生的一次罕见的大洪水。

　　两年后的一个夏天，乔治正如往常一样在大龙德的店铺营业，辛普森和埃尔哈特是他的合伙人和助理。突然，店铺里来了一个印第安老人，他捎来口信，说辛普森和埃尔哈特的好朋友玛丽·奥列利娅·克拉夫特正在纽波特的海边和朋友们度假，想与他们一见。年轻的乔治想要认识新的朋友，便留下辛普森看店，与埃尔哈特同往。在纽波特，乔治和玛丽相遇了，后来他们成了夫妇。在访谈中，理查德告诉笔者曾祖母玛丽的回忆：

> 我听说埃尔哈特有一个年轻的朋友叫乔治·潘恩·里奇菲尔德，但从未谋面。我们在度假时，看见海边有一位捡牡蛎的印第安老人，便给了他一美元，差他去店铺报信。那天潮水很低，云离海平面很近。第二天，埃尔哈特和乔治骑马来纽波特了。我遇到了乔治。他们邀请我们去店铺看看，还牵来了马，让我选。我看见里奇菲尔德先生骑上了一匹快马，于是我也选了一匹较快的马。我继承了父亲对马的热爱，做出了正确的判断，我和乔治骑的马是最快的，我们遥遥领先。

10月，丰收的季节。塞勒姆举行一年一度的州办集市，这是一个盛大的集会，也是一项传统。农民带来优选的农牧产品，如牛羊鸡兔、鲜果蔬菜、蜂蜜药材，在集市互通有无。集市有乐队，还举办了产品竞赛，这主要是为了好玩，就像选美一样，人们评出最漂亮的动物，颁发奖品，获奖的人可能会得到免费券，用以交换其他的农牧产品。农妇们准备好点心和菜肴，通常都是自家农场种的，在集市出售。1863年的那个秋日，乔治骑着他的骏马来参加集市，他心里希望再见到玛丽。这样的集会对年轻的少男少女来说，是不可错过的接触机会。

玛丽的父母是俄勒冈的移民先驱者，他们原是移居宾夕法尼亚的德国人。1828年，他们搬到弗吉尼亚，生了3个孩子。后来从弗吉尼亚搬到伊利诺伊，又到密苏里生活了4年，1845年，他们乘马车，从密苏里走捷径来到俄勒冈，耗时6个月，定居塞勒姆。他们的团队叫作萨凡纳-俄勒冈移民团，所罗门是他们团长。在弗雷德·洛克利的著作中，可以看到关于所罗门马车团的故事。

玛丽是他们的第6个孩子，出生于1847年，她是双胞胎中的一个，另一个不幸夭折了。她出生在先驱传教士李詹森的老房子里，这是当地最古老的房子，现在成了博物馆。当时修房子是很困难的，因为找不到一个钉子。他们很幸运地找到李詹森的旧房子，并住了几年，房子是用刨光板建的。1847 年，人们用麦子交换海狸皮，那时海狸皮贸易还是合法的。玛丽将她母亲的回忆告诉了后辈，她母亲是这样说的：

现在的女人对先驱者的艰苦条件知之甚少，我们在这里种植的第一批小麦是刈割的，牛踩实后，让风把谷壳吹走。我们必须自己制作农具，如犁、耙和清理土地的农具。我的丈夫会简单的木工和锻铁，他亲自制作牛轭的套圈和挂板，修理损坏的马车。傍晚，我用鹿皮做软帮鞋或缝袜子。白天，我把河堤上的黏土装进我的铜壶，拿回家后糊在事先搭好的木架里，做了一个简易灶台。我尽量把它刮得光滑，让它看起来像砖头砌的一样。然后我点了一小把火，慢慢把它烧硬。在很长时间里，我都要弯着腰做饭，一个铁三脚架和几个铜壶就是我的全部厨具。直到1851 年，两个炉子才被带入俄勒冈城，我留了一个。你们不知道，当你弯着腰做了几年饭后，能站着做饭是一件多么舒适的事！在我早年的定居生活里，我最渴望的两件物品，一是炉子，二是面粉做的面包。我在院子里的树上固定了一个咖啡机，我家面包的每一粒麦粉都是用这个咖啡机磨的。那时我们不知道现在全麦面包这么受欢迎，当时是觉得很难吃的。

在简陋的条件下，玛丽的母亲并不希望生双胞胎。她没有足够的布料给孩子做衣服，幸好她得到了移民团中好友太太的支援，获赠了许多旧的小衣服。移民团在跋涉中历经艰辛，其中意气相投的几家人逐渐团结在一起。定居俄勒冈后，他们几家仍然互相支持和帮助，女人们互相照看孩子，男人们共同创业。玛丽的父亲查尔斯·克拉夫特在移民团中享有声望，他曾担任团队的武装人员，管理枪支，富有责任心。他是天生的房地产商，到塞勒姆后，他展现出卓越的商业天赋。开始经营皮革厂，后来又在塞勒姆修建第一监狱、建厂、开凿运河，家境日渐丰裕。玛丽从小接受良好的教育，人缘极好，她似乎在家庭和环境的熏陶下知道如何长久地经营友谊。她就读于俄勒冈学院，相当于中学，现在叫威拉米特大学。

16 岁的玛丽正值花季，但她并不显得羞涩。她像父亲那样，有着卓越的眼光和过人的胆量。她酷爱骑马，从不输给男孩子。理查德·里奇菲尔德说：

> 曾祖母玛丽看中了曾祖父不屈的眼神和坚定的脸庞，以及他们都喜欢骑马。玛丽看见乔治在集市的入口刷马，他身着紧身的马裤、宽松的衬衫和马甲，马甲勾勒出了他背部强壮的轮廓。她知道她的判断没有错。第二年春天，里奇菲尔德又来参加了集市，两人开始了浪漫的爱情。

乔治和玛丽（见图6-13）时常骑着马，来到安静的湖边，湖面上有云的倒影，春天的第一朵花开了，古老的日本梅树开满了精致的粉红色花朵，水仙花和番红花也在草丛中绽放；他们经过茂密的森林，森林中遍布笔直的道格拉斯冷杉；骑马奔跑在辽阔的牧场，巍峨的山峰屹立在明亮的天空下，清澈的威拉米特河泛着金光。在山谷的另一边，海岸山脉前的低矮山丘呈现深蓝色，不时缠绕着从海上飘来的缕缕薄雾和云彩。他们频繁通信两年后，1866年底，二人结为连理，婚礼在塞勒姆的卫理公会举办。1867年，理查德的祖父，即他们的第一个孩子查尔斯·洛伦佐·里奇菲尔德出生了。此时，大龙德已建立了印第安保留地，乔治和哥哥在保留地门

George Paine Litchfield (1840-1925)　　Mary Aurelia Craft-Litchfield (1847-1918)

图6-13　乔治和玛丽（家族资料）

口经营杂货店（见图6-14），刚刚被赶到保留地的印第安人喜欢借酒浇愁，常常来杂货店买酒。乔治很喜欢和印第安人打交道，他非常友好，也很有语言天分，学会了好几个部落的语言，因此获得了印第安人的信任。

图6-14　乔治兄弟俩的店铺（家族资料）

在印第安土地的问题上，白人做了一笔很好的买卖。据美国政府报告，至1860年，美国政府在印第安战争上已花去了6011457.36美元，而签订条约和购买印第安土地的花费还不到前者的1/6，每英亩所花费的还不到2美分，这一点令他们颇为骄傲。1853~1855年，罗格部落、下乌姆普夸部落、库斯部落、阿尔西部落和苏族部落与美国签署了条约，该条约规定印第安人割让500万英亩的原住民土地，而美国为印第安人建立永久保留地，补偿是当印第安人迁移到保留区后，他们将得到物资和服务。1855年11月，富兰克林·皮尔斯总统下令建立了海岸山脉保留地，所有俄勒冈西部的印第安部落都将被集中安置在西莱茨保留区和大龙德保留区，从北部的瞭望角到南部的苏洛河，领地全长90英里、宽20英里。当条约签订完毕后，帕尔默将军发表了一则通告，告诉国人，除保留地以外，瀑布山以东的所有土地向白人定居者开放。[①]

① Joseph Gaston, *Centennial History of Oregon 1811-1911*, Chicago：S. J. Clarke Publishing Company，1912.

然而，国会从未批准该条约，因而印第安事务的负责人没有能力运送承诺的物资和服务，印第安人所获得的有限物资也是次品。此外，印第安人离开了熟悉的渔场和狩猎采集地，失去了用来养育后代的传统资源。政府希望印第安人能在沿海盐渍平原上耕种，试验失败后，部落成员只能依靠传统的食物来源，他们不得不在冬季来临前争抢，但即使这样，也往往无法收集到足够的食物。他们没有固定的住所，没有建造房屋的工具，也没有足够的衣服来保暖。许多人死于饥寒交迫、营养不良、虐待、精神不振和肺结核等疾病。

1859 年 3 月，位于亚查茨河北边的阿尔西保留地建立，此保留地将"关押"阿尔西、库斯、下乌姆普夸和苏族 4 个部落。库斯部落和下乌姆普夸部落被迫进行第二次迁移，第一次是在 1856 年，库斯部落和下乌姆普夸部落被驱赶到乌姆普夸河口附近的沙洲，控制在乌姆普夸堡附近。自 1860 年到 1862 年，库斯部落和下乌姆普夸部落的男人、女人和孩子都在阿尔西监管人的强制行军下，从库斯湾迁到了往北 80 英里的亚查茨河。这趟迁移过程极其危险，造成儿童、老人和残疾人的伤亡。库斯人和下乌姆普夸人经历了极度痛苦的精神错位，他们失去了家庭，失去了对生存和文化至关重要的一切。阿尔西人和苏族人的境况最初可能稍好一些，因为他们被留在原地，因而保存了家的感觉和传统，但这只是暂时的。1865 年，西莱茨保留地以南 2 英里至阿尔西河的土地向白人开放，允许定居和开垦，从此海岸保留地被一分为二，住在阿尔西河以北的部落被迫迁往阿尔西河以南的村庄居住，使他们的物资和住所更加紧缺。①

印第安人在保留地没有任何的行动自由，他们必须手持通行证，才能暂时离开保留地去为白人伐木，否则士兵就会把他们追回来。可以说，保留地就是一座监狱。1864 年 4 月和 5 月，阿尔西保留地的负责人阿莫司·哈维带着士兵前往库斯逮捕了 32 名印第安人，并把他们遣返回亚查茨。其中一名士兵对阿莫司·哈维的行为非常愤怒，因为哈维是一个没有任何同情心的负责人，他强迫他们每天在饥饿中行军。士兵写道："哈维希望盲

---

① Joanne Kittel and Suzanne Curtis, *The Yachats Indians*, *Origins of the Yachats Name*, *and the Prison Camp Years*, Published by the Confederated Tribes of Coos, Lower Umpqua, and Siuslaw Indians, and the Confederated Tribes of Siletz Indians of Oregon, 1996.

人能看见，腿部残疾者能走路，所有印第安人什么也不吃。"①

1872 年，乔治卖了他在商店的股份，从店铺中独立出来，举家搬回塞勒姆。第二年，美国总统任命他为亚查茨的印第安负责人。乔治一家在亚查茨河边找到一处旧房子，这房子大概是前任长官留下的，由厚木板建成，十分稳固，旁边有几个印第安雇工住的棚屋。政府给新事务所拨发了500 美元，用于拆除旧房子和给里奇菲尔德家盖两层新房子。

乔治·里奇菲尔德和他的同事塞缪尔·凯斯是保留地较为仁慈的负责人，在农业方面也更加精通。他们允许库斯人和下乌姆普夸人在远离海岸的亚查茨河上游开发农业用地。1872 年的保留地年终报告写道："去年春天，库斯人和乌姆普夸人开了一条通往草原的 10 英里长的路，他们在这里种植了少量的土豆、燕麦、小麦和玉米。"② 阿尔西保留地的印第安人开始了新生活，庄稼在亚查茨河边长起来了，印第安人得以继续狩猎，开始与白人定居者进行贸易，并有了资金建造足够的住所。他们自给自足，没有依靠美国政府的任何帮助。

理查德·里奇菲尔德说：

> 曾祖父乔治的语言优势和沟通能力在当时发挥了巨大的作用。在保留地建立之前，印第安人并不在亚查茨长期生活，除了捕鱼的季节。亚查茨位于河海交汇处，每当大量的鱼出现时，东部、南部、北部部落的印第安人就来这里捕鱼、安营扎寨。过去各部落语言不通，他们很少往来，而现在保留地集合了各个部落的印第安人，虽然男人可以用切努克术语③交流，但老人和女人习惯说方言。交流的障碍，给他们本来就苦闷的定居生活又出了一个难题。乔治能用各部落方言和他们对话，增加了他的亲切感和可信度。他经常在部落之间沟通协

---

① Joanne Kittel and Suzanne Curtis, *The Yachats Indians*, *Origins of the Yachats Name*, *and the Prison Camp Years*, Published by the Confederated Tribes of Coos, Lower Umpqua, and Siuslaw Indians, and the Confederated Tribes of Siletz Indians of Oregon, 1996, p. 17.

② Joanne Kittel and Suzanne Curtis, *The Yachats Indians*, *Origins of the Yachats Name*, *and the Prison Camp Years*, Published by the Confederated Tribes of Coos, Lower Umpqua, and Siuslaw Indians, and the Confederated Tribes of Siletz Indians of Oregon, 1996, p. 19.

③ 一种印第安语。

调，缓解摩擦，时常慰问各部落的老人和孩子，了解他们的需要。因此，他成为事务所里不可或缺的人物。

乔治的儿子查尔斯·洛伦佐·里奇菲尔德与印第安人共同度过了愉快的童年。他喜欢和印第安朋友谈心，也熟练地掌握了切努克语和阿尔西方言。理查德·里奇菲尔德说：

> 在祖父的记忆中，印第安人总是给他家提供肉类，如鹿、麋鹿、熊和许多三文鱼、胡瓜鱼，只要他们烤鱼，就一定给查尔斯家送一份。他认识乌姆普夸的一个叫乔的渔人，他身材短小，有灰色的胡子和头发。他常背一个圆锥形的篮子，篮子上系很多 V 形的木棍，底部开了一个小口，鱼被钩住嘴后，又从小口落到一个更小的篮子里，里面装有水和树枝，鱼被困在里面逃不掉。多年后，乔成为唯一一个留在这里的印第安人。

令查尔斯印象最深刻的是玩 "Kho-ho" 游戏，每年都有相关的比赛。"Kho-ho" 是一种印第安曲棍球，玩这个游戏时要用到一根棍棒，像高尔夫球杆，球用枫木的树瘤做成。印第安人闲暇时就在地上寻找适合做球的木块。这样的比赛增添了轻松的气氛，也大大减轻了印第安保留地的压力。查尔斯常常告诉孙辈们：

> 印第安人中有许多技术好的球员，一有比赛，他们就高兴、激动。有一次，西莱茨球队到亚查茨比赛，那场比赛非常成功，观众情绪高涨，人们在自由的欢呼中结束了比赛。接着，所有球员跪在球场上，为和平、对规则的更好理解和运动员精神祈祷。

查尔斯非常喜欢这个比赛，也和印第安小伙伴们一同观看，为亚查茨队加油助威。这一次比赛的和平精神一直深深地感染着他，在他心中，印第安人是他珍贵的朋友，令他难以忘怀。

当时，联邦政府在保留地推行白人式的教育，乔治原来在康涅狄格州也是一名教师，他非常认可和重视这一点，也让自己的孩子和印第安孩子一同接受教育。他在印第安保留地专门成立了一个教师部门，还在事务所的街对面建了第一所学校，学校南边依稀可见一座古代贝丘。他从塞勒姆请老师来亚查茨教课，由于老师在来的路上耽搁了几天，他就请自己的兄弟任教。那时保留地有 300 多名印第安学生，教育推行得十分成功。在乔治的任期内，许多阿尔西、库斯、下乌姆普夸和苏族的印第安人主动迁到亚查茨，一方面使孩子们接受教育，另一方面说明他们喜欢和认可乔治的管理。

梅尔维尔·雅各布斯在 1930 年采访了安妮·迈纳·彼德森，她是在阿尔西保留地长大的库斯人，嫁给了一个阿尔西白人，她是最后一个能流利地说汉尼斯方言和米鲁克方言的库斯部落幸存者。关于早年在亚查茨的生活，她回忆道：

> 我们一无所有，穷困潦倒，印第安保留地的负责人科林斯没有照顾我们，我们没有食物和衣服，只有旧的衣服。当我长大成人后，我被人买去做了新娘。当时保留地来了一位新的负责人，叫乔治·里奇菲尔德。他给了我们一些衣服和食物。他还为印第安的孩子们建造了一所学校，我去上了几天学。[①]

印第安人在难以置信的困难下慢慢建立起了新的生活。然而，俄勒冈州的参议员米切尔想关闭阿尔西保留地，并开放该地给白人作为开垦地。里奇菲尔德在年终报告中反对解散阿尔西保留地，1875 年 3 月 3 日，国会法案规定："未经印第安人同意，不得将印第安人移出他们目前的保留地。"同年 6 月 17 日，西莱茨的负责人 J. H. 费尔柴尔德和亚查茨的负责人乔治·里奇菲尔德会见了所有阿尔西部落、库斯部落、下乌姆普夸部落和苏族部落的领导人，征求他们对于关闭阿尔西保留地的意见。印第安人得到承诺，如果他们被转移到西莱茨，每个家庭或个人将得到一个农场和农具。17 名首领都发表了意见，他们一致反对再次搬迁：

---

① Stephen Dow Beckham, *Many Faces: An Anthology of Oregon Autobiography*, Corvallis, Oregon: Oregon State University Press, 1993, p. 154.

听到要离开这个地方，我的心都碎了。似乎是坏白人把我们从老家带到这个地方。今天我再也不想被移走了。要多久我们才能像白人一样，要多久改善境况的承诺才能兑现？很早以前，我们从华盛顿首领那里获得了这片土地。帕尔默将军签订的条约从来没有执行过，导致了我们今天的问题。白人之间签订条约时从不互相欺骗，为什么他们欺骗印第安人？他们欠别人钱的时候还钱，为什么不还给我们呢？我再也不想听到任何承诺，也不想听到让我们离开的话。我们的酋长从未在条约中获益，他已去世好多年。我不想再放弃我的土地了。①

然而，前西莱茨探员辛普森（他当时是俄勒冈州联邦探长，也是1865年将阿尔西河以北的印第安人迁至阿尔西河以南的特工）谎报说，阿尔西保留地的印第安人确实同意搬迁了。1875年，美国政府违反了自己的法律，解散了阿尔西保留地。"1875年9月16日，这片土地开始正式向白人定居者开放。印第安人坚决拒绝去西莱茨，并且从四面八方展开抗争，设法摆脱政府监管，以便借机重建家园。最终印第安人没有把握住占取土地的机会，他们都后悔离开亚查茨和阿尔西湾。"查尔斯·里奇菲尔德后来回忆道：

我的一个朋友叫约翰·阿莱尔特，去了西莱茨保留地，他1950年去世，享年98岁。另一个叫安德鲁·杰克逊，我们是终生的朋友。他离开之前，和我有过关于去向选择的争执，我不支持他去西莱茨，可他最终还是选择了那里，听说他后来的境遇不好。我还有一个珍贵的发小，叫弗兰克·德鲁，是库斯湾印第安人，他去了苏族北边的保留地。我的好朋友一个接一个地离开，和他们交流的机会越来越少，这令我十分难过。

大部分库斯人、下乌姆普夸人和苏族人逃到了南方，据说一些阿尔西

---

① Joanne Kittel and Suzanne Curtis, *The Yachats Indians*, *Origins of the Yachats Name*, *and the Prison Camp Years*, Published by the Confederated Tribes of Coos, Lower Umpqua, and Siuslaw Indians, and the Confederated Tribes of Siletz Indians of Oregon, 1996, p. 20.

人也逃脱了。海岸保护区缩减了 2/3（70 万英亩），印第安人却没有获得一分钱赔偿。根据 1887 年的《总体分配法案》和《道斯土地分配法》（或称《道斯法案》），那些居住在被大幅缩减的保留地的部落居民有资格获得土地分配，但分配的目的是打断印第安人与其部落文化的联系，以达到同化目的。而那些获得土地的印第安人只能依靠种地为生，不能继续传统的狩猎和捕鱼生计方式。获得土地的印第安人面临邻居的反印第安人情绪，许多人不得不离开他们的房产去寻找其他工作，由于印第安人不了解一系列复杂的土地法规，他们一旦离开就意味着失去土地。其他白人乘虚而入，土地被"抢地"投机者和木材公司非法侵占。①

　　乔治·里奇菲尔德因反对解散保留地而被解雇。1875 年秋，乔治夫妇一家搬到了塞勒姆。查尔斯开始上公立学校，但他非常想念印第安朋友，也非常想念亚查茨，怀念过去和他们共同度过的美好时光。他时常梦见自己又回到了印第安朋友的身边。1876 年 7 月 4 日，是美国独立 100 周年纪念日。查尔斯和父母又回到阿尔西湾，这里已经成为白人的家。阿尔西湾的北面叫作湾景区，那里有一条白人街，自 1865 年 12 月 21 日起，白人被允许在那里定居。定居点南面是著名的印第安街，政府在海湾的沙丘上给印第安人修建了大量的棚屋。严格地说，白人是入侵者和非法占用公地的人，他们住在这里是因为获得了印第安邻居和印第安保留地的允许。查尔斯常常告诉孙辈们："我记得湾景区有一碗巨大的海鲜杂烩，碗里烤了一只大螃蟹，还有许多糖果和蛋糕，年轻人在一起愉快地玩着游戏。我还记得，那天晚上的夜空中绽放了绚丽的烟火，白人小朋友兴奋得蹦蹦跳跳，我多么希望能和过去的朋友一起欣赏啊！"

二　威拉米特河谷的繁荣和里奇菲尔德祖父的铁路爱情

　　1848 年，迁移到俄勒冈地区的居民大都居住在威拉米特河谷，东俄勒冈仍旧是印第安人的领地。塞勒姆是卫理公会教派的中心，正逐渐成为拟议领土政府的所在地。城镇还没有完全形成，农民们散布在河谷两岸，彼

① Joanne Kittel and Suzanne Curtis, *The Yachats Indians*, *Origins of the Yachats Name*, *and the Prison Camp Years*, Published by the Confederated Tribes of Coos, Lower Umpqua, and Siuslaw Indians, and the Confederated Tribes of Siletz Indians of Oregon, 1996, p. 22.

此相隔甚远，几乎没有社交生活。然而，他们有一个共同的愿望，也就是使他们脚下的土地合法化。许多卫理公会教徒将一首古老的赞美诗改写为：

> 我站在约旦狂风暴雨的河岸，深情而渴盼地望着威拉米特那片美丽幸福的土地，我的财产就躺在那里。[1]

移民历经千辛万苦来到这片乐土，他们为了生计忍饥挨饿、勤俭节约、拼命存钱，俄勒冈的先驱者关注的第一件事是土地，当时的临时政府没有权力授予土地，所有人都热切盼望着华盛顿政府能听到来自俄勒冈荒原的呼声，给予他们土地所有权和保护。在定居者看来，如果任何个人或家庭没有机会获得一块土地，那么整个拓荒运动就是失败的。

俄勒冈的临时政府于 1843 年 5 月 2 日成立，并于同年 7 月制定了初步的俄勒冈土地所有权法定认证：

第一，现在持有或以后希望在该领土上提出土地申请的任何人，均应以自然界线或拐角处的标记来指定申请范围，并将范围和界线记录在册；第二，任何人不得申请超过 640 英亩土地，也不得重复申请，遵守本条例规定的任何人，都有权获得土地法律保护；第三，任何人均无权在城市提出申请，这对于商业交易是必要的，这些法律中的任何规定均不得影响宗教事务。

这一临时法令具有三大意义：其一，临时政府的土地法规暂时平息了政治讨论，定居者尽快投入了生产生活；其二，该法律通过后，每位投票反对政府的加拿大人都赶赴临时土地局，记录或提出其土地所有权，并成为政府的支持者；其三，每个家庭分得 640 英亩，基本上占用了俄勒冈西部的所有土地，促进了城市的快速建立和财富的增加，运输船抛锚卸货之地，就是城市建立之地，每个人都忙着寻找喜欢的地理位置，大家部清楚地看到，在哥伦比亚河畔或威拉米特河口的某个地方会有一个小镇，它会发展成一个大城市，并为开拓者带来巨大的财富。没有人知道这片领土即将属于英国还是美国。但重要的是，一旦确定了土地所在的位置，不花费

---

[1] Joseph Gaston, *Centennial History of Oregon 1811 – 1911*, Chicago: S. J. Clarke Publishing Company, 1912, p. 337.

一分钱就可以认领。算上波特兰，已有 6 座城市被命名，结果这是一场适者生存的竞赛，是商业发展中的一个纯粹的进化时刻。

1848 年 8 月，俄勒冈地区正式成为美国领土。1850 年 9 月 27 日，国会通过《捐赠土地法》（DLC），向每位 21 岁以上的男性公民捐赠 320 英亩土地，向每个家庭捐赠 640 英亩，妻子获得其中一半，寡妇获得 320 英亩。该法案要求土地申请者连续 4 年在该土地上定居和耕种。与 1862 年通过的《宅地法》不同，《捐赠土地法》使整个地区的土地都免费向白人群体开放；而《宅地法》是有偿的，并广泛面向女性和多种族人群。

法国后裔艾萨克·莱伯是理查德·里奇菲尔德的外高祖父，1847 年，他写信给还在密苏里州的兄弟小约翰·莱伯，向他描述了在俄勒冈的定居生活：

> 我住在这里的生活开支比住在密苏里州要便宜，去年在密苏里州，我花了 75 美元买木材，花了 50 美元买玉米和饲料，在俄勒冈这一切都省了。我们消耗的猪肉比在密苏里州少得多。鲑鱼直到明年 10 月都在洄游，我已经吃了好几道新鲜的鲑鱼。目前我们在购买印第安人的鸭子、鹅、天鹅、鲑鱼、土豆、羽毛和鹿肉，鸭子装载了 4 车，羽毛的价格每磅约 12.5 美分，这里的飞禽种类比你所见过的还要多，还有大量的野鸡。我很少打猎，实在太忙了。我们发现和印第安人交易非常容易获利，我们卖给他们旧衬衫、马裤、背心和各种各样的衣服，他们比你见过的任何人都更急于买衣服。
>
> 有一些物品货源稀少，需求量大，价格普遍较高。盐每蒲式耳 1 美元，糖每磅 12.5 美分，咖啡每磅 25 美分，糖蜜每加仑 50 美分，茶每磅 0.5~1.5 美元，窗户玻璃每平方英尺 10~12 美分，牛肉每磅 6 美元，牛皮每磅 2 美元，牛油每磅 8~10 美分，黄油每磅 20~25 美分，小麦每磅 75 美分至 1 美元，燕麦每磅 75 美分，土豆每磅 50 美分，木材每 1000 英尺 4~5 美元，瓦片每 1000 英尺 4~5 美元，普通工人的工资是每天 1 美元，技工是 2 美元。
>
> 对年轻人来说，这里的发展前景相当好。在亚洲的俄国人、正在建设中的夏威夷岛、加利福尼亚的大部分地区和西北海岸的捕鲸船，

都从这里获得给养。这里的气候宜人，自然资源和财富的优势无与伦比，去年 10 月来到这里的人已经把 100 英亩土地围起来种小麦了。目前这里由法国人、水手、山区商人和从美国各地来的移民组成。法国人是哈得孙湾公司的老员工，他们都娶了印第安人为妻，孩子很多很漂亮，这部分人都是天主教徒；水手是那些在海岸上搁浅而下船的人，他们也与印第安人通婚，但不信奉任何宗教；山区商人与水手类似，除了他们，几乎所有人都信奉卫理公会或天主教。我们目前除了干活没有别的事可做。临时政府禁止了奴隶制和威士忌，决心公正地对待印第安人，并与加拿大殖民者讲和。我们都焦急地想知道美国和英国谈判的结果，我们认为美国应该将其管辖权扩展至这个宝贵的地方，我们已经等得不耐烦了。我们现在需要的只是山姆大叔的一点关心，即让资本家知道投资是安全的。

1850 年圣诞节，第一艘汽船开始在波特兰和俄勒冈城之间的水域运行。由于所有的资金都用来购买机器和引擎，汽船建成之初，船主惠特柯姆无法支付工人工钱。据海关规定，若不能完成工人报酬的支付，政府将不授权其经营。因此，惠特柯姆成立了俄勒冈第一个财团，先用小麦抵偿工资，再将小麦卖给俄勒冈的商人，从而凑够了支付的现金。汽船可载重 5 吨，交通状况良好，票价为 5 美元，运费为 15 美元。随着人口的增加，航运生意日益繁荣，促使更多人来碰运气。河流两岸建立了储存谷物和易腐物品的仓库，农民把牛和猪都放在河边的围栏里。秋收后的两个月是繁忙季，河岸上排起了长长的马车队伍，等待货物的卸载。威拉米特河把沿岸散居的农民与下游城镇联系起来，汽船把农作物运往城镇，春天，沿岸的仓库都被清空了。

1855 年，艾萨克·莱伯买了一艘汽船，在威拉米特河北线上经营航运。他曾告诉他的后人：

我买了胡希尔 2 号汽船，并着手建造一艘更大的船，我们称之为胡希尔 3 号。新船很快建好了，我们尽可能地让它创造利润，但是机械设备超载导致故障，修理非常昂贵。1857 年夏天，我将这艘船的股份卖了，并在麋鹿号新汽船中投入了 1/4 的股份。经营一个季度后，我们发现麋鹿号不适合北线，于是我们一周只在北线上航行一趟，其余时间在南线航行，自塞勒姆至科瓦利斯。我们的生意不错，1859 年夏天我获得了 1000 美元的分红。然而，1860 年底，俄勒冈州蒸汽航运公司几乎垄断了威拉米特河上的所有业务，我退出了航运贸易，回到了农场。

好景不长，1871 年，俄勒冈州蒸汽航运公司将 3/4 的股票控制权以总价 200 万美元的价格，卖给了正值鼎盛的北太平洋铁路公司，留下 1/4 的股份继续经营。本以为这是一个如意算盘，但事实证明是错误的。1873 年，北太平洋铁路公司倒闭并被迫清算，使美国股票价值大幅缩水。1879 年，经历了 20 多年的繁荣后，俄勒冈州蒸汽航运公司被合并到"俄勒冈铁路与航运公司"，总资本为 600 万美元，每股价格为 100 美元。

1873 年，艾萨克·莱伯一家搬迁到了托莱多。托莱多位于西莱茨保留地以南的亚奎那湾，1865 年，这片土地向白人开放，允许定居和开垦。托莱多的第一个定居者叫约翰·克拉姆，他和两个儿子申请了《宅地法》批准的土地，并以俄亥俄州家乡的名字将它命名。艾萨克和玛丽·刘易斯·莱伯在托莱多附近的斯劳仓库申请了 160 英亩的宅地，他们的女儿莎拉·伊丽莎白·莱伯 19 岁时，与他们的邻居约翰·麦克卢斯基结为连理。约翰·麦克卢斯基 1839 年出生于加拿大多伦多，他早年在明尼苏达州的锯木厂工作，在密西西比河上伐木，1869 年来到加利福尼亚州的铁路工作，之后前往波特兰的锯木厂公司工作。约翰·麦克卢斯基患有疟疾，在波特兰期间，他一心想寻找一个沿海地区定居。1872 年，他乘船来到林肯县的埃尔克市，顺着亚奎那河乘汽船到达纽波特。1873 年，他在托莱多城北界申请了宅基地（麦克卢斯基和莱伯的土地见图 6-15）。1874 年，他受雇于美国政府，在西莱茨保留地教印第安人耕种和锯木，一年后，他被任命为西莱茨保留地的农场主。有意思的是，1875 年，约翰·麦克卢斯基游说反对乔治·潘恩·里奇菲尔德成为西莱茨保留地的继任者，因为乔治反对将印第安人迁往西莱茨。但是，命运却让约翰的女儿玛米与乔治的儿子查尔斯相遇。

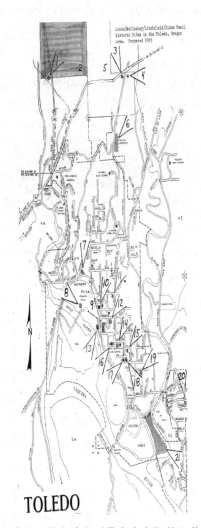

图 6-15　毗邻的 2 号土地和 5 号土地分别是麦克卢斯基和莱伯的家园（家族资料）

　　约翰·麦克卢斯基在自己的宅地上建造了一座木屋，理查德·里奇菲尔德说："木屋的面积为 12 英尺×16 英尺，地板和屋顶都是板式的，有两扇门和两扇窗。1878 年，39 岁的约翰·麦克卢斯基娶了隔壁莱伯家的小女儿，他们在这个小木屋生了两个孩子，儿子乔治·比尔·麦克卢斯基生于 1879 年 7 月 28 日，女儿玛米，也就是我们的祖母，生于 1880 年 11 月 15 日（见图 6-16）。两个孩子很快长大，小木屋变得拥挤了，于是约翰在宅地上又建了另一座两层的房子。"

图 6-16　麦克卢斯基一家（家族资料）

　　兄妹俩天资聪颖，他们进入老斯坦顿小学（见图 6-17），学校在托莱多—西莱茨沿线的马路旁，等乔治上四年级时，两人转学到托莱多的学校，八年级毕业后进入私立高中。兄妹俩在 1897 年都获得了教师资格证书。17 岁的乔治立刻开始在莱特溪学校教书，3 个月后，他用挣得的钱进入了菲洛马斯学院，学习了 3 年法律，于 1900 年毕业。玛米是个女孩子，她 16 岁开始在亚奎那河对岸的学校教书时（见图 6-18），就寄宿在学生的家庭里。学校的学期通常是 3 个月，于是玛米在老斯坦顿学校、莱特溪学校和韦克菲尔德学校分别教了一学期，韦克菲尔德的寄宿家庭对她尤其好。也有令她糟心的事，她在莱特溪学校寄宿时，每次宰杀牲畜，家长都要做血布丁，她十分受不了。

图 6-17　乔治和玛米的学校（1890 年，家族资料）

图 6-18　教书时的玛米·麦克卢斯基（家族资料）

　　理查德的祖母——玛米，18 岁时也进入了菲洛马斯学院，在第三年结束时，她参加了教区学校举办的农民野餐会。那是 1902 年的夏天，亭亭玉立的玛米已收到一封求婚信，对方是托莱多学校的一名老师，可玛米迟迟未能表明心意。教区学校在托莱多—纽波特沿线的公路上，当时正在奥尔巴尼—亚奎那铁路线（见图 6-19）工作的查尔斯·洛伦佐·里奇菲尔德听闻了这次野餐会，也赶来参加。他从亚奎那乘火车到托莱多，再步行 2 英里至教区学校。拉尔夫·里奇菲尔德说："在人群中，祖父查尔斯一眼看上了清纯可爱的祖母玛米·麦克卢斯基，两人很快成了无话不谈的朋友。玛米向查尔斯吐露了心事，查尔斯得知这封求婚信的消息后，也下定了向玛米求婚的决心。"

　　日落时分，玛米与查尔斯（见图 6-20）一起散步到托莱多车站（见图 6-21），快要分别时，查尔斯告诉玛米，他也想向她求婚，但请她不必急于回答，可以考虑一下。玛米没有犹豫，她已经充分考虑过了，她说："谢谢你，我愿意。"1903 年 6 月 10 日，二人在麦克卢斯基的家里举行了婚礼。《托莱多记者报》发表了一则关于婚礼的简讯：

Kenneth Litchfield was born at Yaquina City in 1906, while his father Charles was in the employ of the Yaquina-Albany line. Above, the old depot; below, a modern view of Sawyer's Landing.

图 6-19 奥尔巴尼—亚奎那铁路线（家族资料）

图 6-20 玛米·麦克卢斯基和查尔斯·洛伦佐·里奇菲尔德（家族资料）

图 6-21 查尔斯向玛米求婚的地点（家族资料）

6 月 10 日凌晨 5 点，查尔斯·里奇菲尔德和玛米·麦克卢斯基在新娘父母的住处结为夫妻。卫理公会的约翰·多兰牧师主持仪式，婚礼安静而庄严，站在美丽的常青藤华盖下，这对年轻的伴侣交换了神圣的誓言，他们的结合是为了"更美好"。

新娘是林肯县一名受欢迎的成功教师，是一位有教养的女士，她是儿时玩伴中最受尊敬的。新郎多年来在奥尔巴尼—亚奎那铁路线上从事邮差服务，是林肯县最模范的公民之一。

科拉·里奇菲尔德小姐、乔治·潘恩·里奇菲尔德先生、塞勒姆的拉尔夫·康纳少爷、西弗顿的埃塞尔·莱蒙和奥利弗·米萨尔莫、科瓦利斯的格蕾丝·赫夫小姐、牧师多兰及夫人、托莱多的苏尔夫妇出席了婚礼。

仪式结束后，宾客们享用了婚礼的早餐。7 点 15 分，这对新人登上了开往东部的火车，首先前往塞勒姆看望新郎的父母，再乘火车前往波特兰、西雅图和温哥华。美好的祝愿将从新娘父母所在的社区传递到新郎家里，3 周后，他们将重新回到亚奎那与老朋友团聚。婚姻不是彩票，但如果是，里奇菲尔德先生一定中了头彩。

这是命运的巧妙安排！两个"冤家"的孩子结成连理。

27 年前，被政府解雇的乔治带着全家回到塞勒姆。刚开始他从事杂货、靴子等生意。他心里对政府的强行安置颇有不满。他们一家已经和亚查茨的印第安人建立了深厚的感情，尤其是查尔斯（见图 6-22），他从小与印第安的孩子们一起长大，继承了父亲卓越的语言天赋和交流才能，熟练地掌握了奇努克语。离开亚查茨后，他十分怀念与印第安朋友相处的美好时光，最快乐的回忆莫过于他们一起在海边冒险的经历。

图 6-22　查尔斯和弟弟妹妹（家族资料）

回到塞勒姆，查尔斯就读于公立学校。18 岁时，他获得了由威拉米特大学董事会颁发的录取证书，也获得了奖学金；24 岁时，他完成了商学院的常规课程，获得了塞勒姆资本商务学院的文凭；26 岁时，他被任命为俄勒冈州国民警卫队中士官。1893 年，查尔斯通过了波特兰市举行的铁路邮件服务部门考试，以 91 分的成绩被选为波特兰—旧金山路段的 1 级铁路邮政文员，试用期为 6 个月，年薪为 800 美元。

铁路对 19 世纪下半叶的人而言是一种隐喻，"村庄、小镇与城市……魔术般涌现，一天之间就实现了一个时代的往昔历史"。[1] 19 世纪的美国人对铁路心生敬畏，它带有超自然的性质，它给所经之处的地理景观和社

---

[1]〔美〕威廉·克罗农：《自然的大都市：芝加哥与大西部》，黄焰结等译，江苏人民出版社，2020，第 104 页。

区都带来翻天覆地的变化。蒸汽机使人们想到神怪、魔杖与魔力，只需要默默许个愿，它们就能使人们梦想成真。① 如果生活在内陆的人想看海上的落日，只需要跳上火车就能实现。查尔斯的主要工作是送信，这是一个充满情感的工作，因为在电话电报还不发达的时代，信件是人们心中唯一的安慰。每一个从大平原或东海岸迁居到西部边疆的人们，都需要以信件联系过去的亲人和朋友，告诉他们自己最新的发现与探险。选择这个工作的人，心中一定藏有一份珍贵的情感，因为他懂得思念与盼望的意义。1898 年，查尔斯被分配到奥尔巴尼—亚奎那线，这条铁路线经过西莱茨保留地，查尔斯时常能够在路上碰到印第安故友，这或许就是他奔波的动力，自 1893 年至 1929 年，查尔斯将生命中的 36 年奉献给了铁路邮件服务。

埃瑞克·艾瑞克森在《生命史与历史时刻》中提到："似乎有足够的案例表明，这个国家的历史命运是强调认同问题和一种奇怪的青春期风格，即在新角色和立场上始终处于开放状态，这在当时被称为'国民性格'。其与以下事实并没有矛盾：今天，一些年轻人正在强烈地质疑这个国家，几代美国人是如何如此刻薄地宣称自己是白手起家的；他们在古老的新世界的身份又是什么，以及他们在自己的影响下对自己的大陆、技术和世界所做的一切。但是，这也意味着，无论美国化如何发展，身份问题都变得迫在眉睫，一些年轻人开始认真对待白手起家的立场和成年问题，即如何在工业社会中建立身份认同。"② 美国人的特殊性在于，移民的后代出生于一个只有工业传统的国家，他们无法从父母或祖先那里继承土地文化，北美洲的土地自移民到来之日起，就被契约化和资本化了。但是，人类是自然的一部分，当自然被商品化时，人与自然的依存关系就被打破了。因此，美国人才会有认同问题。对于出生在旧大陆的人而言，认同问题反而没有如此突出，因为旧大陆的文化包含了人与土地的依存关系。这种依存关系不应该以货币为媒介，而是精神上的联系。就像印第安人眼中

---

① 〔美〕威廉·克罗农：《自然的大都市：芝加哥与大西部》，黄焰结等译，江苏人民出版社，2020，第 103 页。

② Eric Ericson, *Life History and Historical Moment*, New York：W. W. Norton & Company INC, p. 38.

的神山，只是白人眼中的矿山。技术征服和财富夺取的结果是什么呢？荣格在《论美国人心理的复杂性》中说："历史上向来便是如此，征服者在肉体上战胜了旧有居民，却在精神上向后者缴了械。"① 其实，美国人在外貌上和文化习惯上已经与欧洲人相差甚远，来自瑞士的荣格看到美国人走路的步态，听见他们孩子气地放声大笑，感受到他们与欧洲人有明显的不同，文化的被征服在美国人的竞技体育和摇滚音乐中也清晰可见。

"对所有人而言，身份认同只强调人生的某一个阶段，即快速成长和认知扩展的阶段，在与生活环境的互动中，旧的力量得以更新，新的力量得以发展。"② 查尔斯的童年是与亚查茨保留地的印第安朋友共同度过的，这是他生命中的第一个周期。8 岁后他回到了白人世界，开始追求白人社会所认可的目标。他原本就读于资本商务学院，但他并没有继续往这个方向发展。在家族史的资料中，没有对查尔斯·里奇菲尔德 1891~1893 年经历的描述，或许这是他摇摆的时期，1893 年，他通过了铁路部门的考试，正式成为一名铁路邮递员，此时，他与印第安朋友的情感和铁路邮递员的使命感联系起来了，他每天往返于亚奎那市和奥尔巴尼市，传递着拥有情感分量的信件，在旅途中与各式各样的人建立联系。所以，查尔斯在铁路交通中成功地找到了自己的文化认同感，他退休后，时常带着家人回到他童年生活的地方度假（见图 6-23），拜访他的印第安故友。

当然，查尔斯对印第安人的友爱深受其父亲乔治·潘恩·里奇菲尔德的影响。拉尔夫说："1889 年，年近 50 岁的乔治·潘恩·里奇菲尔德被哈里森总统任命为'特殊的印第安负责人'，'特殊'意味着他被赋予了独立制定政策的权限，这是对他的行政能力的极大认可，他也是第一个获得特殊权限的代理人。首先，他把内布拉斯加西北部的 33000 英亩土地分配给苏族人，其次，他对苏族人选择授之以渔而不是授之以鱼，改变过去直接把钱发到他们手里的方式，因为印第安人拿到钱后一般会很快挥霍掉。乔治找到了一个更好的方式，他帮助他们把钱安全地投资到土地开发、团队

---

① 〔瑞士〕卡尔·古斯塔夫·荣格：《文明的变迁》，周朗等译，国际文化出版公司，2011，第 402 页。

② Eric Ericson, *Life History and Historical Moment*, New York: W. W. Norton & Company INC, p. 98.

图 6-23　查尔斯祖孙三代在亚查茨度假（家族资料）

协作和生产工具购置上。他还帮助了帕塔瓦米族印第安人和夸帕人进行投资，使他们的生计有了保障。"

　　查尔斯夫妇婚后也购置了一些房产。其一是花了 100 美元在亚奎那市买下一套房子，他们的三个儿子约翰（1904 年）、乔治·肯尼斯（1906 年）、弗朗西斯（1911 年）在这里出生。其二是魔鬼湖边的宅基地（见图 6-24）。查尔斯酷爱打猎和钓鱼，他的朋友无意间发现了魔鬼湖的美，在湖边申请了宅基地，并邀请查尔斯来做他的邻居。查尔斯禁不住美丽的诱惑，也申请了 330 英亩的临湖宅基地，之后又在湖东毗连宅基地的地方购入了一些原本属于印第安人的土地。每个夏天，他都会带着两个稍大的儿子来这里露营、钓鱼和爬山。其三是在波特兰的东斯塔克街 975 号（见图 6-25）。1913 年，铁路公司把查尔斯调往波特兰的海滨专线，查尔斯一家就搬到波特兰，当时他已是 4 级铁路邮政文员，年收入 1200 美元。其四是 1926 年购买的波特兰东伯恩赛德街 3308 号。1929 年退休时，他又被批准继续工作两年，年收入为 2600 美元，这个收入在经济大萧条时期是很可观的。

图 6-24　查尔斯在亚查茨的房子（家族资料）

图 6-25　查尔斯在波特兰的房子（家族资料）

三　里奇菲尔德父亲的律师事务所和美国社会家庭结构

当欧亚大陆战火纷飞时，美国进入了一个平稳的发展期。1914 年，克拉伦斯·麦吉尔弗拉带着全家迁往俄勒冈州波特兰。在经济大萧条来临以前，克拉伦斯看准了时机，在木材和煤炭生意上发了大财。

那时木材和煤炭是家庭取暖的常用燃料。俄勒冈州的林木资源丰富，克拉伦斯有了得天独厚的条件。他在波特兰的贝尔蒙特街 45 号买了一个木场，取名为"塔博尔山燃料公司"，用一辆 4 匹马车运送木材。后来他把厂址搬到霍桑街50号，更名为"钻木和煤炭公司"。克拉伦斯从波特兰河边的贫民窟雇用了一群失业者，先给他们提供一周的衣食，然后送他们到胡德山西坡的伐木区，建立了一个伐木大本营。工人把堆积如山的板条切割成4英尺长，在木条的末端贴上公司的牌子，然后将其整齐地堆放在平板车上，由一辆火车头把平板车拉往市区。每逢周末，克拉伦斯会带着大把现金和食品来到他的大本营，分配给工人。"钻木和煤炭公司"很快取得了一定的发展，克拉伦斯也成为一个成功的"劳工老板"。他在公司附近的霍桑街47号买了一座有3层楼的大房子（见图6-26），二楼有4间卧室，还有一个大阁楼。后来，他们在阁楼上安装了3个大天窗，并在二楼卧室的壁橱里建造了楼梯。3个男孩睡在阁楼上，在阁楼做各种活动和游戏。克拉伦斯一家如图6-27所示。

图 6-26　霍桑街 47 号的房子

资料来源：笔者摄于 2019 年。

克拉伦斯的大儿子休·麦吉尔弗拉就读于里士满小学和富兰克林高中，他说："我从不缺活干，总是有木材等着装运、卸载。父亲后来又把公司搬到波特兰东南部的迪克街50号，并在街后面修建了一条私人铁路专线和配送中心，运送的木材每年多达一万捆。父亲还是一个未来主义者，他预见到燃油会取代木材和煤炭，在遭受巨大的经济损失之前，就把公司卖掉了。"

图 6-27　克拉伦斯一家（家族资料）

克拉伦斯的大女儿叫弗朗西丝·麦吉尔弗拉，是一个假小子。她酷爱打球和滑旱冰，加入了街头足球队。她也擅长音乐和唱歌，是富兰克林高中的《年鉴》主编。1926 年，她考入威拉米特大学，就读于生物学专业。在她的印象中，父亲克拉伦斯是一个诚实、有爱心、乐于助人、工作很努力的人。她告诉儿女们：

在我上二年级下学期时，父亲四处找生意做，他在贝尔蒙特街买了一个燃料厂，弟弟们每天中午给父亲送饭。他经营这个燃料厂，接着买了另一家燃料公司，后来又花几年时间再收购了一家燃油公司。那时候我们没有一个可以马上开启的炉子，大多数人都烧木头或煤。父亲卖碎木材、煤砖，把这些燃料送到人家门口。我父亲的生意很好，他总是和各种各样的人一起工作，父亲帮助那些人，与他们一起工作了很长时间。父亲从不为小事烦恼，他在换轮胎时宁可用手抬起汽车的一角，也不愿费神去找千斤顶。他说话和行动都很快，有时甚至不考虑后果。父亲还是一个非常虔诚的人，他是坚定的教徒，在教会委员会工作，他总是多捐什一税，鼓励他们多做预算。我记得教会有一个"已婚人士协会"，爸爸对此很感兴趣，他在刮胡子的时候，会对着浴室的镜子练习讲故事，他总是有一两个很好的笑话，深受大家喜欢。爸爸在主日学校的男生班当老师，男生们喜欢在我们家开派对，这就是肯尼斯·里奇菲尔德（弗朗西丝的丈夫）经常来我家的原因。他平时很忙，休假时就开着卡车，带着主日学校的男孩子们去爬山和野餐。他很乐意带我一起去，我经常和男孩子一起玩，我是家里唯一的女孩，却是最像男孩的人。

宗教是弗朗西丝生命中非常深刻的一部分。她的家庭是卫理公会的成员，他们每周都去教堂礼拜。弗朗西丝在卫理公会的青年团体中非常活跃，担任青年团体的主席。他们经常举行圣经故事的写作比赛和演讲比赛，弗朗西丝常常力拔头筹。那时候女孩子没有体育活动，她的课外活动都是教堂活动。大学有两个暑假，她在基督教青年夏令营工作，当时夏令营大多雇用大学生打扫船舱、做侍者、倒污水罐、举办音乐节目，每天的报酬有 1 美元，并提供食宿。夏令营的地点在普吉特湾，这是一个可以享受夏天的地方。弗朗西丝曾梦想成为一名传教士，但做传教士必须获得家里的支持。也许肯尼斯·里奇菲尔德后来成了她生活中非常重要的部分，她在自传中说道：

> 你们的父亲肯尼斯在教堂里长大，我也是。我们彼此认识，常常一起活动。他经常和我的兄弟们在一起做事，但他们不算知心朋友。我 15 岁的时候，肯（尼斯）刚刚高中毕业。正如肯尼斯所说，他终于鼓起勇气在教堂和我坐在一起。年轻人一般坐在二层的楼厅，我总是会在身旁为我的朋友留一个空位。这是一个循序渐进的、缓慢的过程，等我上大学时，肯尼斯已经在大学里两年了。因为新生女生对高年级的男生更有吸引力，我执意要和其他男生约会认识。肯尼斯很有耐心，有好几个男孩邀请我，但我很快发现和肯尼斯在一起要愉快得多。
>
> 我们彼此十分忠诚。当肯尼斯忙着和他的叔叔一起工作时，我没有其他男朋友。我有很长一段时间在等着结婚。有一天，肯尼斯邀请

我去他的兄弟会野餐，我在水獭岩洞穴里问他："我想知道你是否会求婚。"于是我们订婚了。但我们没有订婚戒指，我戴着肯尼斯的兄弟会徽章，有很长一段时间都把它戴在胸衣上。直到他的兄弟会成员知道了这一切，并告诉了他们的女朋友，最后我们姐妹会举行了一个小型的庆祝派对，在那以后我就把徽章戴在衣服外面。

1929 年 10 月 12 日的《俄勒冈日报》记载了这次订婚派对：

> 周三晚上，在 βX 姐妹会举行的正式晚宴上，弗朗西丝·麦吉尔弗拉小姐宣布她与肯尼斯·里奇菲尔德订婚，肯尼斯是威拉米特大学的学生会主席和著名运动员。
>
> 当 16 名客人和 24 名姐妹会女孩在联谊会的大餐桌上吃饭时，这则消息被巧妙地传达了出来。βX 姐妹会的客厅被布置成了茶会，但订婚的秘密被保守得很好，直到分发糖果和报纸的时候，晚宴变成了一场订婚宣布派对。
>
> 麦吉尔弗拉小姐是一名大三学生，也是学校合唱团领唱，她是波特兰的克拉伦斯·麦吉尔弗拉夫妇的女儿。里奇菲尔德先生是波特兰的查尔斯·里奇菲尔德夫妇的儿子，他是学生会主席，αΠΔ 兄弟会的管理者。他是法律系的大四学生，还是优秀的篮球和网球运动员。
>
> 婚礼的具体日期还没有确定。

肯尼斯·里奇菲尔德在威拉米特大学的前两年主修政治学，后两年开始学习法律。1929 年 6 月毕业后，他获得了法学学位，并通过了律师执业资格考试。此时，美国的经济大萧条已经开始了，肯尼斯十分幸运，他找到了一份很好的工作，担任贝尔福中学和小学的校长。这是位于科瓦利斯以南的小学校，中学共有 2 名老师，小学有 3 名老师。学校之间举行篮球比赛，肯尼斯是贝尔福学校男生队（见图 6-28）教练，女生队教练由女老师担任。同年，男生队击败了其他学校的对手，赢得了州冠军；第七年，肯尼斯转任谢德中学和小学的校长，同时继续担任贝尔福学校的篮球队教练，他们那年赢得了州篮球锦标赛。

图 6-28　肯尼斯的篮球队（家族资料）

理查德的母亲弗朗西丝于 1930 年 6 月从威拉米特大学毕业，8 月 30 日，他们举行了一个传统的婚礼。弗朗西丝回忆道：

我记得我们什么也没有，没有婚纱，也没有特别的衣服给 3 个伴娘穿。我穿了一件漂亮的缎子衣服，伴娘们穿着正式的服装。婚后，我们在肯尼斯叔叔的海边小屋度了一周蜜月。接着，我和肯尼斯开始一同在贝尔福学校教书。那时，老师们的收入受到很大影响，科瓦利斯的街上有许多无家可归、身无分文的人。但贝尔福学校是个不错的地方，学校没有债务，不像其他地方那样不断削减老师的薪水，它能够支付教师工资。我们住在乡下，几乎没有什么花销，这让我们能够存一些钱。肯尼斯教授数学、商业、历史课程，我教英语、缝纫和科学课程。我们共有 45 名学生，我还担任了女子篮球队教练，我们曾在县级联赛中获得冠军。我教了 3 年书，第一年，我每月的工资是 120 美元，1931 年，贝尔福学校也受到经济大萧条的打击，校方把我的工资削减为每月 108 美元，但肯尼斯每月仍然有 120 美元。你问性别歧视？就是这样！你不能抱怨，那是一个特殊的时期，如果丈夫有工作，妻子就会被解雇。再说，肯尼斯愿意和我分享他的薪水！

大萧条的那些年，我们没有太多钱，但我和我的家人从未悲叹。

父亲的木场在一家当地小银行发行了 1 万美元的股票，那时候政府并不像现在这样保护股市，所以当银行倒闭时，你必须自己掏钱弥补亏损。父亲不得不再拿出 1 万美元支付给储户，这在当时是一大笔钱。你真正损失的是 2 万美元！幸运的是，父亲工作很努力，母亲也是个好管家，我们有足够的钱运转。

肯尼斯和弗朗西丝夫妇在贝尔福镇生活了 7 年，他们刚搬来时，寄宿在学校马路对面的库恩夫人家，后来租赁了几间房，简单装修了一下。1932 年后期，美国国内失业率达到了 25%，这次大萧条导致全球保护主义崛起，帝国主义和独裁主义应运而生。在德国，希特勒选举获胜；日本 1931 年入侵中国东三省，1932 年入侵上海；美国国内也爆发了大规模的民粹主义运动。1932 年 11 月，富兰克林·罗斯福当选美国总统，当时美国收入最高的前 1% 人口收入占到了美国总收入的 45%。[1] 1934 年，弗朗西丝生下了大女儿卡罗尔，她决定不再工作，照顾家庭，这时经济危机在罗斯福新政的刺激下已接近尾声，他们在学校附近租了一座房子。1936 年，西班牙内战使越来越多的钱再次流入美国，美国又一次出现了繁荣，GDP 回到了 1929 年的高点。里奇菲尔德夫妇搬到了贝尔福镇以东的谢德镇，他们在这里生了第二个孩子唐纳德。

1937 年初，罗斯福出台新政，试图改变自"洛克纳时代"以来保守僵化的宪法。最高法院保守派认为，法官的职责仅限于传递宪法最初的、神圣的、明确无误的含义，因此宪法是一成不变的。而罗斯福推崇"活的宪法"理念，他将宪法视为为社会进步服务的灵活可变的工具。在他看来，宪法值得人们敬畏，不是因为它有多么古老，而是因为它常用常新，具有适应性和灵活性的宪法能够应对大萧条时期美国人所面对的全新局面。虽然罗斯福的"填塞法院计划"以失败告终，但短短几个月的事态发展无异于一场宪法革命。这一事件彻底结束了"洛克纳时代"，从此，最高法院不再坚守自由放任主义，并开始从经济政策领域全面退出；联邦政府承担起确保经济正常运转的责任，并随着福利制度的建立而深入每个公民生活

---

[1]　David Harvey, *A Brief History of Neoliberalism*, New York：Oxford University Press, 2005, p. 94.

的方方面面。

宪法的变革激励法学毕业的肯尼斯·里奇菲尔德成为一名真正的律师。1937 年夏天，父亲乔治·肯尼斯·里奇菲尔德去托莱多市拜访了肯尼斯的律师舅舅乔治·比尔·麦克卢斯基，并让肯尼斯加入了他的律师事务所。在托莱多，肯尼斯成为舅舅的学徒，工资很低，但舅舅把房子免费借给了外甥，他们依靠过去的存款生活得很好。里奇菲尔德夫妇加入了托莱多的卫理公会教堂，他们的第三个孩子拉尔夫·里奇菲尔德在这里受洗。

1940 年，肯尼斯和弗朗西丝夫妇搬到俄勒冈沿海的纽波特市。此时，欧洲战局恶化，罗斯福再次当选美国总统。肯尼斯·里奇菲尔德接手了一位即将离职的律师的业务，花 150 美元买下了他的律师事务所（见图 6-29），包括一些旧书、一张大的橡木办公桌和 3 英尺高的滚轮保险箱。律师事务所位于赫伯特西南区，在溜冰场和国营酒类商店之间的剧院对面，肯尼斯每月支付 15 美元的房租。目前，林肯县历史协会博物馆保留了肯尼斯办公室的原貌。

图 6-29 肯尼斯的律师事务所 （家族资料）

肯尼斯在纽波特做了 30 多年的城市律师，在很长一段时间内，他是当地唯一一名律师。他为该市处理所有法律事务，包括遗嘱、离婚事务、房地产销售、所得税、遗产认证。1990 年退休前，他为沿海居民立了 7000 多份遗嘱，处理了无数房地产交易。肯尼斯还担任总法律顾问，在理事会议中为市政府部门提供法律建议（见图 6-30）。

Roger A. Hart's photo of a Newport City Council meeting in January, 1941 —
Front, left to right: Police Chief Ed Hay, City Attorney Kenneth Litchfield, councilors William McKevitt, Sr., Frank Parker, and L.C. Smith; Back: Councilor Prentiss E. Fullerton, Mayor Andrew Naterlin, City Recorder Leo Brayton, Paul Hudson (Fire Dept.), and Councilor Samuel E. Likens. Note framed works by legendary Newport photographer A.L. Thomas on the wall; one of these prints now resides with the Lincoln County Historical Society.
(this and other photos used in this edition, courtesy of Lincoln County Historical Society)

图 6-30　1941 年 1 月肯尼斯参加纽波特市理事会议（家族资料）

肯尼斯的儿子理查德·里奇菲尔德说：

父亲是个和平缔造者，曾经有一个男人疯狂地走进他的办公室，想起诉另一个男人以获取利益。爸爸和那个家伙聊了一会儿，然后说："我知道另一个人，让我们和他一起聊聊。"于是，他把两个人聚在一起，三个人制定了计划，两个对头握手，愉快地离开了办公室。

还有一对吵得不可开交的夫妇想申请离婚，父亲请他们暂时都不说话，在办公室的沙发上坐一坐，然后他继续处理自己的事。这对夫妇坐了一下午，目睹了出于各种原因想要离婚的夫妻，接着他们站起来对父亲说："我们想明白了，不离婚了。"

父亲总是鼓励来访者在法庭外解决分歧，他说："上法庭更容易让他们紧张不安，也更容易让他们掏腰包。"父亲不喜欢法庭，经常建议客户说："如果你上法庭，我会帮你拿着外套和帽子。"

在珍珠港事件以前，美国社会依然风平浪静。弗朗西丝在回忆录中说：

我记得那时我想要第四个孩子，但当时要找到一个人来帮忙或陪伴实在是太难了。孕妇在医院要住 10 天，必须有人帮忙照顾家庭。最终我们决定生第四个孩子，理查德·查尔斯·里奇菲尔德于 1941 年 2 月 7 日出生。

1941 年 11 月的一天，我带着理查德去逛农贸市场，我看见鸡鸭被洗得干干净净，市场上有泡菜、果酱、洗净的胡萝卜、鼓鼓的卷心菜、用坛子和瓦罐装的肉馅、南瓜、倭瓜、面包和馅饼，还有各种美味的水果。摊位上农民们欢快的笑脸和黝黑的皮肤，使我想起了我们祖辈的农耕生活。

1941 年 12 月 7 日，我从教堂回家，在收音机里听到了日本偷袭珍珠港的消息，许多美国士兵牺牲和受伤，损失惨重。我知道对于美国人来说，战争已经不可挽回地开始了。

我们住在西海岸，房子面朝大海，也担心被袭击。我们在落地窗上装了遮光窗帘，在车的前灯上也装上遮光罩。我记得在大雾的晚上开着没有前灯的车去参加会议。海上偶尔会传来关于"日本"的惊吓，但总的来说，对我们的影响不大。

二战期间，美国政府在纽波特采购机场的开发用地，机场位于亚奎纳湾大桥以南 3 英里处（见图 6-31、图 6-32）。肯尼斯必须去与所有的农民、住户和拥有集体土地的人交谈，他的工作是处理政府与这些人之间的购买协议。1946 年 4 月 16 日的《亚奎纳湾新闻》对这一事件做了回顾：

> 肯尼斯·里奇菲尔德、莫里斯·安德森和戴夫·亨肖为纽波特市收购南海滩机场而进行谈判，他们在没有薪水的情况下，自费完成了大部分工作。

机场是由联邦政府在二战期间建造的，当时认为有防卫的需要。1943 年 3 月，民用航空局签订了建造合同。肯尼斯·里奇菲尔德作为城市律师，积极为机场购置土地。900 英亩的土地选址是有挑战性的，因为这里地处山谷，谷中有条小河淌过。承包商必须给小河装管道，再填平山谷，这是一项 200 万美元的工程。1944 年 10 月，海军租用了这个机场，在战争期间用作紧急降落跑道。

1944 年 12 月 1 日，机场举行了正式的落成典礼，肯尼斯·里奇菲尔德担任主持人（见图6-33），安迪·纳特林和该县的其他要人先在海滩的咖啡厅用过午餐，后出席了仪式，一排原计划在仪式上降落的飞机误入大雾之中，幸而三架飞机脱离队形，掉头返回，安全降落。

战争结束时，里奇菲尔德同其他几位具有社区精神的人一道，为建设纽波特而奋斗，为后人乘飞机去外面的世界提供了便利。

Photos dated "1943" show construction under way at Newport Airport; two million dollars worth of excavating, draining and filling was required to turn a valley (below) into an airfield (opposite).

From 1943, above photo shows a massive amount of excavating, draining and filling was required to turn this "valley" into an airfield; Kenneth Litchfield's major role in the realization of Newport Airport were described in the item below.

图6-31　1943年的机场建设（家族资料）

图 6-32　1997 年的纽波特机场（家族资料）

图 6-33　肯尼斯在机场落成典礼的演讲和相关报道（家族资料）

1942年，肯尼斯和弗朗西丝以2700美元的价格在橄榄街232号购置房子，共2层，主卧在一楼，二楼有三间卧室。肯尼斯的律师事务所就在附近。里奇菲尔德夫妇逐渐成为纽波特的领袖人物，在教育领域、公民活动和长老会中做出了突出贡献。20世纪50年代，弗朗西丝是第一位在纽波特长老会担任执政长老的女性（这在当时的基督教会中是少见的，随后70年才慢慢有更多的女性担任牧师）；她在长老会妇女协会中也非常活跃，并经常参加区域会议；她还担任礼拜日学校的校长，并在教会合唱团唱歌长达50年。

里奇菲尔德夫妇做了许多慈善活动，向威拉米特大学、长老会、纽波特基督教青年会、林肯县历史学会和俄勒冈州海岸水族馆捐赠了大量的善款，尤其支持教会的建设和发展。他们接收了很多外国学生到家里寄宿，希望帮助他们的孩子了解不同种族的人。每年，他们都会举办一次家庭露营旅行，希望参加的孩子和学生越多越好，这对他们孩子的成长大有裨益。

1982年，纽波特组织了忠诚日游行，肯尼斯作为庆祝活动的游行典礼官，和弗朗西丝一起受到了市民的尊敬和祝贺（见图6-34）。

Above, Kenneth and Frances Litchfield, honored with the Grand Marshal salute as part of the Loyalty Days festivities in May, 1982.

图6-34　里奇菲尔德夫妇作为贵宾乘坐游行第一辆车（家族资料）

美国的法制基础很牢，除了联邦法律之外，各个州、县、市、镇都有各自的法律，执行得非常严格。比如，几乎所有州的法律，都不允许卖酒给21岁以下的年轻人，即使是中年人去买酒，都会被要求出示驾照，因为上面有出生日期。禁酒令早在 19 世纪中叶就如火如荼地实施了，几乎所有的城市都会投票决定是否允许卖酒。其理论基础是饮酒对家庭有害。在新教社会中，家庭是价值的核心。清教徒比天主教徒更重视对于"十诫"的实行，更"修身养性"。虽然随着时代的发展，完全禁酒已经不可能做到了，但美国依然是对"酒"管制严格的国家。

然而，美国的建国者，独立战争的统帅们，居然像他们的士兵一样，仗一打完就回到家乡。华盛顿回到他的庄园，忙于耕地、改良品种、醉心于园艺。1783 年英国承认美国独立以后，美国还是没有总统，没有统一的税收。独立后的美国是一个松散的"友好联盟"，各州纷纷通过自己的宪法，这些州宪法里包含了今天《权利法案》的内容。美国建国的初衷是逃离英国的虎口，移民千辛万苦来到新大陆，希望获得宗教信仰自由和获取财富的自由，这一理想在当时的历史条件下是积极进步的。对于建立"中央政府"，他们疑虑重重，移民生怕逃出虎穴又落入狼口，生怕重新丧失他们刚刚获得的自由。

可以肯定的是，1791 年被大部分州通过的《权利法案》，使美国变成了一个设计精巧的结构，将政府和人民置于相互制约的状态之中，将联邦政府和地方政府的权力彻底地分割开，使立法、行政、司法绝对独立。宪法保护具体的每一个"个人"的自由，因此，个人与法律的关系自美国建国之初就成为国家运转的基础。与中国古代的礼制社会不同，法律法规之于美国人，是不同地区的人们共同订立的公约。这些法律多如牛毛，大到《民权法》《平权法案》《能力缺陷法》，以及有关"性骚扰"的规定；小到对酒的严格管理，对家长打孩子的指控，对在公共场合吵闹的约束，对影响邻居休息的监督。只要涉及公众关心的重大问题，都要由当地公民投票立法决定。费孝通在《乡土中国》中提出了"差序格局"，认为中国传统的人际关系格局"不是一捆一捆扎清楚的柴，而是好像把一块石头丢在水面上所发生的一圈圈推出去的波纹。每个人都是他社会影响所推出去的圈子的中心。被圈子的波纹所推及的就发生联系。每个人在某一时间某一地点所动用的圈子是不一定相同的"。① 而美国的人际关系格局却建立在人

---

① 费孝通：《乡土中国》，上海人民出版社，2006，第 21 页。

与土地、人与法律、人与宗教的三大关系之上，家庭处于这三种关系的交集中（见图 6-35）。

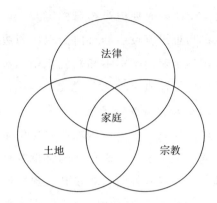

图 6-35　美国社会关系结构的三圈理论

资料来源：笔者自制。

这是美国社会关系结构的三圈理论，美国人自出生之日起就面对自己与上帝、自己与土地财产、自己与法律的关系。其中任何两环都相互关联：土地是财产的象征，宗教是追求个人财富的伦理基础；获取自由土地和实现宗教信仰等人权自由是建立独立自由国家、制定法律的根本动力；法律是对个人权利和宗教自由的保障。而每一个核心家庭都位于这个社会关系网交集的中心，这三重关系的界限和范围是明确的，共同决定了每一个家庭及个人的人际关系。每个家庭都有相对固定的教会和社区，教会的关系网可能是跨州的，邻里之间的关系在美国社会中非常重要。林耀华在《金翼：一个中国家族的史记》中分析中国社会关系时做了这样的比喻："我们日常交往的圈子就像是一个由用有弹性的橡皮带紧紧连在一起的竹竿构成的网，这个网精心保持着平衡。拼命拉断一根橡皮带，这个网就散了。每一根紧紧连在一起的竹竿就是我们生活中所交往的一个人，如抽出一根竹竿，我们也会痛苦地跌倒，整个网便立刻松弛。"① 这种社会形态受到内部不稳定或新生力量的影响，也受到外部因素的冲击。相较而言，美国社会关系更明确和单纯，每个新生命或新公民首先需要在这三重关系中

① 林耀华：《金翼：一个中国家族的史记》，庄孔韶等译，生活·读书·新知三联书店，2008，第 2 页。

找到自己的位置，离世的人或离开美国的人也不会动摇原有的社会关系。

然而，美国的社会关系结构并非十全十美的，任何自由都要付出相应代价。这三重关系在一定历史时期内是相对稳定的，也为美国赢得了长足的发展。但是，当西部再也没有更多的自由土地，当边疆成为有限的国界时，对自由土地的无限追求走向了资本和领土扩张，对自由经济的无限追求造成了一次又一次的经济危机。20世纪之交，美国追上了欧洲一个世纪的发展历程，国家机器变成了市场经济的"保护伞"，海关关税和货币政策成了保护主义的手段。在政治学上，国家的身份由政府确立；在经济学上，它由中央银行代表。美国也不可避免地围绕世界货币体系建立代表机构，制定法律，批准条约，限制外国人的权利，规定法院的管辖权等。罗斯福新政的实质是与金价脱钩，20世纪30年代华尔街的经济衰退使美国避免了欧洲大陆的社会灾难。"北美开拓边疆时代为这个世纪的市场发展和社会组织生活提供了动力，但这是一个特殊情况，边疆时代的结束使市场和社会生活之间产生了典型的矛盾和张力，并最终摧毁了这个社会。"[①]

在不同的时代，为自由付出的代价是不同的，人们的认知和承受能力也是不同的。当付出的代价超过了人们的承受能力时，人们会选择放弃一部分自由。但迄今为止，美国人在安全与自由面前，一部分依然选择了"自由"，另一部分选择了"建制"，美国的政治分歧达到了撕裂的地步。其实，问题并不在于是"保守"还是"开放"，而在于美国面对贫富悬殊问题，以及由此导致的种族矛盾和区域矛盾激化。而这一切问题的根源依然在于美国建国之初的土地制度和西进运动中对土地的野蛮占有，这段历史把公然的侵占和掠夺变为自由民主的旗号。这一曾经为新大陆带来"曙光"的开拓，今天是否会带来"历史的利息"？

---

① Karl Polanyi, *The Great Transformation*, *the Political and Economic Origins of Our Time*, Boston: Beacon Press, 1957, p. 289.

第七章　家族的内生动力与理查德·里奇菲尔德的惑与解

定居后的美国人面临生存环境的改变，即没有更多可以开拓的自由土地，其影响是深远的。第一，虽然客观上自由土地没有了，但主观上移民的开拓惯性依然存在，过去可以通过新土地来转移的矛盾，现在不得不在内部消化，但这加剧了内部矛盾，因此冷战与美国的环太平洋战略成为矛盾转移的出口；第二，由于廉价移民劳动力不能再自由流动，美国土地和资源分配变得紧张，美国建立起了以劳动力、土地和货币为生产要素的市场，开启了以自由经济为目标，以货币保护主义为导向的垄断金融资本阶段。经过 20 世纪 30 年代的大萧条后，二战的刺激促使美国经济全面复苏。美国从战争中崛起，积累了历史上最大的流动性购买力储备，同时，美国的军费开支保持在远高于二战的水平。虽然美国建立起了布雷顿森林体系，实现了贸易和金融的世界性扩张，但是美国经济始终依赖外部刺激的存在，资本饱和与产能过剩问题成为一个持续存在的威胁。如果没有新的刺激，如战争、新领土开拓和重大技术革新，经济停滞和危机将会长期存在。

第一节　里奇菲尔德的家族精神

一　国际互助——多元与包容

美国人的个性有其典型的对立面。"美国这个动态发展的国家令整整一代人遭受了比其他伟大国家多得多的极端对比和突然变化。它的大部分居民都在自己的人生中或亲近的人生中，面对两极化的选择：对移民敞开大门与坚守传统的孤岛；与人友好的国际主义和目中无人的孤立主义；激烈的竞争同谦虚的合作；等等。由此出现的充满矛盾的呼吁对个体自我的发展所造成的影响，很可能取决于核心自我阶段与家庭的地理和经济变迁之间的关系。"①

里奇菲尔德的家庭表现出了明显的国际主义与谦虚合作倾向。这与家族成员的职业有关。理查德的曾祖父乔治·里奇菲尔德是印第安保留地的负责人，他们家与印第安人友善相处，为印第安人在保留地的生活做出了贡献；理查德的祖父查尔斯·里奇菲尔德从小与印第安人建立了深厚的感情，会说多个部落的语言，他是一名铁路邮递员，终生的事业即为相距遥远的人建立联系；理查德的父亲肯尼斯·里奇菲尔德是一名城市律师，妥善地处理了各个来访者的婚姻关系和财产关系。这也与西进历程中家族成员所培养出的互帮互助的能力有关。理查德的曾祖母玛丽·奥雷里亚·克拉夫特随父母，从宾夕法尼亚乘马车横跨大平原到俄勒冈定居；理查德的外祖母莎拉·莱伯也随父母艰难穿越了阿普尔盖特小道；理查德母亲的祖先从纽约辗转到威斯康星，外祖父克拉伦斯·麦吉尔弗拉在南达科他艰苦创业，最终在俄勒冈发家致富。这些共同的历史记忆深深地融入了他们的血液，培养了他们谦逊的个性与开阔的胸襟。因此肯尼斯和弗朗西丝夫妇非常乐于助人，将自己的财产捐给教会、学校、医院。同时，他们积极资助新移民，非常欢迎并乐意与新移民结交。肯尼斯和弗朗西丝在纽波特获得了受人尊敬的地位，肯尼斯被市民尊敬地称为"纽波特先生"。作为中产阶级上层白人，在家庭教育中，他们以同样的理念帮助孩子们认识不同的文化和了解世界。

笔者：你父母帮助的第一个移民是谁？

理查德：爸爸妈妈参加了纽波特长老会的一个援助项目，帮助一个荷兰裔印尼人家庭在纽波特定居。印尼的荷兰裔居民被日本人武力压迫，他们不得不逃离印尼，有的回荷兰，有的来美国或去澳大利亚。我母亲资助马克斯·瑞肯一家，并教他们英语，父亲帮助这位丈夫找房子、工作和提供三餐。马克斯·瑞肯最早的工作是在化学部门

---

① 〔美〕爱利克·埃里克森：《童年与社会》，高丹妮等译，世界图书出版公司，2018，第263页。

当文书，这样他们得以在纽波特安顿下来，安全地过日子。几年后，这对荷兰夫妇成为受人称赞的市民，在纽波特社区非常活跃，马克斯成为俄勒冈州立法机构的成员，他的女儿成为俄勒冈州议会的议员。这就是美国移民的故事，移民刚来美国的时候很穷，需要有人为他们提供食物，帮他们找工作，教他们说英语，很快他们就能自己付税，甚至帮助别人。这就是我们美国人做的事，我们是移民国家，我们知道我们需要互相照顾。

笔者：有留学生吗？

理查德：安娜丽特·安徒生是一名来自丹麦的 AFS 交换生，她 1961～1962 年与我们住在一起（见图 7-1）。后来我去欧洲旅行时拜访了她，我们与安娜丽特保持了 60 年的亲密关系。

图 7-1 安娜丽特·安徒生在里奇菲尔德家（家族资料）

1963 年，一位土耳其的国际学生来到了里奇菲尔德家，这位国际学生叫胡苏·奥茨根① （见图 7-2、图 7-3），他后来成了土耳其的首富。他在

---

① 1944 年，胡苏·奥茨根出生在土耳其伊兹密尔的一个中产阶级家庭，父亲是一名医生，母亲曾赴美留学。他从 10 岁起就在一所精英学校罗伯特学院就读，23 岁时，他怀揣 1000 美元赴美留学，在俄勒冈州立大学主修土木工程管理。因为没有奖学金，大学的寒暑假他不得不四处打工赚取学费。

个人传记《建造一个世界》中记录了他在里奇菲尔德家的经历。

图 7-2 胡苏·奥茨根与妻儿（家族资料）

图 7-3 左上图是大学时代的胡苏·奥茨根，右上图是弗朗西丝·
里奇菲尔德帮他理头发，下图是胡苏与里奇菲尔德
全家合照（家族资料）

　　胡苏①从他的老师格雷迪·霍布森先生那里听说了国际生活项目，通过在美国小镇的寄宿家庭住上五六周，18 岁的国际学生可以在秋季上大学之前，了解美式文化、饮食和生活方式，由项目总部安排国际学生的寄宿家庭。这些家庭通常自己有十几岁的孩子，并且有兴趣了解其他国家的文化。

　　1963 年 8 月，他终于在俄勒冈州波特兰市的灰狗巴士终点站下车，他的寄宿家庭正在等待他。几个月前，该项目将他安排到了肯尼斯·里奇菲尔德和弗朗西丝·里奇菲尔德的家庭中。

　　胡苏受到了超乎预料的热烈欢迎，全家人像迎接儿子一样迎接他，亲切而轻松。他们开上家里的新福特，向南驱车 2 个小时，到了里奇菲尔德的家乡纽波特。他们在俄勒冈州的首府塞勒姆停留，拜访了俄勒冈州的州长马克·哈特菲尔德，他是里奇菲尔德一家的老朋友。

　　胡苏在心里记下了这次旅行的每一个细节和场景，仿佛他再也不会看到这些了。最后，他们把车开进了通往一栋典型的带 1 英亩花园的两层美国住宅的车道上。

　　里奇菲尔德一家是海滨小镇纽波特的富裕家庭，当时纽波特的人口有 5400 人。一家之主肯尼斯·里奇菲尔德是一位受人尊敬的律师，他有 4 个孩子：他们的大女儿卡罗尔和儿子拉尔夫医生已经结婚并离开家了；另一个女儿露丝和儿子理查德比胡苏大 3 岁，仍在上大学。②

---

① 胡苏·奥茨根是一位持续创业的商人和慈善家。他是一位白手起家的亿万富翁，文凭是他唯一的"资本"。他成为土耳其一家银行最年轻的首席执行官，并通过自己的努力在银行界经历了一系列快速发展。1987 年，他把自己所有的个人资产投入新成立的金融银行，并在 19 年的时间里卖掉了它，成为土耳其最大的一笔外国投资交易。他的故事并没有就此结束，他继续在商业和慈善事业上进行新的投资，包括各地的菲巴控股公司和奥茨根大学。他信仰的不是金钱的力量，而是人的力量。胡苏·奥茨根的成功故事和"他所建立的世界"不仅在他的祖国土耳其，而且在世界各地都广为流传。相关资料参见 https://bbs.pinggu.org/thread-3215208-1-1.html，https://www.forbes.com/profile/husnu-ozyegin/，最后访问时间：2020 年 6 月 10 日。

② Ridvan Akar, *Building a World*, *a Biography of Husnu Ozyegin*, Istanbul, Ozyegin University Press, 2018, pp. 61-63.

理查德说："胡苏在一楼有一间带浴室的客房。在搬到俄勒冈州立大学之前，他在我们家住了 6 个星期。每周日上午 10 点，他随我们去教堂。胡苏信仰伊斯兰教，但他非常尊重我们的宗教传统，以最好的状态来陪伴我们参加每周的仪式。我父母对他愿意这么做感到很满意，而且确实把他介绍为'我们的儿子'。胡苏的印象是，接待他使里奇菲尔德在纽波特熟人中增加了声望。难以置信的是他对俄勒冈人的第一印象：他们中没有人知道土耳其在地图上的哪里，报纸和电视都没有提到土耳其。"

因为有学生会主席的经历，大学毕业后，胡苏进入了哈佛商学院。肯尼迪对他称赞有加（见图 7-4）。从哈佛毕业后，他回到了土耳其，开始了他的金融事业。1989 年，理查德·里奇菲尔德赴欧洲旅行，他想再见一见老朋友。于是，他说："胡苏，在我死去以前，我需要再见见你，我们已有 20 年没相见了。我想来博德鲁姆乘坐蓝色航程游艇，参观土耳其城市。"胡苏说："来吧，这正是时候。"于是，理查德夫妇去了土耳其，被安顿在瑞士酒店。理查德说："酒店像一座官邸，从窗外可以眺望海上的大桥。我们花了几天时间观光，然后乘坐他的私人飞机，飞到了地中海，上了他的私人游艇，游艇配有两个私厨。胡苏和他的妻子、妻子的妹妹和

图 7-4　任俄勒冈州立大学学生会主席的胡苏·奥茨根迎接
罗伯特·肯尼迪（家族资料）

妹夫在游艇上等我们。我们在一起游泳，他问我：'你还记得周日在教堂妈妈（他叫弗朗西丝·里奇菲尔德妈妈）唱的那首《前进的基督士兵》吗？歌词大意是：我们是基督士兵，戴着十字架踏上征程，走向战争。听起来像十字军东征。'我赶忙说：'不不，这首歌不是这个意思。'接着我们都笑了，像两个孩子一样。然后我们跳入水中，游了一会儿泳，起来用晚餐。在游艇上玩了几天后，我们又飞回布鲁塞尔，参观名胜古迹。这是个很棒的经历！"

二　崇尚和平——理查德·里奇菲尔德对越战的态度

越南战争是美国一代人的阴影。在越南战争期间，超过 5.8 万名美国人死亡，超过 30 万名美国人受伤，上越南前线的美国士兵平均年龄只有 19 岁。大部分士兵都还在上大学，成绩不好或没钱交学费的学生会被政府要求入伍。抗议情绪遍布整个社会，几乎所有的美国大学都组织了抗议示威活动。1967 年，26 岁的理查德·里奇菲尔德刚刚从牙医学院博士毕业，随着 1966 年越战升级，不断有更多年轻人被派往战场，理查德为了避免上前线，选择了在俄克拉何马州服役。

　　笔者：你对越南战争的最深印象是什么？

　　理查德：20 世纪 60 年代，美国陷入了大麻烦。我毕业于 1963 年，接下来的 4 年去了牙医学院。1967~1972 年是美国最艰难的时期，我们陷入战争的泥潭 15 年，我们希望是另一个情形，没有打越战。整个美国都在抗议战争，有人呼吁不该打仗。有人呼喊要帮助南越独立，他们想要自由。

　　笔者：你的服役生涯如何？

　　理查德：我在俄克拉何马州的塔勒阔服役，时间是从 1967 年 6 月至 1969 年 7 月 1 日，为期 24 个月。我的病人有学生和镇上的人、印第安人。塔勒阔是座大学城，有 1 万人，有 80 多个印第安部落。我的工作是看牙齿，不用背枪。我有一个诊所，我在那里完成工作。这对我来说是特别好的职位，我和妻子加入了当地的长老会教堂，我和医院的其他医生相处得很好，但我们的朋友更多来自教会。是的，美国政府雇用了我，不过我同样也为美国公共卫生服务部门工作，医院是其中的一部分。美国政府可以把我调遣到越南战场，或是任何一个地方，但这次我很幸运，就只待在俄克拉何马州给人看病。我大部分时间都穿休闲服，只是在去华盛顿开会时，穿了一次海军制服（见图7-5）。我那时26岁。

图 7-5　服役时期的理查德·里奇菲尔德（家族资料）

笔者：你的病人是士兵吗？

理查德：不全是，我为海军陆战队工作，我们也称之为海军补给队，他们把物资从另一个海岸运来。但是，我的病人更多是当地的印第安人，我在印第安人卫生部工作。这是我人生中的第一份工作，对我来说太重要了。1967年我已经是一个博士了，在此之前，我获得了化学专业的学士学位，然后去了牙医学院，获得博士学位（DMD）。1969年，我去新泽西学习牙医的正畸专业，我现在（2018年）已经在河内教授牙医19年了。在越南，每500个婴儿中就有一个有兔唇，我和手术医生一起帮助他们矫正。我的病人大多从20岁就开始正畸，随着他们的成长，还会有几次手术，我们从他们的髂骨取一些组织，移植在他们的口腔内。我们在正畸手术时要考虑审美的需要，保持五官的平衡。

笔者：你住在军事基地吗？

理查德：没有。塔勒阔不是一个保留地，印第安人划分了该土地，因此每个印第安人家庭都有些资产。我们并不在一个到处是船舰和队伍的基地，这再好不过了。因为我甚至不必表现得像一个军官，我大部分时间都穿着自己的衬衫，也许有一些条纹表示我的级别，证明我是军官。我有时戴着帽子，有时不穿制服，在那里没有人规训我。俄克拉何马城 175 英里外有一个基地，美国公共卫生部门的主要军官在那里，我的上级是四级军官，他是一名上校，他的徽章上有一只大老鹰，他掌握权力。我向他报告我的工作，有时他会发电报问我在哪报告的，让我做更多的工作，而那时我正在悠闲地打高尔夫，然后我想，我最好表现得好点。接着我就努力工作，军官就会说你干得很好，看了很多病例。所以他是计算我看牙齿的数量，比如清洁了几颗牙，修补了几颗牙。那个时候我们还没有 IBM 卡，我就把数据表邮寄给他，我们没有电脑电话。他可能就回复说："你就干好本职工作，你是个牙医，你知道该做什么，给我寄一个好看的报告。"他再把报告寄给他的上级。我有自己的诊所和卫生助手、护士，镇上有五六个医生，有两个牙医。

笔者：我发现你的工作和越战没有太大关系。

理查德：是的，谢天谢地。因为我不想参与这场战争的任何一部分，我幸运地远离了战争。但政府也许会说，国家确实需要你来越南当军医。大多数参战的人从来没有开过枪，也没看过炸弹，所以有些士兵真的很支持战争。但有一些可怜的孩子面临很大的恐惧，他们 15~20 人成团穿过丛林和沼泽，先头侦察兵中枪了，其他人也很容易遭到枪击。

笔者：在这两年你印象最深刻的是什么？

理查德：越战正在进行，整个美国都有军事部署，在南越也有军事基地，我们本打算让南越独立，但失败了，北越很强大。人们都想远离战争，一些家庭被迫征召入伍。我当时对此没有太多感受，因为我身在印第安人群体中，不过那时马丁·路德·金被暗杀了，肯尼迪也被暗杀了。所以街上到处都是游行起义和抗议，有人呼吁离开战争泥潭，有人说继续打仗。1967 年的麻烦很多，1968 年越南的战况更紧张了。1968~1969 年的抗议游行更多，很多人说我们应该宣告胜利，然后离开越南。但有人认为应该把战争继续下去，因为已经浪费了太多金钱、时间、精力。最后我们发现，真正掌权的是北越，他们代表整个国家。1975 年 4 月 30 日，西贡失守了，北越军队占领了城市，几乎没有遇到抵抗。所有为南越政府工作的美国人都上船离开，他们害怕留在这里会被杀掉。

笔者：你有朋友在越南牺牲的吗？

理查德：有一个高中同学，他毕业于俄勒冈大学，他在伏击中丧生。同样的事也发生在穿越丛林的过程中，敌人在等待他们穿过丛林，然后袭击。另一个死去的朋友是喷气机飞行员，他死于 1965 年，战争在 1965 年的时候并不激烈，但他是个飞行员，他冲上一个山坡以后飞机坠毁了。这是一场丑陋的战争，我们在俄勒冈抗议，我们的牧师非常反对战争。另一个卫理公会的牧师完全对战争闭口不谈，他或多或少是支持战争的，所以不公开反对。

笔者：你的家庭成员被征召入伍了吗？

理查德：我父亲的年龄太大了。我哥哥拉尔夫参加了空军，他 1964 年从医学院毕业，被送到了阿拉斯加的空军基地，他为飞行员和空军士兵及其家属看病。

笔者：最开始美国是想保护或控制南越？我想其中有些经济原因，当时美国发生了经济危机。

理查德：是的，美国想支持南越共和国。美国参加了战争，每个人都被雇用了。国家建立了战争机器，生产飞机、枪支、大炮，战争可以促进经济繁荣，每个人都有工作，都能挣到钱，你也许会说，我还有什么可抱怨的，我正在挣钱，但你正在制造一场战争。特朗普正在做同样的事。

对很大一部分美国人来说，越南战争是一场耻辱，从战场回来的士兵也没有受到很多美国人的尊重，他们陷入了深深的道德困境。以下是一位越战美国老兵的独白："上周三是越南和平协议签署的周年纪念日，而媒体却没有任何报道。一个国家怎么能以上帝的名义送他们的青年参加一场没有目的、没有目标、没有战略、没有终点的政治冲突？然后，当幸存的人回家时，没有一个人欢呼。更糟糕的是，我们被唾弃，被嘲笑，被称为婴儿杀手。"[①] 这位老兵的独白恰恰反映了这场战争的盲目性，没有一方是胜利的，集体良知也本能地将加害者排除在外。但是，无论是加害者还是受害者，他们都在一条船上，共同参与了这场历史运动，更关键的是，"加害者与受害者由于特殊的遭遇成为命运的共同体，彼此之间有特殊的吸引力。唯有当他们找到彼此之后，才会感到完整"。[②]

伯特·海灵格曾多次为大型团体之间的冲突做"系统排列"，如在德国人和犹太人之间，以色列人和巴勒斯坦人之间，以及波兰人和犹太人之间。波兰的克拉考城曾经是波兰人和犹太人的混居地，但是这里的犹太人几乎被杀光了，而很多波兰人提及犹太人时还会说，这些犹太人活该。在克考拉的演讲会中，海灵格看到犹太区里每个东西都保持原封不动，犹太教堂仍矗立在原址，很多商店的名称还是用希伯来文写的。他说："我看到波兰人的心灵非常思念犹太人，唯有今日的波兰人在心灵中给予犹太人一个位置，才能治疗心灵之苦。毕竟犹太人也都曾经是波兰人。"[③] 当双方终于停止排斥，彼此的内心才能恢复完整。其中再也没有好人或坏人，没有加害者，没有受害者，大家都平等，因此彼此才会有共同的未来。要弥合越南战争在美国人心中的伤痕，美国人也需要停止评判，接纳越南老兵，接纳越南人。战争结束 20 多年后，理查德·里奇菲尔德夫妇带着和平的心与专业的牙医技术，每年春季前往越南牙科医院支教，如今已有 20 多年。

　　笔者：退休以后，你选择去越南支教，而不是泰国或缅甸，为什么？

　　理查德：因为我觉得我对战争有责任。我没有参战，我是幸运的，我有能力避免参战，不被从学校征召入伍是因为父母能付我的学

---

① https://www.mcall.com/opinion/readers-react/mc-vietnam-peace-accord-anniversary-cortright-20160130-story.html，最后访问时间：2020 年 8 月 3 日。
② 〔德〕伯特·海灵格：《在爱中升华》，林逸芳等译，世界图书出版公司北京公司，2011，第 82 页。
③ 〔德〕伯特·海灵格：《在爱中升华》，林逸芳等译，世界图书出版公司北京公司，2011，第 302 页。

费，而且我有好的分数。1966 年我在西雅图的美国公共卫生部门实习，我接受了非常好的训练，独立承接了许多病例，所以当我从医学院回来时，我已经验十足，感觉领先于这里的所有人。1967 年从牙医学院毕业后，我选择加入美国公共卫生部门，我知道如果我不先加入一支部队，我就会被征召入伍，很可能被送到越南战场。我选择了一支部队，可以让我远离越南战场。直到 1999 年，我的孩子已从大学毕业结婚了，我想应该做点其他事，继续做正畸的工作。在夏威夷，我参加了一个牙医学会议，其中有一个志愿者服务项目。我问他们：我是正畸医生，有很多经验，我可以做什么？他们说，我们正好有一个职位给你，在越南河内支教。我心想，是的，这就是我想要做的。因为我是战争年代的孩子，我可以避免参战，我的一些年轻的朋友被送到了战场，他们有的受伤，有的牺牲，有的回来却自杀了，因为他们无法忍受在越南发生的一切。所以，我想我需要做这件事，去服务，去帮助他们，我觉得我对越南人有责任。

2000 年，我们在越南机场降落。我们刚下飞机，就看到了胡志明的肖像。机场非常简陋。我们在河内过了海关，医院的医生护士已经在等候我们，他们为我们安排好了酒店。第二天，我们去了医院的牙科，医生都想看看我们是怎么做的，看看在美国医生如何治疗病人。我把一个小病人抱在膝上，医生们围坐在我身边，有四五个女护士，我们一块儿讨论治疗方案。所以，越南是我人生中的一个重要部分，我不是街上的抗议者，但我的抗议是无声的，我们不应该在越南开战。在越南支教时，我带去了很多家庭照片，还有我在尤金诊所的照片，因为我当时仍在那里工作。第二天，他们带来了他们的家庭照片，我们一起分享，度过了很美好的时刻。我们讨论彼此在战争期间都在干什么，越南的医生也避开了战争，因为他们是专业人士，他们都逃到了保加利亚、华沙、罗马尼亚、莫斯科。他们逃离了战争，因为他们有钱，像美国的孩子一样，没钱的孩子就上了战场。他们在华沙、罗马尼亚、莫斯科接受了牙医专业训练。所以，我对越南问题很敏感，我想弥补我们曾经的错误，因此我们在越南教了 20 年，我和他们建立了深厚的友谊，他们也认为我们很好。在尤金，我们也鼓励许多其他人加入类似的人道主义行动。

　　笔者：你是唯一去越南的医生吗？

　　理查德：不是，第四年的时候，我对越南医生说，我需要一个手术医生帮我，我想请尤金的手术医生来。后来其他的美国医生也来了，包括越南南部胡志明市的医生也来了，我们帮助越南建立了正畸协会，我们不断地讨论，这个协会终于在去年（2017 年）成立了，协会成员来自越南南北各地，他们一起工作，研究完善技术。我写信给世界正畸医生联合会，把越南正畸协会介绍给第一世界国家，反响很好。总之，我们在越南有一个糟糕的战争，我在想我们可以做什么去帮助他们，弥补我们在越南犯下的过错。战争持续了 15 年。第一年是做准备，占领一些村庄，试着维持和平秩序，稳住南越人民，但来自北越的抗争太强了，我们美国人无法理解这一点。到 1967~1972 年的时候，越来越多的士兵牺牲，有 5.8 万名美国人牺牲，越南人死去的也很多。许多受伤的士兵回家后自杀，这是一场血淋淋的战争。

三　一个家族的内生动力

　　"一个历史时刻的呈现，是由持各种动机的见证者和后来的评论者所共同决定的，见证者和评论者对其认为重要的记忆和有必要回顾的内容进行了人为补充，从而使事件的真实性得到确认或纠正，并将现实性的感知传递给后代。然而，对于见证者和评论者来说，当这些事件看起来既前所未有，又神秘熟悉的时候，它们就具有了重大意义，即如果脑海中出现类似的事件并被结合在一起，就为历史重演提出了一个合理的方向。"[①] 当然，见证者和评论者都受到历史和社会环境的影响。理查德·里奇菲尔德在回顾他自己的人生的过程中，选取了他认为的重要事件——他的家庭与世界的联系。他的每一代祖先都在记录和讲述着家族历史，后人也对其祖先的记录进行考订。这些资料都显示，他们的祖先在新环境中对各种族或民族的文化表现出了很强的适应性，擅长处理不同种族和民族文化之间的

---

　　① Erick H. Erickson, *Life History and the Historical Moment*, New York：W. W. Norton & Company INC., 1975, p.159.

关系，他的身体里流淌着英格兰、苏格兰、法兰西、德意志民族的血液；令他记忆犹新的是父母对移民的帮助，对国际学生的接纳，对教会、学校、医院的捐助。这些都汇聚成了他的动力，并变成了他的内生潜力。当历史条件成熟时，他一定会抓住那个重要的历史时刻。

历史类比坐标（见表7-1）表明，内在动力和社会条件在互补性中，使历史重演、更新或超越自身。每个人都面临来自两方面的挑战：一方面是其处于世代链条中一个确定的环节上；另一方面是其所处的历史现实。艾利克·埃里克森提出，一个人能让某种执着和天赋在某个社会历史阶段中被重新演绎，其重点是再现和更新，这远远超过了"重复强迫"的心理，正是每个人对自己童年的再现和更新，才造就了这个人。理查德·里奇菲尔德在越南的支教，再现并更新了他家庭中的国际互助精神和崇尚和平的精神。

表7-1 艾利克·埃里克森建立的历史类比坐标

	时刻	历史序列
个体	个体在其某个发展阶段上	个体在其一生过程中
社会	社会的某个阶段	整个社会历史上的连续阶段

资料来源：Erick H. Erickson, *Life History and the Historical Moment*, New York：W. W. Norton & Company INC., 1975, p. 159.

第二节 里奇菲尔德访问中国

一 从尼克松到里根——共和党执政理念的转向

理查德·里奇菲尔德在小布什任期内更换了自己的政党，这一事实引起了笔者的注意。2019年8月的一个星期日，笔者就政党问题和他进行了交谈，他一方面向笔者表达了他的信念，另一方面也表达了他的困惑：

笔者：20世纪60~70年代是美国民权运动的高峰时期，你当时正值青年，你对那个时代有什么印象？

理查德：当时有非裔美国人反贫穷的抗争，国际上还有越南战争，后来青少年的犯罪问题也很突出。暴乱是民权的一方面，但实际上激起了强烈的保守主义反弹，白人工人阶级对民主党的支持也下降了。1965 年洛杉矶瓦茨骚乱之后，罗纳德·里根当选了加利福尼亚州州长，白人工人阶级为他投了决定性的选票。1968 年，共和党候选人理查德·尼克松因成功运作"城市暴力活动"和"街头犯罪行为"的议题而当选总统。但是，尼克松总统的第二任期内，美国发生了严重的经济衰退。1973 年和 1974 年，阿拉伯国家采取石油禁运措施，石油价格涨了两倍。结果是通货膨胀和失业率上升，底特律汽车行业大受冲击，大城市的制造商不断裁员和关闭厂房。

笔者：那时美国的制造业搬去了工资较低的国家，这是不是美国去工业化的开始？

理查德：是的。20 世纪 70 年代开始，许多工厂关闭，工人失业，这对工人、普通民众是一个深深的打击。许多工人不得不迁出俄亥俄州和密歇根州，他们本来希望在得克萨斯州找到工作，但 80 年代早期石油工业的滑坡也大大提高了得克萨斯州的失业率，很多人只能在自己的车子里苟延残喘。高失业率造成了经济困难，越来越多的人需要社会服务。

笔者：当时联邦政府是否陷入了财政危机？

理查德：正是这样。卡特总统的"城市投资项目"遭到挫败，美国的中产阶级在经济停滞下，对政府的任何项目都失去信心。全美国的政治气候变得越来越倾向保守主义，1981 年罗纳德·里根入主白宫，保守主义有愈演愈烈的趋势。政府越来越像一个企业家，而不是关注广大人民的需要和福祉。

20 世纪 70 年代末，里根将共和党变成了一个支持右翼的政党，并寻求与基督教右翼的结盟。"1978 年，杰瑞·法威尔发动了一场'道德多数派'的政治运动，使共和党有了基督教基础。这场运动还诉诸白人工人阶级的文化民族主义，并利用其在道德正确中的受困心理（受困是因为白人工人阶级长期生活在经济风险中，通过平权行动规划和分配的利益没有他们的份）。因此，在公开场合通过宗教和文化民族主义调动这一阶级，而暗地里鼓动他们歧视其他种族、反同性恋和歧视女性。"①

> **笔者**：你曾告诉我你换过政党，是否与这一事实有关？
>
> **理查德**：400 年来，我的家族都是共和党，我们一直从为他人奉献中获得精神慰藉。但渐渐地，我发现我不认同共和党的执政理念了，我将党籍改成了民主党，我的哥哥将党籍改成了独立党。里根总统削减了为城市穷人提供的援助，推行去监管化、自由化和私有化的政策，实行对大企业家有利的税收政策，并将重心从生产转向金融领域。组成"道德多数派"核心的福音派基督徒拥护大公司和共和党的联盟，并将其视为推动福音和道德计划的手段。当里根总统完成任期离开白宫的时候，贫富差距已经相当大了。

许多经济学家相信，向更自由的世界贸易转变对美国经济整体是有利的，尽管其对制造业和就业有负面影响，但更大的贸易规模意味着对每个人而言的更大的繁荣。② 1974~1975 年，美国经济以及世界经济进入了一场全面的结构性危机，标志着长期的繁荣结束，不断加剧的经济停滞开始。令人没想到的是，其解决方案是在资本主义经济生产基础之上，建立一套庞大的自发的金融上层建筑。这意味着金融资产和实体经济形成了一种反向关系，即"由于无法为实体经济中日益增长的盈余找到出口，资本将过剩的盈余储蓄投入金融领域，在上涨的资产价格中投机。金融机构找到了创新方式来容纳大量货币资本的流入，并通过增加借贷将经济的金融上层建筑杠杆化到前所未有的高度"。③ 其结果是债台高筑，使全球范围的金融业恶性增长，整个经济越来越依赖于一个又一个的金融泡沫。

图 7-6 明显反映了美元自 1971 年以来的走势，其中有两次涨幅：一

---

① David Harvey, *A Brief History of Neoliberalism*, New York：Oxford University Press, 2005, p. 50.

② 〔美〕霍华德·丘达柯夫、〔美〕朱迪丝·史密斯、〔美〕彼得·鲍德温：《美国城市社会的演变》，熊茜超等译，上海社会科学院出版社，2016，第 255 页。

③ John Bellamy Foster, Robert W. McChesney, *The Endless Crisis: How Monopoly-Finance Capital Produces Stagnation and Upheaval from the USA to China*, New York：Monthly Review Press, 2012, p. 41.

次自 1980 年始，对应的历史事件是中美建交，开辟了新市场；另一次自 1995 年始，对应的历史事件是苏联解体，此后庞大的财富流入美国。因此，中美建交不仅使中国与世界建立联系，也为美国的金融资本找到了出路。

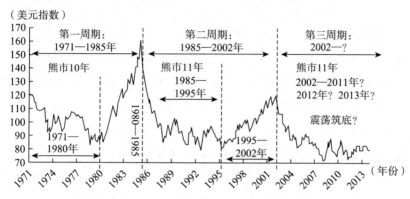

图 7-6　1971 年以来美元指数历史走势周期分析

资料来源：陈晓晨、徐以升《美国大转向：美国如何迈向下一个十年》，中国经济科学出版社，2014，第 295 页。

二　中美建交之旅与理查德的困惑

1979 年中美正式建交。3 月 15 日，38 岁的理查德·里奇菲尔德夫妇加入了尤金的"中美人民友好协会"，参加了简单的语言和外交培训，开启了他们的中美建交之旅。旅行为期 3 周，到达北京、上海、合肥和香港。刚抵达机场时，他兴奋极了。他说：

> 我们抵达北京机场时，看到了毛泽东的肖像。迎接者聚在机场等着见我们，小朋友手里捧着花，如同我们是凯旋的英雄一样。小朋友用充满好奇的大眼睛望着我们，或许是因为我们长得很奇怪，有大鼻子。出了海关后，我们上了一辆可容纳 12~15 人的日本车，每个座位套都是崭新的。我们到了酒店，受到了贵宾般的接待。我们是十分特殊的客人，人们奇异地看着我们的衣服和挂在脖子上的相机。当时中国人用的是简单的盒式相机，我们用的是单反相机。街上的人都穿着中山装，骑着自行车。我们在天安门逛街的时候，大家都回头看我们，我们也回头，你看看我，我看看你，就像一个小游戏一样。

3 月 18 日，尤金"中美人民友好协会"使团从北京前往合肥，理查德夫妇在安徽医科大学认识了牙医李培智医生和他的妻子司徒曼丽医生。他说：

> 李培智医生比我大 15 岁，他"文革"时下过乡。我们到合肥时，整个城市都在热情欢迎我们，我们可能是 1949 年以后第一批来合肥的美国人。我提议去合肥的牙医医院，在那里我遇到了李培智医生和他的妻子。我们相互交流了很多行医经验，他告诉我中医的针灸如何治病。我记得我带回了一个化学玻璃瓶子，保留了 25 年，因为这个瓶子让我想起李培智医生，最后搬家时我才决定扔掉它。

几天后，"中美人民友好协会"使团乘坐"东风快车"去了上海，火车穿过了南京长江大桥。"我们参观了附近的小工厂"，理查德说，"工厂里生产一些小工具，主要是家用器具、汤碗勺子之类的，没有看见大宗产品。当然，改革开放后，中国的发展很快。我对中国的集体所有制很感兴趣，这种制度和我们很不一样，我好奇这是如何做到的。"

在后来的人生岁月中，理查德·里奇菲尔德夫妇曾多次来中国，到过北京、上海、广州、西安、武汉、重庆、成都、西藏、云南。理查德看到中国翻天覆地的变化，深感惊叹。2007 年，他受华西医科大学牙医学院的邀请拜访了成都，又飞去了西藏，在西藏湛蓝的天空下过了一个难忘的复活节。

对理查德·里奇菲尔德而言，来中国访问是其家族友好精神的体现。但是，对于当时的美国而言，打开中国市场，意味着美国去工业化和金融化的进一步加深。访问中国，也许使理查德更加反思了美国的经济体制。理查德感到美国的发展方向与自己的家族秉承的精神信念越来越不符，因此更换了政党，他对特朗普政府的行为尤其感到愤慨。他多次向笔者表达了这样的困惑："我们的国家应该是一个充满爱、关心他人、思想进步的国度，而不是只关心股市和关税。我们的国家陷入了深深的麻烦，股市成为衡量好坏的标准，事实上不应该是这样。我很困惑美国为什么出现今天的局面，现在，我们需要遏制特朗普，让他离开白宫，拯救这个国家。"

　　不受任何干预的自由经济事实上是乌托邦的想象，无权力和无强制的社会是不存在的。如果拒绝承认这一事实，那么，维持乌托邦愿景的唯一途径就是武力和独裁。在波兰尼看来，新自由主义注定会被独裁主义或赤裸裸的法西斯主义所终结，"好的自由"失落了，"坏的自由"取而代之。① 从这一视角，可以解释为什么新自由主义会变得如此专制、强硬和反民主。30年的新自由主义不仅让狭隘的资产阶级恢复了权力，还使能源、媒体、制药、运输甚至零售业中产生了企业权力的高度集中。布什所宣称的市场自由，不过是公司垄断势力无限制扩张的方便手段。众多企业从公共领域、战争、饥荒和环境灾难中获取技术利益，富有和有权力的人热切地宣扬所谓权利和自由的观念，同时希望世人相信这些观念的普遍性。②

---

① David Harvey, *A Brief History of Neoliberalism*, New York: Oxford University Press, 2005, p. 37.

② David Harvey, *A Brief History of Neoliberalism*, New York: Oxford University Press, 2005, p. 38.

结　语

当局者迷，从他者的角度，对理查德的困惑反而有更客观和清晰的认识。笔者提出两点思考，也许能在一定程度上解释理查德的困惑。

一　问题的症结——对自由的追求退化成对自由经济的倡导

西欧的土地私有化始于15世纪末，对公地的暴力掠夺将大量的耕地转化为牧场，形式包括兼并和圈占，通过个体的强迫和暴力、自上而下或自下而上的革命、战争和立法等，使人脱离土地，将经济体分解为要素，废除封建土地扣押制度，消除与邻里组织、贵族血统及教会有关的土地权利。"在16世纪，宗教改革和随之而来的对教会地产的大规模的盗窃，使暴力剥夺人民群众的过程得到新的惊人的推动。"[①] 在斯图亚特王朝复辟时期，土地所有者通过立法实行掠夺；而"'光荣革命'把地主、资本家这些谋利者同奥伦治的威廉三世一起推上了统治地位。他们开辟了一个新时代，使以前只是有节制地进行的对国有土地的盗窃达到了巨大的规模。这些土地被赠送出去了，被非常便宜地卖掉了，或者被用直接掠夺的办法合并到私人地产中去了……市民资本家鼓励这种做法，为的是把土地转化为纯粹的商品，扩大农业大规模生产的范围，增加来自农村的不受法律保护的无产者的供给等等。"[②] 西欧土地私有化逐渐拓展到全球，伴随着迅速增长的工业人口和海外殖民地。

美洲早期也有英国的殖民地，吸引早期移民来到美洲的一个巨大力量是对土地的渴望，因为他们相信拥有土地可以解决困扰普通人的经济问题

---

① 〔德〕马克思：《资本论》第1卷，人民出版社，2018，第828页。
② 〔德〕马克思：《资本论》第1卷，人民出版社，2018，第831~832页。

和社会问题。但在旧大陆，对无论是亚洲还是欧洲的先民来说，土地问题不是一个商业问题，而是权力的问题。土地买卖只存在于小范围内，大部分的土地被置于权力等级体系之下。但美国历史的开篇却不同于旧大陆，在这里有数百万英亩肥沃的土地，等待着开荒者去开垦，土地力量首次开始向商业力量低头。

对早期拓荒者而言，美国的主要吸引力在于廉价的土地。美国的历史可以说是一部地产的历史，目前我们面临的每一个问题几乎都可以从中找到根源。地主是大规模的土地投机商，他们关心的是如何吸引定居者购买土地，他们甚至发明了"公有土地继承权"以向移民赠送土地，即殖民者每赞助一名契约佣工来美国，就会得到 50 英亩土地，以此提高剩余土地的价值。土地对当时的人来说是无穷无尽的，开发和利用土地就是移民的全部经济生活，私营企业也自然地参与其中，所以，土地成为美国殖民经济的基础，美国建国制度的根本就是在殖民土地制度中萌生的。在美国东部优良土地资源被瓜分完毕后，美国人就向西部进军，获取更多土地成为美国西部边疆开拓的重要原因。

早期 13 个殖民地相对自治，因为他们是英国人，希望自己管理事务。与英国本土的距离，加上英国自身陷入欧洲战争，使他们更加自力更生。同时，自由的土地政策促进了普遍的繁荣，迫使城镇雇主提高工人的工资以留住他们，确保了一个生产关系相对平稳的社会。开拓自由土地不仅促进了经济的繁荣，同时也培养了早期美国人对自由的热情，无限的荒野让他们感到无拘无束。因此，当英国重振重商主义，打压和限制北美的自由贸易时，对于已经成熟和强大的 13 个殖民地来说，美国的繁荣受到了直接威胁。正如特纳所言："自由土地，加上掌握自己命运的意识，让西部人对物质利益孜孜以求，终日躁动不安。他们提倡西部移民应人人平等，抑制东部贵族习气的影响。当然，如果人人都能有个农场，而且几乎唾手可得，那么很容易带来经济上的平等，从而带来政治上的平等。"①

---

① 〔美〕弗里德里克·杰克逊·特纳：《美国边疆论》，董敏等译，中国对外翻译出版有限公司，2012，第40页。

美国人从殖民时期走来，民主在他们心中远比在英国人心中要深刻得多。因为美国的繁荣得益于富饶的大陆和相对缺席的特权阶级。一方面美国政府相对弱势，另一方面欧洲的重商主义和行会制度在美国相对缺失。北美的财富孕育了一个富足取代匮乏的社会，特权第一次不能为自己攫取所有的经济权力并践踏普通人。"西部人在很大程度上摆脱了欧洲的种种成规和传统势力。他们能够以独立的眼光看问题，对欧洲大陆的优良传统不屑一顾……旧的社会来到了自由土地上，这对它来说意味着有机会创造一种新型的民主，以及为大众所接受的新理想。"① 这意味着民主在历史上第一次有机会在与极权主义的古老斗争中获胜。但是，随着自由竞争的资本主义制度向垄断发展，帝国主义国家间的战争不可避免，争夺新的殖民地的战争更加残酷。

特纳把边疆定义为"自由土地"，还称之为"文明与野蛮之间的交点"。在他看来，"自由"意味着"免费的""征服的"，是白人用文明征服野蛮的奖品。特纳的种族中心主义多遭到后人的诟病，但威廉·克罗农指出，特纳的边疆学说最有价值的一点，即是"自由土地"是"未开发的丰裕自然之物"，意味着它的丰饶所带给人类的劳动奖励与人类付出的努力不相称。"自由土地"的吸引力在于，在这里人们将自然财富转变成资本所付出的劳力可能比别处要少。② 美国人从大自然中盗窃了财富，索取了让人类丰饶的资本，并利用资本建立了城市。这也造成了美国人自以为自己很强大的错觉，而当没有更多的"自由土地"可以占有和索取时，更大的矛盾便出现了。

因此，波兰尼精确地指出："自美国开拓边疆的一个世纪以来，劳动力、土地和金钱在各州自由地流通交易。除了关税，工业生活不受政府干预的影响。其原因很简单，直到19世纪90年代，边疆的自由土地都是开放的；到一战以前，廉价移民劳动力也是源源不断和自由流动的；到20世纪之交，各国的外汇汇率都相对稳定。在这一时期，美国不存在自我调节

① 〔美〕弗里德里克·杰克逊·特纳：《美国边疆论》，董敏等译，中国对外翻译出版有限公司，2012，第39页。
② 〔美〕威廉·克罗农：《自然的大都市：芝加哥与大西部》，黄焰结等译，江苏人民出版社，2020，第213页。

的市场，即以劳动力、土地和货币为生产要素的市场。生产要素的市场运作可能会破坏社会，一旦建立起来，保护主义就会干预其自由运作。但是，当边疆自由的土地不复存在，当以移民为主的廉价劳动力不再源源流入，同时高价劳动力也不能免费地定居在这片土地上，土地和资源分配就变得紧张了；美国引入了金本位，将国内贸易与世界相联系，随之而来的是货币保护主义，以及对劳动力和土地的保护主义。20 世纪 20 年代的十年繁荣足以引发一场严重的经济萧条，罗斯福新政为土地和劳动力建造了一条'护城河'，其保护范围之广，在欧洲前所未有。"①

　　在美国，土地成为被征服的对象，脱离了它的自然属性，变成了消费品或者抽象的商品。美国与旧大陆最大的不同，是其社会从一开始就建立了资本主义制度。新教思想所蕴含的资本主义精神，形成了美国农业资本主义价值观和企业家文化，认为土地真正唯一的价值，是作为可以使用买卖并给人类带来利益的商品。土地变成财产，成为投机的目标。当然，积累财富的道路之所以畅通无阻，是因为他们有一块富饶的大陆。但是，随着边疆时代的结束，西部再也没有更多的自由土地，对自由土地的无止境追求导致了资本和领土扩张，对自由经济的无止境追求导致了无尽的经济危机。

　　纵观资本主义的历史，其特点就是不断地积累，最终导致了马克·布鲁格说的"积累悖论"。利润的增加主要是靠提高劳动剥削率，而提高劳动剥削率需要限制与生产率相关的工资增长，其最终结果是限制了资本本身的扩张。"积累悖论"表现为"过度积累的趋势"，不断增长的过剩产能阻碍了新资本的形成，减缓了带有商业周期波动的增长趋势，从而导致了长期的经济停滞。19 世纪的资本主义体系以自由竞争为主，意味着价格、产出和投资水平在很大程度上由市场决定，但在垄断阶段，资本饱和与产能过剩问题成为一个永远存在的威胁。如果没有新的刺激，如战争、新领土开拓和重大技术革新，这种停滞状态将会持续下去。②

----

① Karl Polanyi, *The Great Transformation*, Boston：Beacon Press, 2001, p. 211.

② John Bellamy Foster, Robert W. McChesney, *The Endless Crisis, How Monopoly-Finance Capital Produces Stagnation and Upheaval from the USA to China*, New York：Monthly Review Press, 2012, pp. 33–34.

二战以后，美国崛起，成为无可争议的霸权国，伴随着布雷顿森林体系的建立，美国实现了资本和金融的扩张。但资本主义经济中固有的"积累悖论"导致了长期的经济停滞，美国经济潜在的结构性弱点，是财富积累始终依赖外部刺激的存在。自 20 世纪 70 年代起，美国经济结束长期的繁荣，陷入几十年不断加深的长期滞胀危机。随着资产价值的急剧下跌，上层阶级为了维护自己的政治和经济地位，在资本主义经济基础上建立了一个庞大的金融上层建筑。垄断金融资本的出现使资本积累变得更加复杂，其特点有三：一是全球经济高度集中；二是一个以金融资产积累和生产全球化为主导的积累制度；三是新自由主义政治秩序。"在新的金融化资本主义下，新自由主义政策试图撤销关于财富自由流动和聚敛的所有规定，将越来越多的总收入虹吸到金融部门，并创建一个全球劳动力套利和不平等的交换体系，这是帝国主义的最新阶段。"[1]

资本主义是一种以利润为动力的制度，最终使整个社会服从于资本目的。资本将土地、劳动力和金钱都变成商品，使自然和人类都服从价格规律，而不是自然规律。资本主义不把自然环境看作一种值得珍惜和享受的东西，而是将其看作一种积累更多财富的手段。"在历史进程中，资本已经能够'转移'在自然代谢中产生的裂痕[2]，将其强加给最脆弱的人口。然而，现在资本积累体系已经扩展到了全球，破坏了地球系统本身的生物地球化学过程，最突出的表现是气候变暖。"[3] 但是，气候变化现实所要求的经济变革，威胁到了既得利益集团的积累前景及其权力地位，甚至威胁到了资本主义制度本身。[4] 因此，特朗普的主要内阁提名者都无一例外地否认气候变暖。例如，美国环境保护局原局长斯科特·普鲁伊特无视 97% 的科学

---

[1] John Bellamy Faster, *Trump in the White House, Tragedy and Farce*, New York：Monthly Review Press, 2017, p.95.

[2] 马克思关于资本主义下的代谢裂痕的概念，从以下几方面阐述了社会与自然的关系及自然的退化：第一，由于土壤养分循环被破坏，同时将营养物长距离地转移到新位置，土壤的自然肥力下降；第二，资本主义关系下的新科学技术的发展，加大了对自然的开发利用力度，加剧了土壤的退化，扩大了代谢的裂缝；第三，土壤中的营养物质转移到城市，积累过多造成浪费，成为污染。

[3] John Bellamy Foster, *Trump in the White House, Tragedy and Farce*, New York：Monthly Review Press, 2017, p.95.

[4] John Bellamy Foster, *Trump in the White House, Tragedy and Farce*, New York：Monthly Review Press, 2017, p.96.

家对气候变化原因的共识；能源部原部长里克·佩里甚至宣称"全球气温下降"；提名内政部部长的赖安·辛克声称气候变化没有科学依据；提名司法部部长的杰夫·塞申斯坚持认为二氧化碳不是污染物。[①] 化石燃料公司从特朗普的选举中受益最大，2016 年美国大选后，石油和天然气公司的股票飙升。他们否认科学和放弃理性的根本原因是至死捍卫资本主义体系，这一利益驱动型体系产生了最恶劣的行径，拒绝"自然法则"，强化种族主义、性别歧视、反环境主义，使政治、司法和经济与自然规律背道而驰。

"在实践上，人的普遍性正表现为这样的普遍性，它把整个自然界——首先作为人的直接的生活资料，其次作为人的生命活动对象（材料）和工具——变成人的无机的身体。自然界，就它自身不是人的身体而言，是人的无机的身体。人靠自然界生活……因为人是自然界的一部分。"[②] 但是，"异化劳动，由于……使自然界，……使人本身，使他自己的活动机能，他的生命活动同人相异化……导致：……人的类本质——无论是自然界，还是人的精神的类能力——变成对人来说是异己的本质，变成维持他的个人生存的手段。异化劳动使人自己的身体，同样使在他之外的自然界，使他的精神本质，他的人的本质同人相异化"。[③] 美国早期移民把资本主义制度带上了新大陆，却也在对土地私有财富的追逐当中最终异化了自己，脱离了与土地的精神连接。越是用商品关系和私有财产支配土地，神的奇迹就是越变成多余。而美国人的性格与文化也被这样的生产关系所影响着。

二　出路——把根扎进土里

宗教改革和宗教迫害是迫使欧洲移民踏上北美大陆最重要的原因之一，经过了北美独立革命的洗礼，新教思想自然进一步地指导了西进拓荒者的追求。这种精神追求形成了美国农业资本主义价值观和企业家文化，认为土地真正唯一的价值，是作为可以使用买卖并给人类带来利益的商

---

① John Bellamy Foster, *Trump in the White House, Tragedy and Farce*, New York：Monthly Review Press, 2017, p.101.

② 《马克思恩格斯选集》第 1 卷，人民出版社，1995，第 45 页。

③ 《马克思恩格斯选集》第 1 卷，人民出版社，1995，第 45~47 页。

品。土地被划分成财产，成为投机的目标，这是大自然被商品化的第一步，紧接着便是土地产品的商品化。① 企业奋斗精神执意将追求个人财富作为一种社会美德，站在他们背后的是一个由银行家、加工商、铁路公司老板和政府官员组成的歌颂团，不厌其烦地歌颂企业家对人类的贡献，从而使美国公众也期待从中捞取一份财富。

土地作为人类生产生活的来源，本应最容易与人类建立不可分割的情感联系。在欧亚大陆的文明中，有许多代表土地的自然之神，她们往往也是女性的化身，如希腊神话中的众神之母盖亚，中国道教神话中的大地之母后土皇地祇，都象征着孕育、生命、丰收；在美洲的印第安文明中，墨西哥的阿兹特克人、中美洲的玛雅人、中安第斯山的印加人、美国的普埃布罗人等，全都崇拜土地神、雨神、玉米神。这是资本主义时代以前的世界观，反映了人类和自然相互依存的共生关系，也是人对自然的敬畏。在自然神灵世界观的影响下，人们愿意把土地看作孕育万物和负载万物之母。人类只有对自然保持一份敬畏，才能珍惜脚下的土地和有节制地获取，因此才能与赖以生存的土地建立真正的联系。当人们狂妄地认为资本和技术可以征服自然，并不计后果地利用土地时，往往会遭到自然的报复。把土地当成商品的价值观，正是导致人与土地分离割裂的罪魁祸首，在他们眼中，土地只是没有生命、可以随时抛售的资本符号而已。

北美洲的土地自移民到来之日起，就被契约化和资本化了。边疆是北美新大陆上最具决定性的事实，它在短短几代人中间，培养出了美国人"无根性"的心理特点。欧洲农民的主要品质是热爱和尊重土地，美国人从封建制度和宗教法律中逃离，并建立了新的国家，制定了以预防独裁复兴为基本原则的宪法。"这些移民仅仅想要在这块大陆上恢复一个新的英格兰，一个有着同等精巧的小镇，但能给自由思想更多空间的英格兰。他们没能预见这片大陆对野性的渴望，它从未成为任何人的故乡。"美国人不依恋任何特定的地方，他们很少热爱土地，他们夺取了一片土地，征服了这片土地，又经常没有理由地放弃这片土地。"总体来说，美国人没有

---

① 〔美〕唐纳德·沃斯特：《在西部的天空下：美国西部的自然与历史》，青山译，商务印书馆，2014，第115页。

在一种柔和的对'古老国家'的怀旧中将'这个国家'看作'祖国'"。①

对于许多美国人来说，没有什么地方像家，家必须随时带在身边并能在数千公里外找到它的复制品。这种精神不适源自抛弃母亲以及被母亲抛弃的情结，"对于要成为自力更生的人并发展出自力更生的个性，在他们前进的途中创造和'调整'他们的个性的男人和女人来说，他们不需要关切性的母爱。他们在作为孩童的时候得到过这样的母爱，而随后便不得不拒绝它。在'妈咪'不存在的地方，他们不得不把她虚构出来"。②孩子们为了尽早独立而抛弃了母亲，就像他们不断为了更好的理想而抛弃土地一样。

荣格在《心理学与宗教》一文中谈到，作为基督教的主要象征，"三位一体"代表了三种精神，而老毕达哥拉斯的灵魂是四方形的，中世纪的哲学家用第四种要素来意指土地和女人。"在玛丽亚的形式中，女性、大地、肉体和物质仍然是神之所在，是神圣救赎的不可缺少的条件。"③"三位一体"将女性、大地、肉体和物质都排斥在外，这是一个很大的问题。美国移民继承了中世纪以后"三位一体"的宗教观念，并在新大陆强化清教主义。吊诡的是，这个排斥女性的清教主义，恰恰是创造美国母亲及其现代意象的决定性力量，美国母亲成为清教主义最虔诚的遵奉者和教会的中流砥柱，其结果是，"这样的人类诞生了：他们在学到痛恨官能性坏的一面之前，未能从母亲那里学到热爱其好的一面。取代痛恨罪恶的是，他们学会了不信任生活。许多人成了没有信仰或兴趣的清教徒"。④"三位一体"中第四要素的缺失，与"抛弃母亲"的情结一致。正因为如此，他们无法与土地建立依恋的情感。一方面，土地被当作商品；另一方面，美国移民产生了"无根性"的心理，他们将平原上的森林和坚硬的草皮视为敌人，痛苦的开垦过程让他们很难对脚下的土地产生好

---

① 〔美〕爱利克·埃里克森：《童年与社会》，高丹妮等译，世界图书出版公司，2018，第284~285页。
② 〔美〕爱利克·埃里克森：《童年与社会》，高丹妮等译，世界图书出版公司，2018，第286页。
③ 《荣格文集》，冯川译，改革出版社，1997，第378页。
④ 〔美〕爱利克·埃里克森：《童年与社会》，高丹妮等译，世界图书出版公司，2018，第271页。

感（见图 8-1）。

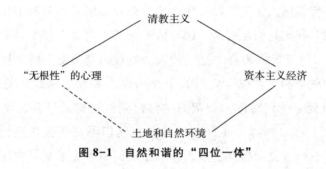

图 8-1　自然和谐的"四位一体"

"四位一体"象征着"最崇高的和谐"，它暗示了物质和精神、肉体欲望和上帝之爱之间毁灭性冲突的可能的解决方式。[①] 美国的独立为人类历史进程开辟了一个崭新的时代，第一次以国家的形式实现所谓自由、平等、博爱的理想。而一个国家一旦创立，便有了自己独立的生命和独特的发展道路，它的发展路径必然与脚下的土地密切相关。对于从远古时期走来的民族而言，土地始终存在着神性，代表着一段漫长岁月中人与土地本能的依存关系。敬畏自然的人们愿意臣服于国土的魅力，反而能获得精神上的安宁及脚踏实地。如果高居其上，在精神世界中排除大地、肉体以及象征孕育的女性，其社会发展必然与自然相背离。清教主义从精神上弱化了美国人对土地和母亲的依恋，精神的缺失必然以物质的形式填补，财富积累成为唯一的出路，而北美富饶的大陆又为土地掠夺提供了条件。土地前所未有地被资本化，并反过来威胁到了我们赖以生存的土地和自然环境。当然，资本主义的矛盾和环境问题是全球性的，但如果美国想要实现它最初自由平等的理想，以及当下和谐自然的希望，最重要的是把根扎进土里。

---

① 《荣格文集》，冯川译，改革出版社，1997，第 378 页。

参考文献

（一）中文著作

费孝通：《乡土中国》，上海人民出版社，2006。

付成双：《自然的边疆：北美西部开发中人与环境关系的变迁》，社会科学文献出版社，2012。

葛公尚主编《当代国际政治与跨界民族研究》，民族出版社，2006。

国际关系学院编《现代国际关系史参考资料（1945～1958）》，高等教育出版社，1958。

国玉奇、丘德诺夫：《地缘政治与世界秩序》，重庆出版集团，2007。

何佩群、俞沂暄主编《国际关系与认同政治》，时事出版社，2006。

何顺果：《美国边疆史：西部开发模式研究》，北京大学出版社，2000。

刘祚昌：《杰斐逊全传》，齐鲁书社，2005。

吴楚克：《文明与跨文化新论》，中央民族大学出版社，2009。

于沛主编《全球化境遇中的西方边疆理论研究》，中国社会科学出版社，2008。

张友伦：《美国西进运动探要》，人民出版社，2005。

（二）中文译著

〔美〕艾利克·埃里克森：《童年与社会》，世界图书出版公司，2018。

〔英〕爱德华·汤普森：《共有的习惯》，沈汉等译，上海人民出版社，2002。

〔美〕巴菲尔德：《危险的边疆》，袁剑译，江苏人民出版社，2011。

〔美〕弗里德里克·杰克逊·特纳：《美国边疆论》，董敏等译，中国对外翻译出版有限公司，2012。

〔美〕汉密尔顿、〔美〕杰伊、麦迪逊：《联邦党人文集》，程逢如等译，商务印书馆，1980。

〔美〕霍华德·丘达柯夫、〔美〕朱迪丝·史密斯、〔美〕彼得·鲍德温：《美国城市社会的演变》，熊茜超等译，上海社会科学院出版社，2016。

〔英〕杰弗里·帕克：《地缘政治学：过去、现在和未来》，刘从德译，新华出版社，2003。

〔瑞士〕卡尔·古斯塔夫·荣格：《文明的变迁》，周朗等译，国际文化出版公司，2011。

〔英〕坎贝尔：《塑造安全：美国的外交政策和身份认同政策》，李中等译，吉林人民出版社，2010。

林耀华：《金翼：一个中国家族的史记》，庄孔韶等译，生活·读书·新知三联书店，2008。

〔法〕卢梭：《社会契约论》，何兆武译，商务印书馆，2003。

〔法〕罗朗·柯恩-达努奇：《世界是不确定的：全球化时代的地缘政治》，吴波龙译，社会科学文献出版社，2009。

〔美〕罗伊·P. 巴斯勒编《林肯集：演说 信件 杂文 林肯—道格拉斯辩论》，朱曾汶译，生活·读书·新知三联书店，1993。

《马克思恩格斯选集》1~4卷，人民出版社，1995。

〔德〕马克思：《十八世纪外交史内幕》，人民出版社，1979。

〔瑞士〕玛丽-路薏丝·冯·法兰兹：《阴影与恶：如何在危难中发起反攻》，徐碧贞译，台海出版社，2019。

〔美〕曼纽尔·卡斯特：《认同的力量》，曹荣湘译，社会科学文献出版社，2006。

〔澳〕墨美姬、〔澳〕布雷特·巴里主编《"种族"的恐慌与移民的记忆——"印迹"（2）》，江苏教育出版社，2004。

《荣格文集》，冯川译，改革出版社，1997。

〔美〕塞缪尔·亨廷顿、〔美〕劳伦斯·哈里森主编《文化的重要作用：价值观如何影响人类进步》，程克雄译，新华出版社，2010。

〔美〕史蒂芬·平克：《当下的启蒙：为理性、科学、人文主义和进步辩护》，侯新智等译，浙江人民出版社，2019。

〔美〕唐纳德·沃斯特:《在西部的天空下——美国西部的自然与历史》,青山译,商务印书馆,2014。

〔美〕威廉·恩道尔:《美国全方位主导战略》,吕德宏等译,知识产权出版社,2009。

〔美〕威廉·克罗农:《自然的大都市——芝加哥与大西部》,黄焰结等译,江苏人民出版社,2020。

〔古希腊〕亚里士多德:《政治学》,吴寿彭译,商务印书馆,1965。

〔法〕亚力克西·德·托克维尔:《旧制度与大革命》,李焰明译,译林出版社,2014。

〔美〕约翰·罗德哈梅尔选编《华盛顿文集》,吴承义等译,辽宁教育出版社,2005。

〔英〕约翰·洛克:《政府论》,叶启芳等译,商务印书馆,1964。

(三) 中文期刊论文

陈榕:《〈我的安东妮亚〉中内布拉斯加边疆景观的国家维度》,《外国文学评论》2016年第3期。

丁则民:《美国的"自由土地"与特纳的边疆学说》,《吉林师大学报》1978年第3期。

付成双、曹新群:《从边疆假说到环境正义:北美西部史的多重面相》,《江西师范大学学报》2020年第1期。

高国荣:《近二十年来美国环境史研究的文化转向》,《历史研究》2013年第2期。

郭巍:《〈拓荒者〉中的纽约地方书写与美国边疆空间生产》,《外国文学研究》2017年第2期。

黄晓丽:《美国边疆景观与民族文化——以厄德里克小说为例》,《贵州民族研究》2015年第12期。

乐嘉辉:《特纳边疆学说中的扩张理论对美国外交政策的影响——以19世纪末20世纪初的美国在太平洋地区的扩张政策为例》,《中央社会主义学院学报》2004年第5期。

李朝辉:《陆地边疆架构对美国发展的影响》,《云南行政学院学报》2016

年第 3 期。

厉以宁：《美国边疆学派"安全活塞"理论批判》，《北京大学学报》1964
年第 3 期。

荣霞：《从"边疆"到"美国（America）"——有限扩张视野下美国西部
"边疆"的融合问题》，《南京政治学院学报》2017 年第 6 期。

沈双一：《试析美国西部边疆社会的特点与类型》，《重庆师范大学学报》
2003 年第 4 期。

王储：《"移动的边疆"对 19 世纪美国民主政治的影响》，《大连大学学
报》2016 年第 1 期。

王邵励：《"后边疆"时代的"西部民主"传统——特纳在 1893 年之后对美
国社会发展形势的认识》，《东北师大学报》2011 年第 5 期。

吴楚克、卢俊达：《21 世纪以来国外中国边疆研究重要文本分析》，《云南
师范大学学报》2018 年第 2 期。

袁剑：《边疆研究的域外资源与比较可能——基于美国、法国、泰国边疆概
念研究的分析与启示》，《四川师范大学学报》2019 年第 2 期。

张健：《美国边疆治理的政策体系及其借鉴意义》，《云南行政学院学报》
2011 年第 5 期。

（四）英文文献

Abbott, Carl, *Boosters and Businesmen: Popular Economic Thought and Urban Growth in the Antebellum Middle West*, Westport, Conn.：Greenwood Press, 1981.

Agassiz, Louis, *Lake Superior: Its Physical Character, Vegetation, and Animals, Compared with Those of Other and Similar Regions*, Boston：Could, Kendall and Lincoln, 1850.

Akar, Ridvan, *Building a World*, a Biography of Husnu Ozyegin, Istanbul Ozyegin University Press, 2018.

Allen, James B. and Leonard, Glen M., *The Story of the Latter-Day Saints, Leonard J. Arrington*, Salt Lake City：Tanner Trust Fund, University of Utha Library, 1969.

Axtell, James, *The European and the Indian: Essays in the Ethnohistory of Colonia North America*, New York: Oxford University Press, 1981.

Baldwin, Leland D., *The Stream of American History*, Pittsburg: University of Pittsburg Press, 1952.

Barrera, Mario, *Race and Class in the Southwest: A Theory of Racial Inequality*, Notre Dame, Ind.: University of Notre Dame Press, 1979.

Barry, John Stetson, *A Historical Sketch of the Town of Hannover, Mass.*, Boston, Published for the Author by Samuel G. Drake, 15 Brattle St. 1853.

Barth, Gunther, *Bitter Strength: A History of the Chinese in the United States*, Cambridge, Mass.: Harvard University Press, 1964.

Bartlett, Richard A., *The New Country: A Social History of the American Frontier, 1776–1890*, New York: Oxford University Press, 1974.

Beckham, Stephen Dow, *Many Faces—An Anthology of Oregon Autobiography*, Corvallis, Oregon: Oregon State University Press, 1993.

Berkhofer, Robert, *The White Man's Indian: Images of the American Indian from Columbus to the Present*, New York: Alfred A. Knopf, 1978.

Bestor, Arthur E., *Backwoods Utopias: The Sectarian and Owenite Phases of Communitarian Socialism in America, 1663–1829*, Philadelphia: University of Pennsylvania Press, 1950.

Bitton, Davis, *The Mormon Experience: A History of the Latter-Day Saints*, New York: Alfred A. Knopf, 1979.

Bogue, Allan, "Profits and the Frontier Land Speculator," *Journal of Economic History* 17, March 1957.

Boorstin, Daniel, *The Americans: The National Experience*, New York: Random House, 1965.

Butler, Anne M., *Daughters of Joy, Sisters of Misery: Prostitutes in the American West, 1865–1890*, Urbana: University of Illinois Press, 1985.

Cinel, Dino, *From Italy to San Francisco: The Immigrant Experience*, Stanford, Calif.: Stanford University Press, 1982.

Conron, John, *The American Landscape: A Critical Anthology of Prose and Poet-*

ry, New York: Oxford University Press, 1973.

Conzen, Kathleen Neils, *Immigrant Milwaukee, 1836–1860: Accommodation and Community in a Frontier City*, Cambridge, Mass.: Harvard University Press, 1976.

Cox, Thomas, *Blacks in Topeka, Kansas, 1865–1915: A Social History*, Baton Rouge: Louisiana State University Press, 1982.

Crockett, Norman, *The Black Towns*, Lawrence: Regents Press of Kansas, 1979.

Cronon, William, *Changes in the Land: Indians, Colonists and the Ecology of New England*, New York: Hill and Wang, 1983.

Daniels, Roger, "American Historians and East Asian Immigrants," *Pacific Historical Review* 42, November 1947.

Daniels, Roger, *The Politics of Prejudice: The Anti-Japanese Movement in California and the Struggle for Japanese Exclusion*, Berkeley: University of California Press, 1962.

Deane, Samuel, *History of Scituate, Massachusetts: From Its First Settlement to 1831*, Boston: J. Loring Collection, 1831.

DeLeon, Arnoldo, *The Tejano Community, 1836–1900*, Albuquerque: University of New Mexico Press, 1982.

DeLeon, Arnoldo, *They Called Them Greasers: Anglo Attitudes Toward Mexicans in Texas, 1821–1900*, Austin: University of Texas Press, 1983.

Dickinson, John N., *To Build a Canal: Sault Ste. Marie, 1853–1854 and After*, Columbus: Ohio State University Press, 1981.

Drinnon, Richard, *Facing West: The metaphysics of Indian-Hating and Empire-Building*, New York: New American Library, 1980.

Durham, Philip and Jones, Everett L., *The Negro Cowboys*, New York: Dodd, Mead, 1965.

Dykstra, Robert, *The Cattle Towns*, New York: Atheneum, 1970.

Erikson, Erik. H., *Life History and the Historical Moment*, New York: W. W. Norton & Company, Inc., 1975.

Farmer, John, *A Genealogical Register of The First Settlers of New England*,

Boston: Carter Andrews & Co. , 1829.

Fiedler, Leslie A. , *The Return of the Vanishing American*, New York: Stein and Day, 1968.

Fogel, Obert W. , *Railroads and American Economic Growth: Essays in Econometric History*, Baltimore: Johns Hopkins University Press, 1964.

Foster, John Bellamy, McChesney, Robert W. , *The Endless Crisis: How Monopoly-Finance Capital Produces Stagnation and Upheaval from the USA to China*, New York: Monthly Review Press, 2012.

Foster, John Bellamy, *Trump in the White House: Tragedy and Face*, New York: Monthly Review Press, 2017.

Freeman, Frederick, *History of Cape Cod: The Annals of Barnstable County, Including the District of Mashpee*, Boston, 1858–1862.

Freyer, Tony, "The Federal Courts, Localism, and the National Economy, 1865–1900," *Business History Review* 53, Autumn 1979.

Garcia, Mario T. , *Desert Immigrants: The Mexicans of El Paso, 1880–1920*, New Haven, Conn. : Yale University Press, 1981.

Gaston, Joseph, *Centennial History of Oregon 1811–1911*, Chicago: S. J. Clarke Publishing Company, 1912.

Gates, Paul, "The Role of the Land Speculator in Western Development," *Pennsylvania Magazine of History and Biography* 66, July 1942.

Goldman, Marion, *Gold Diggers and Silver Miners: Prostitution and Social Life on the Comstock Lode*, Ann Arbor: University of Michigan Press, 1981.

Graham, Howard Jay, "Acres for Cents: The Economic and Constitutional Significance of Frontier Tax Titles, 1800–1890," in Howard Jay Graham, ed. , *Everyman's Constitution*, Madison: State Historical Society of Wisconsin, 1968.

Gressley, Gene, *Bankers and Cattlemen*, New York: Alfred A. Knopf, 1966.

Hall, Captain Basil, *Travels in North America, in the Years of 1827 and 1828*, Vol. 1, Edinburgh: Robert Cadell, 1830.

Hamilton, Hurd D. , *History of Plymouth County, Massachusetts: With Biographi-*

cal Sketches of Many of Its Pioneers and Prominent Men, Philadelphia:
  J. W. Lewis & Co. Collection Cornell, 1884.

Handlin, Mary, *Commonwealth, A Study of the Role of Government in the American Economy: Massachusetts, 1774-1861*, Cambridge Mass. : Harvard University Press, 1969.

Harvey, David, *A Brief History of Neoliberalism*, New York: Oxford University Press, 2005.

Hill, Mozell C. , "The All-Negro Communities of Oklahoma," *Journal of Negro History* 31, July 1946.

Hine, Robert V. , *Community on the American Frontier: Separate but Not Alone*, Norman: University of Oklahoma Press, 1980.

Hine, Robert V. , *The American West: An Interpretive History*, Boston: Little, Brown, 1984.

Hostetler, John A. , *Hutterite Society*, Baltimore: Johns Hopkins University Press, 1947.

Hvidt, Kristian, *Flights to America: The Social Background of 30000 Danish Emigrants*, New York: Academic Press, 1975.

Irving, Washington, *Astoria, or Anecdotes of an Enterprise Beyond the Rocky Mountains*, Norman: University of Oklahoma Press, 1964.

Jensen, Richard, *Illinois: A Bicentennial History* , New York: W. W. Norton, 1978.

Johnson, Arthur and Supple, Barry, *Boston Capitalists and Western Railroads*, Cambridge, Mass. : Harvard University Press, 1967.

Jorgensen, Joseph G. , *Western Indians: Comparative Environments, Languages, and Cultures of Western American Indian Tribes*, San Francisco: W. H. Freeman, 1980.

Kaufman, Polly Welts, *Women Teachers on the Frontier*, New Haven, Conn. : Yale University Press, 1984.

Kentta, Whereat, *Transcript from the Yachats Conference of 1*, the Archives of the Confederated Tribes of the Coos, Lower Umpqua, and Siuslaw Indians,

1996.

Kero, Reino, *Migration from Finland to North America in the Years Between the United States Civil War and the First World War*, Turku, Finland: Turun Yliopisto, 1974.

Kessel, Elizabeth, "A mighty Fortress Is Our God': German Religious and Educational Organizations on the Maryland Frontier, 1734–1800," *Maryland Historical Magazine* 77, Winter 1982.

Kessel, Elizabeth, *Germans on the Maryland frontier: A Social History of Frederick County, Maryland, 1730–1800*, Ph. D. diss., Rice University, 1981.

L Deyo, Simeon, *History of Barnstable County, Massachusetts, 1620–1890*, New York, H. W. Blake& Co., 1890.

LeDuc, Thomas, "Public Policy, Private Investment, and Land Use in American Agriculture, 1825–1875," *Agricultural History* 37, January 1963.

Leone, Mark P., *Roots of Modern Mormonism*, Cambridge, Mass.: Harvard University Press, 1979.

Levinson, Robert E., "American Jews in the West," *Western Historical Quarterly* 5, July 1974.

Levinson, Robert E., *The Jews in the California Gold Rush*, New York: Ktav Publishing House, 1978.

Lindstrom, Diane, *Economic Development in the Philadelphia Region, 1810–1850*, New York: Columbia University Press, 1978.

Lowenthal, David and Bowden, Martyn J., *Geographies of the Mind: Essays in Historical Geosophy in Honor of John Kirkland Wright*, New York: Oxford University Press, 1976.

Marlin, James C., *Grasslands of North America: Prolegomena to Its History*, Lawrence, Kans.: Author, 1947.

Marsh, George Perkins, *Man and Nature or Physical Geography as Modified by Human Action*, Cambridge, Mass.: Harvard University Press, 1965.

Martin, Calvin, *Keepers of the Game: Indian-Animal Relationships and the Fur Trade*, Berkeley: University of California Press, 1978.

Marx, Karl, *The Grundrisse*, ed. and trans., by David McLellan, New York: Harper Torchbooks, 1971.

Marx, Leo, *The Machine in the Garden: Technology and the Pastoral Ideal in America*, New York: Oxford University Press, 1964.

McGrane, Reginald, *Foreign Bankholders and American State Debts*, New York: Macmillan, 1935.

McLeod, Alexander, *Pigtails and Gold Dust: A Panorama of Chinese Life in Early California*, Caldwell, Idaho: Caxton Printers, 1947.

Meining, Donald, "The Continuous Shaping of America: A Prospectus for Geographers and Historians," *American Historical Review* 83, December 1978.

Modell, John, *The Kikuchi Diary Chronicles from an American Concentration Camp: The Tanforan Journals of Charles Kikuchi*, Chicago: University of Illinois Press, 1973.

Myres, Sandra, *Westering Woman and the Frontier Experience*, Albuquerque: University of New Mexico Press, 1982.

Nash, Roderick, *Wilderness and the American Mind*, New Haven, Conn.: Yale University Press, 1982.

Ostergrem, Robert C., "Cultural Homogeneity and Population Stability Among Swedish Immigrants in Chisago County," *Minnesota History* 53, Fall 1973.

Ostergrem, Robert C., "Prairie Bound: Migration Patterns to a Swedish Settlement on the Dakota Frontier," in Frederick C. Luebke, ed., *Ethnicity on the Great Plains*, Lincoln: University of Nebraska Press, 1980.

Pearce, Roy Harvey, *The Savages of America: A Study of the Indian and the Idea of Civilization*, Baltimore: Johns Hopkins University Press, 1953.

Perdue, Theda, *Nations Remembered: An Oral History of the Five Civilized Tribes, 1865-1907*, Westport, Conn.: Greenwood Press, 1980.

Peters, Victor, *All Things Common: The Hutterian Way of Life*, Minneapolis: University of Minnesota Press, 1965.

Polanyi, Karl, *The Great Transformation: The Political and Economic Origins of Our Time*, Boston: Beacon Press, 1957.

Pope, Charles Henry, *The Pioneers of Massachusetts: A Descriptive List, Drawn from Records of the Colonies, Towns and Churches, and Other Contemporaneous Documents*, Forgotten Books, Boston, April 18, 2018.

Pred, Allan, *Urban Growth and the Circulation of Information: The United States System of Cities, 1790-1840*, Cambridge, Mass. : Harvard University Press, 1973.

Pusey, Merlo J. , *Builders of the Kingdom: George A. Smith, John Henry Smith, George Albert Smith*, Provo, Utha: Brigham Yong University Press, 1981.

Rawls, James J. , *Indians of California: The Changing Image*, Norman: University of Oklahoma Press, 1984.

Ridge, Martin, *The New Bilingualism: An American Dilemma*, Los Angeles: University of Southern California Press, 1981.

Riley, Glenda, *Frontierswomen: The Iowa Experience*, Ames: Iowa State University Press, 1981.

Rohrbough, Malcolm J. , *The Trans-Appalachian Frontier*, New York: Oxford University Press, 1978.

Rohrbough, Malcolm, *The Land Office Business*, New York: Oxford University Press, 1968.

Runblom, Harald and Normann, Hans, *From Sweden to America: A History of the Migration*, Mineapolis: University of Minnesota Press, 1976.

Salisbury, Neal, *Manitou and Providence: Indians, Europeans, and the Making of New England, 1500-1643*, New York: Oxford University Press, 1982.

Scheiber, Harry, *Entrepreneurship and Western Development*, Albany: State University of New York Press, 1981.

Scheiber, Harry, *Ohio Canal Era: A Case Study of Government and the Economy, 1820-1861*, Athens: Ohio University Press, 1969.

Schlereth, Thomas J. , *Artifacts and the American Past*, Nashville, Tenn. : American Association for State and Local History, 1980.

Seavoy, Ronald, *The Origins of the American Business Corporation, 1784-1855*, Westport, Conn. : Greenwood Press, 1982.

Semmingsen, Ingrid, *Norway to America: A History of the Migration*, Minneapolis: University of Minnesota Press, 1978.

Session, Gene A. , *Mormon Thunder: A Documentary History of Jedediah Morgan Grant*, Urbana: University of Illinois Press, 1982.

Slotkin, Richard, *Regeneration Through Violence: The Mythology of the American Frontier, 1600–1860*, Middletown, Conn. : Wesleyan University Press, 1973.

Smith, Henry Nash, *Virgin Land: The American West as Symbol and Myth*, Cambridge, Mass. : Harvard University Press, 1950.

Stevens, Wayne Edson, *The Northwest Fur Trade, 1763–1800*, Urbana: University of Illinois Press, 1928.

Stilgoe, John R. , *Common Landscape of America, 1580 to 1845*, New Haven and London: Yalu University Press, 1983.

Swierenga, Robert, *Acres for Cents: Delinquent Tax Auctions in Frontier Iowa*, Westport, Conn. : Greenwood Press, 1976.

Swierenga, Robert, "Frontier Attitudes and Debt Collection in Western New York," in David Ellis, ed. , *The Frontier in American Development*, Ithaca, N.Y. : Cornell University Press, 1969.

Szasz, Margaret C. , *Education and the American Indian, 1928–1973: The Road to Self Determination*, Albuquerque: University of New Mexico Press, 1974.

Tuan, Yi-Fu, *Topophilia, A Study of Environmental Perception, Attitudes, and Values*, Englewood Cliffs, N.J. : Pretice-Hall, 1974.

Tuner, Frederick Jackson, *The Character and Influence of the Indian Trade in Wisconsin*, Norman: University of Oklahoma Press, 1977.

Unruh, John D. , *The Plains Across: The Overland Emigrants and the Trans-Mississippi West, 1840–1860*, Urbana: University of Illinois Press, 1979.

Venn, George, ed. , *The Oregon Literature Series*, Corvallis: Oregon State University Press, 1994.

White, Richard, *The Roots of Dependency: Subsistence, Environment, and Social Change Among the Choctaws, Pawnees, and Navajos*, Lincoln: University of Nebraska Press, 1983.

Winters, Donald, *Farmers Without Farms: Agricultural Tenancy in Nineteenth Century Iowa*, Westport, Conn. : Greenwood Press, 1975.

Wishart, David, *The Fur Trade of the American West, 1807–1840: A Geographical Synthesis*, Lincoln: University of Nebraska Press, 1979.

Worster, Donald, *Nature's Economy: The Roots of Ecology*, San Francisco: Sierra Club, 1977.

后　记

　　攻读博士学位的 5 年时间也许是笔者人生中最重要、成长最快的 5 年。笔者很庆幸遇到了导师吴楚克老师，他教会了笔者"知其然，更要知其所以然"。所谓"一日为师，终身为父"，吴老师永远像一个父亲般关心自己的学生，不仅在学术道路上给笔者无数次鼓励，也传授了笔者许多为人处世的经验。吴老师在国际问题和周边国家关系上的广阔视野，以及他在政治经济学上的理论高度，激发了笔者对国际关系和前沿问题的兴趣，这为笔者写作本书打下了良好的基础。当笔者在困难面前犹豫不决时，吴老师会严厉而坚决地督促笔者前进，这本沉甸甸的书中也饱含吴老师的心血。

　　另一位对笔者影响深远的老师，是笔者的硕士导师石硕老师。石老师对学术的热情和深厚的学养一直在潜移默化地影响着我。石老师总对学生说："先做人，再做学问。"这使笔者一直把学术作为一种神圣的事业来对待，对学问始终抱有一份敬畏之心。这种严谨的学术态度一直鞭策我前进。

　　笔者要特别感谢的是笔者的田野研究对象——理查德·里奇菲尔德和他的哥哥拉尔夫·里奇菲尔德，以及他的其他家人。在长达一年半的访谈中，理查德总是耐心地回答笔者的所有问题，拉尔夫慷慨地向笔者提供了所有的家族史料。笔者与里奇菲尔德一家建立了良好的关系，探索这个家族的历史对笔者而言是一段难忘而美好的经历。通过了解这个家族的历史，笔者更深刻地理解了美国人，理解了美国社会，而这段忘年的友谊也让笔者的人生受益匪浅。如今理查德已 80 岁高龄，依然身体康健、精神矍铄、热爱生活，我祝福他幸福快乐！

　　笔者当然需要感谢笔者的父母，30 年来，他们为笔者提供了衣食无忧的环境，让笔者能心无旁骛地进行学术研究。感谢他们对笔者的理解，感谢他们理解笔者的选择与放弃。没有他们的支持，笔者不可能走到现在。

笔者还要感谢在笔者遭遇挫折时鼓励和支持笔者的老师、同学和朋友。虽然疫情防控期间未能谋面，但慰问和温暖依然通过电话传递过来，给了笔者前进的勇气和力量。

最后，笔者要感谢自己，感谢自己的果敢与坚持，让笔者拥有了最宝贵的 5 年。

朱美姝

2024 年 9 月 2 日

图书在版编目（CIP）数据

美国早期边疆开拓的历史记忆：里奇菲尔德家族口
述史／朱美姝著. -- 北京：社会科学文献出版社，
2025.6. -- ISBN 978-7-5228-4543-2

Ⅰ. K871.209

中国国家版本馆 CIP 数据核字第 2024LZ4488 号

美国早期边疆开拓的历史记忆：里奇菲尔德家族口述史

著　　者／朱美姝

出 版 人／冀祥德
责任编辑／张晓莉
文稿编辑／卢　玥
责任印制／岳　阳

出　　版／社会科学文献出版社·区域国别学分社（010）59367078
　　　　　地址：北京市北三环中路甲 29 号院华龙大厦　邮编：100029
　　　　　网址：www.ssap.com.cn
发　　行／社会科学文献出版社（010）59367028
印　　装／三河市尚艺印装有限公司

规　　格／开　本：787mm×1092mm　1/16
　　　　　印　张：20.25　字　数：321 千字
版　　次／2025 年 6 月第 1 版　2025 年 6 月第 1 次印刷
书　　号／ISBN 978-7-5228-4543-2
定　　价／98.00 元

读者服务电话：4008918866